哈姆雷特

浮士德

共产党宣言

资本论

国富论

笛卡尔几何

学习

经典

人民日报海外版
『学习小组』／编著

人民出版社

荷 马 政 理 论 老 周 诗
史 治 想 语 子 易 经
诗 学 国 语 子 易 经

责任编辑：洪　琼
版式设计：顾杰珍

图书在版编目（CIP）数据

学习经典／人民日报海外版"学习小组"编著．—北京：人民出版社，
　2019.6（2024.5 重印）

ISBN 978－7－01－020632－5

I.①学…　II.①人…　III.①推荐书目–世界　IV.① Z835

中国版本图书馆 CIP 数据核字（2019）第 060096 号

学习经典

XUEXI JINGDIAN

人民日报海外版"学习小组"　编著

人民出版社 出版发行
（100706　北京市东城区隆福寺街 99 号）

中煤（北京）印务有限公司印刷　新华书店经销

2019 年 6 月第 1 版　2024 年 5 月北京第 4 次印刷
开本：710 毫米 ×1000 毫米 1/16　印张：17.5
字数：230 千字　印数：24,001—27,000 册

ISBN 978－7－01－020632－5　定价：64.00 元

邮购地址 100706　北京市东城区隆福寺街 99 号
人民东方图书销售中心　电话（010）65250042　65289539

写在前面

读书，对于一个人的成长进步很重要。

习近平总书记在 2013 年 3 月 19 日接受金砖国家媒体联合采访时指出："我爱好挺多，最大的爱好是读书，读书已成为我的一种生活方式。"读书的好处很多，如：可以获取信息、增长知识、开阔视野，可以陶冶性情、培养和提升思维能力，等等。对于领导干部来说，读书学习水平在很大程度上决定着自身的工作水平和领导水平；如果不加强读书学习，知识就会老化、思想就会僵化、能力就会退化，就难以做好领导工作，就会贻误党和人民的事业。为此，习近平总书记要求领导干部要爱读书、读好书、善读书。

既然要"读好书"，那么，哪些书是"好书"呢？古今中外，有个最简单的衡量标准——经典。而经典书籍汗牛充栋，如何再做筛选？"学习小组"对古今中外的经典进行梳理，初步整理了 140 多种经典图书，分为人文学科、社会科学、自然科学三大篇目，并进一步细分为哲学、历史、文艺、政治、经济、科学等。这些经典书籍，其智慧光芒穿透历史，思想价值跨越时空，历久弥新。不只包括《论语》《尚书》《孙子兵法》《离骚》《周易》《孟子》等单本书籍，还包括唐宋八大家文章、元曲、明清小说、鲁迅作品、巴金作品等类别；不只包括中华优秀文化经典，还包括《上尉的女儿》《叶甫盖尼·奥涅金》《怎么办？》《人间喜剧》《浮士德》《雾都孤儿》《老人与海》等俄、法、德、英、美等诸国的经典。同时，按照类型和国别，我们对这些经典书籍进行整理：一是介绍相关书籍的作者、梗概，二是摘录其中的经典语句和段落。从某种意义上讲，阅读这些内容，既便于读者迅速掌握古今中外的经典书籍，也利于读者更好地一窥伟人的精神世界。对普通读者来说，了解这些书籍，利于获取知识和智慧；对领导干部来说，利于提高自身素质、更好做好工作。

"学习小组"有个口号语，"这些年，让我们一起进步，共同担当！"而要"进步"，首要在学习，在读书。古人说，近朱者赤、近墨者黑，演绎一下，"近书者智"。靠近经典书籍，就靠近了智慧。相信，您拿到这本书后，即使不从头到尾看，哪怕随便翻翻，都会有所收获。

当然，本书所梳理，仅为经典的梗概、摘要。一旦发现对口味的经典，读者可结合自己需要，买来全本深入学习。读书是一个需要付出辛劳的长期过程，不能心浮气躁、浅尝辄止，而应当先易后难、由浅入深、循序渐进、水滴石穿。如果说经典本身是"难"和"深"，那么《学习经典》就是接近经典的"易"和"浅"。

目 录
C O N T E N T S

❀ 人文学科篇 ❀

3

5

❖ 社会科学篇 ❖

自然科学篇

人文学科篇

一、中　国

　　中华文明历史悠久，从先秦子学、两汉经学、魏晋玄学，到隋唐佛学、儒释道合流、宋明理学，经历了数个学术思想繁荣时期。读优秀传统文化书籍，是一种以一当十、含金量高的文化阅读。领导干部多读优秀传统文化书籍，经常接受优秀传统文化熏陶，可以提高人文素养，增强对人与人、人与社会、人与自然关系的认识和把握能力，正确处理义与利、己与他、权与民、物质享乐与精神享受等重要关系。优秀传统文化书籍包括历史经典、文学经典、哲学经典、伦理经典等多个方面。

　　习近平同志在中共中央党校 2009 年春季学期第二批进修班暨专题研讨班开学典礼上的讲话中指出："领导干部要通过研读历史经典，看成败、鉴是非、知兴替，起到'温故而知新'、'彰往而察来'的作用；通过研读文学经典，陶冶情操、增加才情，做到'腹有诗书气自华'，通过研读哲学经典，改进思维、把握规律，增强哲学思考和思辨能力；通过研读伦理经典，知廉耻、明是非、懂荣辱、辨善恶，培养健全的道德品格。总之，要通过研读优秀传统文化书籍，吸收前人在修身处事、治国理政等方面的智慧和经验，养浩然之气，塑高尚人格，不断提高人文素养和精神境界。"

　　在漫漫历史长河中，中华民族产生了儒、释、道、墨、名、法、阴阳、农、杂、兵等各家学说，涌现了一大批思想大家，留下了浩如

3

烟海的文化遗产。中国古代大量鸿篇巨制中包含着丰富的哲学思想、治国理政智慧，为古人认识世界、改造世界提供了重要依据，也为中华文明提供了重要内容，为人类文明作出了重大贡献。从老子、孔子、庄子、孟子的哲学思想，到《春秋》《史记》的历史故事，再到屈原、李白、杜甫的诗歌、"鲁郭茅巴老曹"的创作，中国的哲学、历史、文学著作中产生了灿若星辰的文艺大师，留下了浩如烟海的文艺精品，不仅为中华民族提供了丰厚滋养，而且为世界文明贡献了华彩篇章。

（一）哲学

《周易》

作者及作品简介 ▶

　　《周易》的成书时间和作者向来存在争议，一般相传其成书于殷周之际，系周文王所作，亦称《易经》，简称《易》，是中国古代研究、占测宇宙万物变易规律的典籍。春秋时期，官学开始逐渐演变为民间私学。易学前后相因，递变发展，百家之学兴，易学乃随之发生分化。自孔子赞易以后，《周易》被奉为儒门圣典，六经之首。相传秦始皇焚书坑儒之时，李斯将《周易》列入医术占卜之书而得以幸免。之后，各个朝代都有人研究《周易》，包括汉代的河上公、京房、郑玄，魏晋时代的王弼，唐代的陆德明、李鼎祚、孔颖达，宋代的邵雍、程颐、朱熹等。今本《周易》的内容主要包括"经"和"传"两部分。"经"部分，主要是六十四卦的卦形符号与卦爻辞。所谓的"六十四卦"，是由"八卦"两两相重而得，"八卦"则是由"阴""阳"

二爻三叠而成。"传"实际上是阐释《周易》经文的专著，即《彖传》上下、《象传》上下、《文言》、《系辞传》上下、《说卦传》、《序卦传》、《杂卦传》，共计七种十篇。因其阐发经文大义，如经之羽翼，故汉人称之"十翼"，后世统称《易传》。

《周易》是中国传统思想文化中自然哲学与人文实践的理论根源，被誉为"大道之源"。内容极其丰富、博大精深，对中国几千年来的政治、经济、文化等各个领域都产生了极其深刻的影响。古人用它来预测未来、决策国家大事、反映当前现象，上测天，下测地，中测人事。

▶ 经典语录 ▶

天行健，君子以自强不息。

君子以见善则迁，有过则改。

穷则变，变则通，通则久。

凡益之道，与时偕行。

二人同心，其利断金；同心之言，其臭如兰。

积善之家，必有馀庆；积不善之家，必有馀殃。

上九，亢龙有悔。

居上位而不骄，在下位而不忧。

形而上者谓之道；形而下者谓之器。

君子学以聚之，问以辩之，宽以居之，仁以行之。

《管 子》

▶ 作者及作品简介 ▶

管子即管仲（前719—前645），姬姓，管氏，名夷吾，字仲，谥敬，春秋时期法家代表人物，颍上（今安徽颍上）人，春秋时期法家先驱、齐国政治家，是中国古代著名的军事家、改革家，被誉为"圣人之师"。管仲经鲍叔牙力荐，成为齐国上卿（即宰相），辅佐齐桓公成为春秋时期第一霸主。对内，管仲主张大兴改革，富国强兵，重视商业；对外，管仲最早提出"华夷之辨"与"尊王攘夷"的民族主义思想。

《管子》托名管子所著，是先秦时期管仲学派的言论、学术汇编。成书大概在战国至秦汉时期，汉初刘向编校时有86篇，今本存76篇，另有10篇仅存目录。《管子》篇幅宏伟，内容复杂，思想丰富，是研究我国古代特别是先秦学术文化思想的重要典籍。书中包括儒家、法家、阴阳家、名家、兵家和农家的观点，但其思想的主流是黄老道家思想，其思想特点是将道家、法家思想有机地结合起来，既为法治找到了哲学基础，又将道家思想切实地落实到了社会人事当中；既提出以法治国的具体方案，又重视道德教育的基础作用；既强调以君主为核心的政治体制，又主张以人为本，促进农工商业的均衡发展；既有雄奇的霸道之策，又坚持正义的王道理想；既避免了晋法家忽视道德人心的倾向，又补充了儒家缺乏实际政治经验的不足，在思想史上具有不可抹杀的重要地位。

▌ **经典语录** ▶

政之所兴在顺民心，政之所废在逆民心。

礼义廉耻，国之四维，四维不张，国乃灭亡。

不作无补之功，不为无益之事。

以天下之目视，则无不见也；以天下之耳听，则无不闻也；以天下之心虑，则无不知也。

一年之计，莫如树谷；十年之计，莫如树木；终身之计，莫如树人。

圣人能辅时，不能违时。知者善谋，不如当时。

合则强，孤则弱。

无私者，可置以为政。

凡治国之道，必先富民。

仓廪实而知礼节，衣食足而知荣辱。

《老子》

老子（约前571—前471），姓李名耳，字聃，周代"守藏室之史也"，楚苦县（今河南鹿邑东）厉乡曲仁里人（一说为今安徽涡阳人）。道家始祖，与庄子并称"老庄"。信史上关于老子之记载甚少，老子之故事，多见于《庄子》。在民间故事中，老子乃骑一青牛而去。在道教的神仙谱系中，老子即为"太上老君"，唐代李姓统治者认其为始祖。

《老子》是先秦道家典籍，又名《道德经》，相传是老聃隐居之时过函谷关应令尹喜所请而著，主要阐述自己的思想与社会经验等，与《易经》《论语》一起被认为是对中国人影响最深远的三部思想巨著。关于这部书的产生时间，一般认为是在战国时期。《老子》全书约5000字，分上篇《道经》与下篇《德经》，共81章。不过，在出土文献如马王堆帛书本《老子》中，则是《德经》在前，《道经》在后。全书多短章，押韵，言抽象事理，喜用譬喻，喜用正反、阴阳辩证之方式言理，玄妙高远。其思想主旨，历代研究者多有分歧，如将其作为道家经典、道教经典、兵书、

（元）赵孟頫《老子像》

7

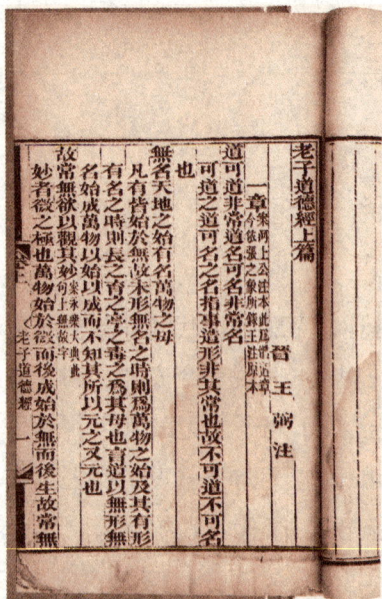
王弼本《道德经》

政治书等，不一而足。究其思想主旨，当为道家尚清静无为、寻至高至道。《老子》思想内容微言大义，一语万端，被华夏先辈誉为万经之王，留下了丰厚的文化遗产，涉及哲学、逻辑、宗教、天体科学、生命科学、文学语言、医学、生理学、心理学、化学、生物学、医药学、物理学、气象学、环境学、天文学、地理学、社会学、伦理学、宗教学等，对中华民族的思想文化产生了重要影响，乃至影响到世界。

经典语录

图难于其易，为大于其细。天下难事，必作于易；天下大事，必作于细。

圣人无常心，以百姓之心为心。

合抱之木，生于毫末；九层之台，起于累土；千里之行，始于足下。

鱼不可脱于渊，国之利器不可以示人。

既以为人，己愈有；既以与人，己愈多。

上善若水，水善利万物而不争。

祸兮，福之所倚；福兮，祸之所伏。

五色，令人目盲；五音，令人耳聋；五味，令人口爽；驰骋畋猎，令人心发狂；难得之货，令人行妨。

大方无隅，大器晚成，大音希声，大象无形。

人法地，地法天，天法道，道法自然。

《论 语》

　　孔子（前551—前479），是中国古代思想家、教育家，儒家学派创始人。名丘，字仲尼。春秋末期鲁国陬邑（今山东曲阜）人。他的思想对中国和世界都有深远影响，被称为"圣人""至圣先师"。《论语》是儒家学派的经典著作之一，由孔子的弟子及其再传弟子编撰而成。共20篇，492章，成书时间大约在春秋战国时期。它以语录体和对话文体为主，记录了孔子及其弟子言行，集中体现了孔子的政治主张、伦理思想、道德观念及教育原则等，为后人研究孔子思想的主要资料。东汉被列为"七经"之一（七经：《诗》《书》《礼》《易》《春秋》《论语》《孝经》）。南宋时，朱熹将它与《孟子》《大学》《中庸》合称为"四书"，与《诗》《尚》《礼》《易》《春秋》并称"四书五经"。

　　《论语》内容广博，涉及政治、教育、礼仪、经济、文学、天道观、认识论等，反映了孔子伦理体系最基本的思想，这个体系的核心是"仁"，实施"仁"的手段和途径是"礼"。《论语》一书，对后世的思想和学术影响至深，在汉代已被视为辅翼"五经"的传或记，汉文帝时列于学官，东汉时被尊为经，从此，《论语》受到历代统治者的推崇，

9

被奉为圣人的经典，成为言行是非的标准，也成为科举考试文人的必读书。北宋政治家赵普曾有"半部《论语》治天下"之说，从一个侧面反映出此书在中国古代社会所发挥的作用与影响之大。《论语》在中华民族的道德、文化、心理状态和民族性格的铸造过程中，起到了巨大的作用。即便在今天，《论语》中的许多思想仍具有一定的借鉴意义和时代价值。

经典语录

子曰："学而时习之，不亦说乎？有朋自远方来，不亦乐乎？人不知而不愠，不亦君子乎？"

子曰："三人行，必有我师焉。"

曾子曰："吾日三省吾身：为人谋而不忠乎？与朋友交而不信乎？传不习乎？"

子曰："知之者不如好之者，好之者不如乐之者。"

子曰："见善如不及，见不善如探汤。"

子曰："三军可夺帅也，匹夫不可夺志也。"

子曰："温故而知新，可以为师矣。"

子曰："己所不欲，勿施于人。"

子曰："学而不思则罔，思而不学则殆。"

子曰："见贤思齐焉，见不贤而内自省也。"

《尚 书》

作者及作品简介

《尚书》又称《书》《书经》，是我国第一部古典散文集和最早的历史文献，相传为孔子将上古时期的尧舜一直到春秋时期秦穆公时期的各种重要文献资料汇集在一起选出 100 篇整理而成。孔子编成《尚书》后，曾把它用作教育学生的教材。秦代的焚书给《尚书》的流传带来毁灭性打击，原有的《尚书》抄本几乎全部被焚毁。汉代重新重视儒学，由秦博士伏生口授、用汉代通行文字隶书写的《尚书》，共28篇，人们称之为今文《尚书》。西汉时期，鲁恭王在拆除孔子故宅一段墙壁时，发现了另一部《尚书》，是用先秦六国时的字体书写的，人们称之为古文《尚书》。古文《尚书》经过孔子后人孔安国的整理，篇目比今文《尚书》多16篇。然而，在西晋永嘉年间的战乱中，今、古文《尚书》全都散失了。东晋初年，豫章内史梅赜给朝廷献上了一部《尚书》，包括今文《尚书》33篇（梅赜从原先的28篇中析出5篇）、古文《尚书》25篇，以及一篇孔安国传和一篇《尚书序》，当时《秦誓》一篇已佚，所以这部《尚书》共有59篇。现今流传两千多年的《尚书》，大多是根据梅赜所献的这个本子编修。

在儒家思想中，《尚书》具有极其重要的地位。该书要旨有二：其一，在明仁君治民之道。春秋之世，圣王不作，暴君迭起，人民困于虐政，备受痛苦。为救危世，感化当世人君，孔子整理《书经》一

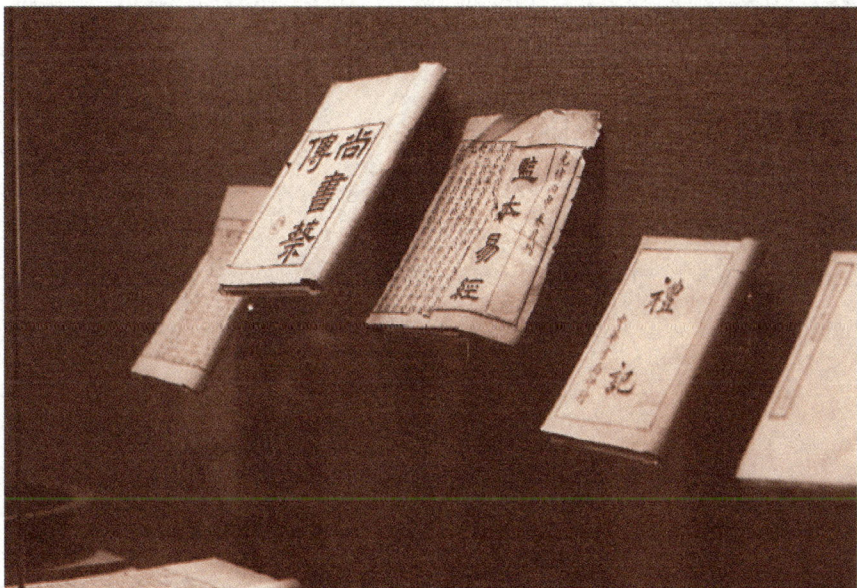

儒家经典《礼记》《易经》《尚书》，北京孔庙

书，希人主得尧、舜、禹、汤、文、武之道，使天下享尧、舜、禹、汤、文、武之治。因此，阐明仁君治民之道是《尚书》的第一要旨。其二，在明贤臣事君之道。周室东迁之后，人臣之事君，远不如往古，乱臣弑君之事屡见不鲜。《尚书·周书》，记古贤臣事君之道，以使后世取法。自汉以来，《尚书》一直被视为政治哲学经典，既是帝王的教科书，又是贵族子弟及士大夫必修的"大经大法"，在历史上很有影响。

▌经典语录▐

居上克明，为下克忠，与人不求备，检身若不及，以至于有万邦，兹惟艰哉！

克明俊德，以亲九族。九族既睦，平章百姓。百姓昭明，协和万邦。

民惟邦本，本固邦宁。

虑善以动，动惟厥时。

功崇惟志，业广惟勤。

克勤于邦，克俭于家。

视远惟明，听德惟聪。

若网在纲，有条而不紊。

为山九仞，功亏一篑。

以公灭私，民其允怀。

《孙子兵法》

▌作者及作品简介▐

孙子即孙武（约前545—前470），字长卿，齐国（今山东广饶）人。春秋时期吴国将领，著名的军事家、政治家，被尊称兵圣或孙子。他是兵法家孙膑的祖先，被誉为"百世兵家之师""东方兵学的鼻祖"。孙武大约活动于公元前 6 世纪末至前 5 世纪初，由齐至吴，经吴国重臣伍员（伍子胥）举荐，向吴王阖闾进呈所著兵法 13 篇，受到重用为将。曾率领吴国军队大破楚国军队，占领了楚的国都郢城，几近灭亡楚国。孙武 50 多岁的时候，至交好友伍子胥被杀，孙武不再为吴国的对外战争谋划出力，转而隐居乡间，修订其兵法著作。他的卒年当在公元前 470 年左右。从退隐到寿终，孙武一直没有离开吴国，死后则葬于吴都郊外。

《孙子兵法》是孙武的著作，又称《孙武兵法》《吴孙子兵法》《孙子兵书》《孙武兵书》等，是中国现存最早的兵书，也是世界上最早的军事理论著作，被誉为"兵学圣典"，置于《武经七书》之首。全书 13 篇（始计篇、作战篇、谋攻篇、军形篇、兵势篇、虚实篇、军争篇、九变篇、行军篇、地形篇、九地篇、火攻篇、用间篇）。《孙子兵法》是中国古代军事文化遗产中的璀璨瑰宝，优秀传统文化的重要组成部分，其内容博大精深，思想精邃富赡，逻辑缜密严谨，是古代军事思想精华的集中体现。为后世兵法家所推崇，历代都有研究。李世民说"观诸兵书，无出孙武"。它也被译为英文、法文、德文、日文等，成为世界最著名的兵学典范之一，在世界军事史上也具有重要的地位。进入现代社会，《孙子兵法》提出的思想不仅应用于军事领域，而且在经济、体育等方面，都受到了关注和应用。

经典语录

兵者，国之大事，死生之地，存亡之道，不可不察也。

故知胜有五：知可以战与不可以战者胜；识众寡之用者胜；上下同欲者胜；以虞待不虞者胜；将能而君不御者胜。

善用兵者，避其锐气，击其惰归。

兵者，诡道也，故能而示之不能，用而示之不用，近而示之远，远而示之近。

利而诱之，乱而取之，实而备之，强而避之。

13

攻其无备，出其不意。

知彼、知己，百战不殆；不知彼、知己，一胜一负；不知彼、不知己，每战必殆。

用兵之法，十则围之，五则攻之，倍则分之，敌则能战之，少则能逃之，不若则能避之。

投之亡地然后存，陷之死地然后生。

百战百胜，非善之善者也；不战而屈人之兵，善之善者也。

《墨 子》

作者及作品简介

墨子（约前468—前376），名翟，班固说墨子"名翟，为宋大夫，在孔子后"。墨子善于制造守城器械等，是墨家学派的创始人。在先秦诸子百家中，儒、墨两家号称"显学"，墨子在当时的声望与孔子差不多。由于墨子倡导尚贤、尚同、兼爱、非攻、节用、节葬等主张，基本反映了劳动阶层的呼声，因此，墨子又被后人视为劳动人民的哲学家。

《墨子》是记载墨翟言论和墨家学派思想资料的总集，一般认为是墨子的弟子及后学记录、整理、编纂而成。《汉书·艺文志》著录"《墨子》七十一篇"，至清代编《四库全书》时，仅存53篇，分两大部分：一部分是记载墨子言行，阐述墨子思想，主要反映了前期墨家的思想；另一部分为《经上》《经下》《经说上》《经说下》《大取》《小取》等6篇，一般称作墨辩或墨经，着重阐述墨家的认识论和逻辑思想，还包含许多自然科学的内容，反映了后期墨家的思想。《墨子》提倡兼爱、非攻、尚贤、尚同、天志、明鬼、非命、非乐、节葬、节用，涉及哲学、逻辑学、军事学、工程学、力学、几何学、光学，先秦的科学技术成就大都依赖《墨子》以传。《墨子》思想代表了广大劳动人民的利益和要求，是劳动人民智慧的结晶。正因为如此，它不被统治阶级所赏识，到了秦汉，墨学已没有多大影响，墨子的事迹已知之甚少。但《墨子》一书所蕴含的思想极其丰富，在中国思想发展史上具有重要的学术地位。

▌经典语录 ▶

慧者心辨而不繁说，多力而不伐功，此以名誉扬天下。

量腹而受，量身而衣。

强不执弱，富不侮贫。

天下兼相爱则治，交相恶则乱。

吏不治则乱，农事缓则贫。

利之中取大，害之中取小。

染于苍则苍，染于黄则黄。

仁人之所以为事者，必兴天下之利，除天下之害。

志不强者智不达。

"投我以桃，报之以李"，即此言爱人者必见爱也，而恶人者必见恶也。

《庄 子》

▌作者及作品简介 ▶

庄子，名庄周，约生于公元前 4 世纪中叶，卒于前 3 世纪初叶，战国时期宋国蒙（今河南商丘）人，道家学派的代表人物，和老子合称"老庄"。庄子主张"绝圣弃智"，返归真性，真性自然。庄子认为世界上的一切事物及其差别都没有意义，因此鄙弃追名逐利。庄子的想象力极为丰富，语言运用自如，灵活多变，能把一些微妙难言的哲理说得引人入胜。他的作品被人称为"文学的哲学，哲学的文学"。

《庄子》，又名《南华经》，在唐代被尊为《南华真经》，是庄周学派的著作总集，道家重要经典，主要反映了庄子的哲学、艺术、美学

15

与人生观、政治观等，与《老子》《周易》合称"三玄"。《庄子》一书曾由汉朝刘向编定，今本《庄子》是晋代郭象的定本，分内篇、外篇、杂篇三大部分，原有52篇，现存33篇，大小寓言200多个。其中，内篇为庄子思想的核心，有7篇；外篇15；杂篇11。该书包罗万象，对宇宙、人与自然的关系、生命的价值等都有详尽的论述。全书以"寓言""重言""卮言"为主要表现形式，继承老子学说而倡导相对主义，蔑视礼法权贵而倡言逍遥自由，内篇的《齐物论》《逍遥游》《大宗师》集中反映了此种哲学思想。《庄子》一书借寓言形式表达哲学见解，创造了许多优美动人的故事，在文学史上也有很大影响。

◥ 经典语录 ▶

吾生也有涯，而知也无涯。以有涯随无涯，殆已。

水之积也不厚，则其负大舟也无力。

其作始也简，其将毕也必巨。

凡交，近则必相靡以信，远则必忠之以言。

褚小者不可以怀大，绠短者不可以汲深。

相濡以沫，不如相忘于江湖。

名，公器也，不可多取。仁义，先王之蘧庐也，而不可以久处，觐而多责。

惠子曰："子非鱼，安知鱼之乐？"庄子曰："子非我，安知我不知鱼之乐？"

君子之交淡若水，小人之交甘若醴。

人生天地之间，若白驹之过隙，忽然而已！

《孟 子》

◥ 作者及作品简介 ▶

孟子（约前372—前289），姬姓，孟氏，名轲，字子舆，邹（今山东邹城）人，是中国古代伟大的思想家、教育家，战国时期儒家代表人物之一，是孔子之孙——子思的门人。他继承和发展了孔子的思想，提出一套完整的思想体系，对后世产生了极大的影响，被尊奉为仅次于孔子的"亚圣"，与孔子并称"孔孟"。儒家学说因此也被称为"孔孟之道"。

　　《孟子》是记录孟子言论、政治观点和政治行动的语录体散文集，儒家经典著作，四书之一，完成于战国中后期。《孟子》注本主要有东汉赵岐的《孟子章句》、南宋朱熹的《孟子集注》、清朝焦循的《孟子正义》等。《孟子》共有7篇传世：《梁惠王》上、下；《公孙丑》上、下；《滕文公》上、下；《离娄》上、下；《万章》上、下；《告子》上、下；《尽心》上、下。在《孟子》一书中，集中地体现了孟子的政治思想、哲学思想和教育思想。孟子提出"性善论"，认为"恻隐之心，人皆有之；羞恶之心，人皆有之；恭敬之心，人皆有之；是非之心，人皆有之。恻隐之心，仁也；羞恶之心，义也；恭敬之心，礼也；是非之心，智也。仁义礼智，非由外铄我也，我固有之也。"孟子的政治思想与孔子一脉相承，并把孔子"仁"的政治思想发展为"仁政"学说。这一学说的出发点即为"性善论"。他提出"仁政""王道"，主张德治，认为统治者要施仁政于民，以德服人，实行王道，反对以力服人，实行霸道；对臣民应减轻刑罚与赋税，发展农业生产；对百姓应施行道德教化，使他们人人都能忠孝仁义，从而使国家长治久安。孟子提出"民贵君轻"的思想，成为其仁政学说的核心，具有民本主义色彩，对中国后世的思想家有极大的影响。南宋时朱熹将《孟子》与《论语》《大学》《中庸》合在一起称"四书"。直到清末，

17

"四书"一直是科举必考内容。

经典语录 ▶

乐民之乐者，民亦乐其乐；忧民之忧者，民亦忧其忧。

穷则独善其身，达则兼济天下。

天时不如地利，地利不如人和。

老吾老，以及人之老；幼吾幼，以及人之幼。

物之不齐，物之情也。

富贵不能淫，贫贱不能移，威武不能屈，此之谓大丈夫。

可欲之谓善，有诸己之谓信，充实之谓美，充实而有光辉之谓大，大而化之之谓圣，圣而不可知之之谓神。

仁者爱人，有礼者敬人。爱人者，人恒爱之；敬人者，人恒敬之。

有天爵者，有人爵者。仁义忠信，乐善不倦，此天爵也。

乡田同井，出入相友，守望相助，疾病相扶持。

《荀 子》

作者及作品简介 ▶

荀子（约前313—前238），名况，字卿，赵人，战国末期的儒学大师。古书中常作孙卿。他学识渊博，继承儒家学说并有所发展，同时吸收别家之长，在儒家中自成一派。他的宇宙观具有唯物主义因素，反对天命和迷信，肯定"天行有常，不为尧存，不为桀亡"，即肯定自然界的运行法则是不以人的意志为转移的客观存在，并提出了"制天命而用之"的人定胜天的思想。政治上，他主张礼治法治并用。一方面仍很重视"王道"，提倡"礼义"；另一方面主张"法后王"，同意武力兼并天下，用法禁、刑赏治理国家。在人性问题上，他针对孟子"性善论"提出"性恶论"，认为人性本来是恶的，"其善者伪也"，即经过后天改造才变善，因此他特别强调后天学习的重要性。他也很重视礼，认为礼在调节社会关系方面起到重要作用，其治理思想是礼法兼用、王霸并重。由于他的不少观点和以前的儒家传统说法不同，也受到后世儒家的一些非议。韩愈说荀学，"大醇而小疵"；宋代程朱理学更是扬孟子而抑荀子，晚清梁启超、章太炎等对荀子思想重新评价，肯定其在哲学史上的重要地位。

《荀子》是荀子的著作集，既是先秦重要的哲学著作，也是战国后期儒家学派最重要的著作。《荀子》一书今存32篇，全书基本上都是独立的专题散文，每篇都有题，作为各篇内容的概括。一般认为，《劝学》《王霸》《性恶》等篇，都是荀子自己的作品，《大略》《宥坐》等最后6篇，疑为门人弟子所记。在《荀子》一书中，反映荀况唯物主义自然观的，主要是《天论》《非相》等篇；反映荀况唯物主义认识论思想的，主要是《解蔽》《正名》《劝学》等篇；反映其伦理思想的，主要是《性恶》《修身》《礼论》等篇；反映其政治思想和经济思想的，主要是《王制》《富国》《王霸》《君道》《臣道》《强国》等篇；《非十二子》《儒效》两篇，主要是荀子对思孟学派的批判；《乐论》主要阐发了荀子的音乐理论及其社会作用；《议兵》主要阐述了荀子的军事理论。《赋》运用诗歌文学语言，阐述了荀子学派的政治主张。《大略》以下6篇，都是荀子学派的作品，内容比较庞杂，有些思想与荀子思想不尽一致。《荀子》比较重要的注本有唐代杨倞《荀子注》、清代王先谦《荀子集解》，近代所作有梁启雄《荀子简释》等。

经典语录 ▶

学者非必为仕，而仕者必为学。

不登高山，不知天之高也；不临深溪，不知地之厚也；不闻先王之遗言，不知学问之大也。

天行有常，不为尧存，不为桀亡。

蓬生麻中，不扶而直；白沙在涅，与之俱黑。

青，取之于蓝，而青于蓝；冰，水为之，而寒于水。

不积跬步，无以至千里；不积小流，无以成江海。

骐骥一跃，不能十步；驽马十驾，功在不舍；锲而舍之，朽木不折；锲而不舍，金石可镂。

无稽之言，不见之行，不闻之谋，君子慎之。

公生明，偏生暗；端悫生通，诈伪生塞；诚信生神，夸诞生惑。

君者舟也，庶人者水也，水则载舟，水则覆舟。

《韩非子》

作者及作品简介

韩非（约前280—前233），战国末期韩国（今河南新郑）贵族，杰出的思想家、哲学家和散文家，法家思想之集大成者。韩非文章出众，连李斯也自叹不如。韩非目睹战国后期的韩国积贫积弱，多次上书韩王，希望改变当时治国不务法制、养非所用、用非所养的情况，但其主张始终得不到采纳。后受到秦王嬴政赏识，其思想为嬴政吸收，成为秦统一天下的指导思想。

《韩非子》共有文章55篇，10余万字，大都出自韩非之手，除个别文章外，篇名均表示该文主旨。在书中，韩非主张君主集权，君王应该把"法""术""势"结合起来治理国家。反对儒、墨效法古代君王的"法先王"思想，主张变法改革，建议君主重赏罚、农战结合，富国强兵、推行霸道，对秦汉以后中国社会制度的建立产生了重大影响。司马迁称其"喜刑名法术之学，而其归本于黄老"。《韩非子》的语言风格严峻峭刻，说理透彻犀利，又有诸如"自相矛盾""削足适履""螳螂捕蝉""守株待兔"等诸多寓言故事，其文章在先秦诸子散文中亦独树一帜，具有极高的历史和思想价值。

经典语录

千丈之堤，以蝼蚁之穴溃；百尺之室，以突隙之烟焚。

国无常强，无常弱。奉法者强则国强，奉法者弱则国弱。

失火而取水于海，海水虽多，火必不灭矣，远水不救近火也。

法不阿贵，绳不挠曲。

治民无常，唯法为治。

不期修古，不法常可。

事在四方，要在中央，圣人执要，四方来效。

一家二贵，事乃无功。

世异则事异，事异则备变。

《淮南子》

| 作者及作品简介 ▶

  刘安（前179—前122），西汉初年宗室、西汉时期思想家、文学家。刘安是汉高祖刘邦的少子淮南厉王刘长之子。淮南厉王因"谋取"获罪，流徙途中绝食而死，后淮南厉王的封地被一分为三，刘安被册封为淮南王。刘安因为父辈的原因，一生都在与汉家王朝做斗争，无论是政治上，还是思想上。相传最后因起兵谋反不成，自刎而死。

  《淮南子》又被称为《淮南鸿烈》或《鸿烈》，是刘安及其门客集体编写的一部哲学著作。其中《内篇》21篇，《外书》33篇，《中篇》8卷，《要略》是全书的序言。至今存世的只有内篇。从《要略》看，全书写作有统一的计划和安排。但从内容看，并未完全统一。该书在继承先秦道家思想的基础上，糅合了阴阳、墨、法和一部分儒家思想，《汉书·艺文志》将其列入"杂家"。但该书主要的宗旨属于道家，可以看作是战国至汉初黄老之学理论体系的代表作。《淮南子》在阐明哲理时，旁涉奇物异类、鬼神灵怪，保存了一部分神话材料，像"女娲补天""后羿射日""共工怒触不周山""嫦娥奔月""大禹治水""塞翁失马"等古代神话，主要靠本书得以流传。

积力之所举，则无不胜也；众智之所为，则无不成也。

太山之高，背而弗见；秋毫之末，视之可察。

治国有常，而利民为本。

公正无私，一言而万民齐。

用众人之力，则无不胜也。

乞火不若取燧，寄汲不若凿井。

正身直行，众邪自息。

白玉不雕，美珠不文，质有余也。

患生于多欲，害生于弗备。

水积而鱼聚，木茂而鸟集。

《春秋繁露》

作者及作品简介 ▶

《春秋繁露》中国汉代哲学家董仲舒的政治、哲学著作。

董仲舒（前179—前104），今河北景县广川镇人，西汉哲学家。汉景帝时任博士，讲授《公羊春秋》。汉武帝元光元年（前134），汉武帝下诏征求治国方略，董仲舒在著名的《举贤良对策》中把儒家思想与当时的社会需要相结合，并吸收了其他学派的理论，创建了一个以儒学为核心的新的思想体系，深得汉武帝的赞赏，系统地提出了"天人感应""大一统"学说，"罢黜百家，独尊儒术"的主张被汉武帝所采纳，使儒学成为中国社会正统思想，影响长达2000多年。

根据《汉书·董仲舒传》记载，董仲舒讲《春秋》，作《闻举》《玉杯》《蕃露》等数十篇。《蕃露》是董仲舒讲《春秋》诸篇中的一篇。"蕃"与"繁"相通。董仲舒作《春秋繁露》是对《春秋》大义的引申和发挥。

现存《春秋繁露》有17卷，82篇。由于书中篇名和《汉书·艺文志》及本传所载不尽相同，所以有人认为其不只出自董仲舒一人之手，系后人辑录董仲舒遗文而成书，书名为辑录者所加，隋唐以后才有此书名出现。

中国现存最早的《春秋繁露》版本，是南宋嘉定四年（1211）江右计台刻本，现藏于北京图书馆。注本很多，最详尽的是苏舆的《春秋繁露义证》。其版本有《永乐大典》所载《宋本》，明代兰雪堂活字本，清代卢文弨抱经堂校刊本。

经典语录 ▶

《春秋》之于世事也，善复古，讥易常，欲其法先王也。

大富则骄，大贫则忧。

天地之生万物也以养人。

善无小而不举，恶无小而不去。

故屈民而伸君，屈君而伸天，《春秋》之大义也。

能使万民往之，而得天下之群者，无敌于天下。

仁之法在爱人，不在爱我；义之法在正我，不在正人。

气之清者为精，人之清者为贤，治身者以积精为宝，治国者以积贤为道。

《礼 记》

作者及作品简介 ▶

《礼记》是儒家经典之一，它主要是对礼制、礼意的记载和论述。其中涉及秦汉以前的社会组织、生活习俗、道德规范、文物制度等情况，反映了儒家的政治、哲学、伦理思想，是研究中国古代社会情况、典章制度和儒家思想的重要著作。据传，《礼记》一书的编定是西汉礼学家戴德和他的侄子戴圣。汉代把孔子定的典籍称为"经"，弟子对"经"的解说是"传"或"记"，《礼记》因此得名，即对"礼"的解释。到西汉前期《礼记》共有131篇。相传戴德选编其中85篇，

23

称为《大戴礼记》；戴圣选编其中49篇，称为《小戴礼记》。东汉后期大戴本不流行，以小戴本专称《礼记》（即我们今天见到的《礼记》），而且和《周礼》《仪礼》合称"三礼"。到唐代，礼有《周礼》《仪礼》《礼记》，春秋有《左传》《公羊》《穀梁》，加上《诗》《书》《易》《论语》《尔雅》《孝经》，这样是十二经；宋明又增加入《孟子》，于是定型为十三经，为士者必读之书。

《礼记》49篇分属于制度、通论、明堂阴阳、丧服、世子法、祭祀、乐记、吉事等，它阐述的思想包括社会、政治、伦理、哲学、宗教等各个方面，其中《大学》《中庸》《礼运》等篇有较丰富的哲学思想。宋时，朱熹将《大学》和《中庸》一起抽出，与《论语》《孟子》并列，并且作《四书章句集注》，这四部著作才有了后世"四书"的统称。《礼记》全书用散文写成，一些篇章还具有相当的文学价值。书中还收有大量富有哲理的格言、警句，精辟而深刻。

▌经典语录 ▶

博闻强识而让，敦善行而不怠，谓之君子。君子不尽人之欢，不竭人之忠，以全交也。

莫见乎隐，莫显乎微，故君子慎其独也。

礼尚往来。往而不来，非礼也；来而不往，亦非礼也。

万物并育而不相害，道并行而不相悖。

博学之，审问之，慎思之，明辨之，笃行之。

大道之行也，天下为公，选贤与能，讲信修睦。

玉不琢，不成器；人不学，不知道。

学然后知不足，教然后知困；知不足然后能自反也，知困然后能自强也。故曰，教学相长也。

虽有嘉肴，弗食，不知其旨也；虽有至道，弗学，不知其善也。

独学而无友，则孤陋而寡闻。

《论　衡》

《论衡》是王充的代表作品，也是中国历史上一部无神论著作。

王充（27—约97），字仲任，东汉哲学家，会稽上虞（今浙江绍兴上虞）人。王充以道家的自然无为为立论宗旨，以"天"为天道观的最高范畴。以"气"为核心，认为元气、精气、和气等自然气化构成了庞大的宇宙生成模式。其在主张生死自然、力倡薄葬，以及反对神化儒学等方面彰显了道家的特质。他以事实验证言论，弥补了道家空说无着的缺陷，是汉代道家思想的重要传承者与发展者。

《论衡》现存文章有85篇（其中的《招致》仅存篇目，实存84篇）。该书被称为"疾虚妄古之实论，讥世俗汉之异书"。东汉时代，儒家思想在意识形态领域占支配地位，但与春秋战国时期不同的是，儒家学说被打上了神秘主义色彩，掺进了谶纬学说，使儒学变成了"儒术"。王充写作《论衡》一书，就是针对这种儒术和神秘主义的谶纬说进行批判。《论衡》细说微论，解释世俗之疑，辨照是非之理，即以"实"为根据，疾虚妄之言。"衡"字本义是天平，《论衡》就是评定当时言论的价值的天平。它的目的是"冀悟迷惑之心，使知虚实之分"。

知屋漏者在宇下，知政失者在草野，知经误者在诸子。

德不优者，不能怀远；才不大者，不能博见。

德鸿者招谤，为士者多口。

进能有益，纳说有补，人之所知也。

畏惧则存想，存想则目虚见。

为世用者，百篇无害；不为世用，一章无补。

人欲心辨，不欲口辩。心辨则言丑而不违，口辩则辞好而无成。

25

人有所优，固有所劣；人有所工，固有所拙。非劣也，志意不为也；非拙也，精诚不加也。

《二程集》

《二程集》是北宋思想家程颢、程颐全部著作的汇集。内容包括遗书、外书、文集、易传、经说、粹言 6 种，其中程颐的著作居多。

程颢（1032—1085），字伯淳，号明道，学者称其"明道先生"。程颐（1033—1107），字正叔，世称"伊川先生"，是程颢的弟弟。两人是河南府（今河南洛阳）人，同学于周敦颐，共创"洛学"，为理学奠定了基础，并称"二程"。"二程"的学说在理学发展史上占有重要地位，后来为朱熹所继承和发展，世称"程朱学派"。

《二程集》中，遗书是二程的弟子们记下的二程语录，后来由朱熹加以综合编定。外书是遗书的辅编或续编。之所以叫作外传，据朱熹说，是由于材料的来源比较杂，材料的可靠性也较差的缘故。文集是二程的诗文杂著。经说是二程对一部分儒家经典的解说和发挥。以上四种，在宋代均单独刊行，也曾有人把它们合在一起刊行，称程氏四书。

《二程集》中第一次将"理"作为宇宙本体，阐述天地万物生成和身心性命等问题，奠定了以"理"为中心的哲学体系。其中，程颢的识仁、定性，程颐的性即理、主敬、体用一源等许多重要哲学概念和命题，是哲学史上第一次提出，为后世沿用，对宋明哲学产生了重大影响。

君子之学必日新，日新者日进也。不日新者必日退，未有不进而不退者。

进学不诚则学杂，处事不诚则事败，自谋不诚则欺心而弃己，与人不诚则丧德而增怨。

公则一，私则万殊，至当归一，精义无二，人心不同如面，只是私心。

人不能祛思虑，只是吝，吝故无浩然之气。

天下之治，由得贤也；天下不治，由失贤也。

为政之道，以顺民心为本，以厚民生为本，以安而不扰民为本。

强猛者当抑之，畏缩者当充养之。

所谓敬者，主一之谓敬；所谓一者，无适之谓一。

致知在格物，格物之理，不若察之于身，其得犹切。

《四书章句集注》

作者及作品简介 ▶

朱熹（1130—1200），字元晦，号晦庵，别称紫阳。徽州婺源（今江西婺源）人。孔子、孟子之后儒家思想的集大成者，被后学尊称为朱子。他非孔子亲传弟子而享祀孔庙，位列大成殿"十二哲者"中，受儒教祭祀。

朱熹19岁考中进士，曾任南康知军、福建漳州知府、浙东巡抚，官拜焕章阁待制兼侍讲，为宋宁宗讲学。他一生广注经籍、著书立说。著有《四书章句集注》《太极图说解》《通书解》《周易本义》《楚辞集注》等，其中《四书章句集注》成为元以后钦定的教科书和科举考试的标准。

《四书章句集注》是朱熹最有

代表性的著作之一。朱熹祖述二程的观点和做法，特别尊崇《孟子》和《礼记》中的《大学》《中庸》，使之与《论语》并列。认为《大学》中"经"的部分是"孔子之言而曾子述之"，"传"的部分是"曾子之意而门人记之"，《中庸》是"孔门传授心法"而由"子思笔之于书以授孟子"。四者合起来，代表了由孔子经过曾子、子思传到孟子这样一个儒家道统，而二程和自己则是这一久已中断的道统的继承者、发扬者。他为四者分别作了注释，对《大学》还区分了经、传并重新编排了章节，作为一套书同时刊行，称为四子书：《大学》《中庸》的注释称"章句"，《论语》《孟子》的注释因引用二程、程门弟子及其他人的说法较多，称"集注"。后人合称之为《四书章句集注》，简称《四书集注》。

▌经典语录 ▶

　　盖自天降生民，则既莫不与之以仁义礼智之性矣。然其气质之禀或不能齐，是以不能皆有以知其性之所有而全之也。一有聪明睿智能尽其性者出于其间，则天必命之以为亿兆之君师，使之治而教之，以复其性。此伏羲、神农、黄帝、尧、舜，所以继天立极，而司徒之职、典乐之官所由设也。

　　盖尝论之：心之虚灵知觉，一而已矣，而以为有人心、道心之异者，则以其或生于形气之私，或原于性命之正，而所以为知觉者不同，是以或危殆而不安，或微妙而难见耳。然人莫不有是形，故虽上智不能无人心，亦莫不有是性，故虽下愚不能无道心。二者杂于方寸之间，而不知所以治之，则危者愈危，微者愈微，而天理之公卒无以胜夫人欲之私矣。精则察夫二者之间而不杂也，一则守其本心之正而不离也。从事于斯，无少闲断，必使道心常为一身之主，而人心每听命焉，则危者安、微者着，而动静云为自无过不及之差矣。

《陆九渊集》

陆九渊（1139—1193），字子静，是我国南宋时期最富有个性的哲学思想家和文化教育家，陆王心学的代表人物。曾讲学于贵溪（今属江西省鹰潭市）应天山，并将应天山易名为象山，因此被学者称为象山先生。其讲学之象山书院今为贵溪第一中学。

陆九渊为宋明两代"心学"的开山之祖，与朱熹齐名，而见解多不合。主"心即理"说，言"宇宙便是吾心，吾心即是宇宙"，"学苟知本，六经皆我注脚"。明王守仁继承发展其学，成为"陆王学派"，对后世影响极大。著有《象山先生全集》。

《陆九渊集》收录了他传世的全部著作，包括书信、诗文、讲义、杂著、章奏、程文，还有门第子编的语录，书后附有相关的序跋资料，是研究宋明理学的必读书。

경典语录 ▶

心之体甚大，若能尽我之心，便与天同。

此心此理，我固有之，所谓万物皆备于我，昔之圣贤先得我心之所同然耳。

《传习录》

작者及作品简介 ▶

王阳明（1472—1529），名守仁，字伯安。浙江绍兴余姚（今属宁波余姚）人。因曾筑室于会稽山阳明洞，自号阳明子，学者称之为阳明先生。明代著名的思想家、哲学家，陆王心学集大成者，精通儒家、道家、佛家，代表作有《传习录》《大学问》等。

王阳明 28 岁中进士，官至南京兵部尚书。他自幼立下学做圣贤的志向，历经反复求索，于 37 岁时，在边远的贵州龙场经体悟而确立了"心即理"的哲学立场和"知行合一"的心学宗旨，终于明确了他立志成圣的道路和方向，开始了他心学体系的建构。晚年在江西提出"致良知"命题，其心学体系臻于完备，使他成为历史上心学的集大成者。

《传习录》是明代著名哲学家王阳明的代表作品。全书分为上中下三卷，上卷经王阳明本人审阅，中卷里的书信出自王阳明亲笔，是他晚年的著述，下卷虽未经本人审阅，但较为具体地解说了他晚年的思想，并记载了王阳明提出的"四句教"。书中既有阳明与弟子之间的对话问答，又有阳明与时人的书信往还，内容丰富，体现了王阳明知行合一、致良知、诚意格物等哲学思想。王阳明对朱熹的哲学观点既有服膺，又有批驳，他认为朱熹晚年对自己早期的思想多有匡谬纠正，因此，编纂了《朱子晚年定论》。

经典语录 ▶

汝未看此花时，此花与汝心同归于寂；汝来看此花时，此花颜色一时明白过来，便知此花不在汝心之外。

种树者必培其根，种德者必养其心。

无善无恶心之体，有善有恶意之动。知善知恶是良知，为善去恶是格物。

不贵于无过，而贵于能改过。

谦虚其心，宏大其量。

身之主宰便是心，心之所发便是意，意之本体便是知，意之所在便是物。

心犹镜也。圣人心如明镜，常人心如昏镜。近世格物之说，如以镜照物，照上用功。不知镜尚昏在，何能照？先生之格物，如磨镜而使之明，磨上用功，明了后亦未尝废照。

以事言谓之史，以道言谓之经。事即道，道即事。春秋亦经，五经亦史。

尽心知性知天，是生知安行事。

《明夷待访录》

黄宗羲（1610—1695），字太冲，号南雷，明末清初经学家、史学家、思想家、地理学家、天文历算学家、教育家。与顾炎武、王夫之并称为"明末清初三大思想家"。

《明夷待访录》诞生于明清之际，是一部具有启蒙性质的批判君主专制的名著。该书通过对历史的深刻反思，总结了秦汉以来，特别是明代的历史教训，批判了封建君主专制制度，并提出了"天下为主，君为客"等一系列比前人更进一步的民主观念，具有鲜明的启蒙性质和民主色彩，被梁启超称为"人类文化之一高贵产品"。

经典语录 ▶

用一人焉，则疑其自私，而又用一人以制其私；行一事焉，则虑其可欺，而又设一事以防其欺。

缘夫天下之大，非一人之所能治，而分治之以群工。故我之出而仕也，为天下，非为君也；为万民，非为一姓也……以君之一身一姓起见，君有无形无声之嗜欲，吾从而视之听之，此宦官宫妾之心也。

夫治天下犹曳大木然，前者唱邪，后者唱许。君与臣，共曳木之人也。若手不执绋，足不履地，曳木者唯娱笑于曳木者之前，从曳木者以为良，而曳木之职荒矣。

虽然，使后之为君者，果能保此产业，传之无穷，亦无怪乎其私之也。既以产业视之，人之欲得产业，谁不如我？摄缄縢，固扃鐍，一人之智力不能胜天下欲得之者之众，远者数世，近者及身，其血肉之崩溃在其子孙矣。

31

人文学科篇

天下之人，怨恶其君，视之如寇仇，名之为独夫。

一家之法而非天下之法也。

向使无君，人各得自私也，人各得自利也。

《日知录》

作者及作品简介 ▶

　　顾炎武(1613—1682)，明朝南直隶苏州府昆山(今江苏省昆山市)千灯镇人，本名绛，字忠清、宁人，亦自署蒋山傭；因为仰慕文天祥学生王炎午的为人，改名炎武。因故居旁有亭林湖，学者尊为亭林先生。明末清初杰出的思想家、经学家、史地学家和音韵学家。

　　顾炎武一生辗转，行万里路，读万卷书，创立了一种新的治学方法，成为清初继往开来的一代宗师，被誉为清学"开山始祖"。顾炎武学问渊博，于国家典制、郡邑掌故、天文仪象、河漕、兵农及经史百家、音韵训诂之学，都有研究。晚年治经重考证，开清代朴学风气。其学以"博学于文，行己有耻"为主，合学与行、治学与经世为一。诗多伤时感事之作。

　　顾炎武主要作品有《日知录》《天下郡国利病书》《肇域志》《音学五书》《金石文字记》《顾亭林诗文集》等。

　　《日知录》是顾炎武"稽古有得，随时札记，久而类次成书"的杂记体著作。内容宏富，贯通古今。有条目一千余条，其内容大体划分为八类，即经义、史学、官方、吏治、财赋、典礼、舆地、艺文。该书对后世影响巨大，尤其是它的实证研究方法和态度，对清代学风起到了导乎先路的作用。

经典语录 ▶

　　不廉则无所不取，不耻则无所不为。

　　松柏后凋于岁寒，鸡鸣不已于风雨。

有亡国，有亡天下。亡国与亡天下奚辩？曰：易姓改号，谓之亡国；仁义充塞，而至于率兽食人。人将相食，谓之亡天下。……保国者，其君其臣，肉食者谋之；保天下者，匹夫之贱，与有责焉耳矣。

文须有益于天下。

愚自幼读书，有所得辄记之。

保国者，其君其臣肉食者谋之。保天下者，匹夫之贱与有责焉耳矣。

《周易外传》

作者及作品简介 ▶

王夫之（1619—1692），明末清初人，易学大师，思想家，史学家。字而农，中岁称一瓠道人，更名壶，晚岁仍用旧名。因居于湘西石船山，故称船山先生。由于生逢乱世，一生多有坎坷，在易学方面更有自己独到的见解和体会。其在《周易内传·发例·跋》中称："乙未（清顺治十二年，1655），于晋宁山寺始为《外传》。"知是书始撰于顺治十二年，即从广西返归湖南之后，当时只有38岁。这是王夫之有关《周易》的第一部著作，也是发挥其哲学思想的主要著作之一。

《周易外传》写作之时明王朝已经覆亡，王夫之也屡遭险阻：先是在衡阳举兵抗清，失败后奔赴广西参加南明永历政权，又受到当权者的排挤陷害，被迫于1652年回到湖南，在零陵、常宁和兴宁一带过着艰苦的流亡生活。

在《周易外传》中，王夫之采取传统的传注形式，对于《周易》的体系做了改造，精细而深入地吸收和阐发了《周易》哲学中所包含的合理思想，并结合自己的实践经验和历史知识，做了重要的发挥，从而把我国唯物主义和辩证法的思想传统推进到一个新的水平。

这部书的主要贡献是对易象关系作了唯物主义的解释，批判了

"道学"太极说和道器说，把朴素辩证法推向一新高度。

经典语录 ▶

 天下惟器而已矣。

 据器而道存，离器而道毁。

 推故而别致其新。

（二）历　史

《左　传》

作者及作品简介 ▶

  左丘明（约前502—约前422），春秋末期鲁国都君庄（今山东省肥城市石横镇东衡鱼村）人。春秋末期史学家、文学家、思想家、散文家、军事家。左丘明知识渊博，品德高尚，曾与孔子一起"乘如周，观书于周史"，孔子言与其同耻，曰："巧言、令色、足恭，左丘明耻之，丘亦耻之；匿怨而友其人，左丘明耻之，丘亦耻之。"太史司马迁称其为"鲁之君子"。历代帝王对左丘明多有敕封：唐封经师；宋封瑕丘伯和中都伯；明封先儒和先贤。

  《左传》全称《春秋左氏传》，原名《左氏春秋》，汉朝以后才多称《左传》，相传是左丘明为《春秋》做注解的一部史书。与《公羊传》《穀梁传》合称"春秋三传"。《左传》以《春秋》为本，并采用《周志》《晋乘》《郑书》《梼杌》等列国资料，通过记述春秋时期的具体史实来说明《春秋》的纲目。记述范围从公元前722年（鲁隐公元年）至公元前464年（鲁悼公四年）。主要记载了东周前期258年间各国政治、经济、军事、外交和文化方面的重要事件和重要人物，是研究中国先秦历史很有价值的文献，也是优秀的散文著作。《左传》中的人物与事件是按照历史资料来编写的，但作者在记叙这些历史人物和事件时，也表现出一定的思想观点和政治倾向。这种思想在伦理道德、政治主张、强调等级制度、尊卑观念等方面接近儒家。《左传》是我国第一部规模宏大而内容翔实的史学巨编，在古代史学发展史上占有不可替代的重要地位。它在记事中还体现了有积极意义的指导思想和撰写原则，从而开创了我国古代史书编纂的优良传统。

▌ 经典语录 ▶

亲仁善邻，国之宝也。

一命而偻，再命而伛，三命而俯，循墙而走，亦莫余敢侮。饘于是，粥于是，以糊余口。

民生在勤，勤则不匮。

人谁无过？过而能改，善莫大焉。

末大必折，尾大不掉。

华而不实，怨之所聚也。

俭，德之共也；侈，恶之大也。

言之无文，行而不远。

国之兴也，视民如伤，是其福也；其亡也，以民为土芥，是其祸也。

辅车相依，唇亡齿寒。

《史　记》

▌ 作者及作品简介 ▶

司马迁（约前145或前135—？），字子长，夏阳（今陕西韩城）人，汉代伟大的史学家、文学家、思想家。司马迁早年受学于孔安国、董仲舒，漫游各地，了解风俗，采集传闻。初任郎中，奉使西南。元封

人文学科篇

三年（前108）任太史令，继承父业，著述历史。因替西征匈奴被围投降的李陵辩解，触怒汉武帝，遭受宫刑。后任中书令，发愤继续完成所著史籍，被后世尊称为史迁、太史公、历史之父。

《史记》，原名《太史公书》，是中国第一部纪传体通史，全书分十二本纪（记历代帝王政绩）、三十世家（记诸侯国和汉代诸侯、勋贵兴亡）、七十列传（记重要人物的言行事迹，主要叙人臣，其中最后一篇为自序）、十表（大事年表）、八书（记各种典章制度记礼、乐、音律、历法、天文、封禅、水利、财用），共130篇，52万余字，记载了从上古传说中的黄帝时期，到汉武帝元狩元年，长达3000多年的历史，与后来的《汉书》《后汉书》《三国志》合称"前四史"。被公认为是中国史书的典范，为"二十四史"之首。司马迁在《报任安书》中把写作动机表述为"究天人之际，通古今之变，成一家之言"。《史记》不仅在体例上开风气之先，引来历代官修史书效仿，为史学赢得了独立地位，同时还富有极高的文学造诣，被鲁迅誉为"史家之绝唱，无韵之离骚"。其高超的叙事技巧、生动洗练的文笔、强烈的感情色彩，深刻地影响了后世诗词、戏曲、小说等文学品类的发展。

经典语录 ▶

人视水见形，视民知治不。

桃李不言，下自成蹊。

不知其人，则不为其友。

燕雀安知鸿鹄之志。

千人诺诺，不如一士谔谔。

人固有一死，或重于泰山，或轻于鸿毛。

不鸣则已，一鸣惊人。

得人者兴，失人者崩。

《战国策》

　　《战国策》又称《国策》，是一部国别体史学著作。记载了西周、东周及秦、齐、楚、赵、魏、韩、燕、宋、卫、中山各国之事，记事年代起于战国初年，止于秦灭六国，约有 240 年的历史。全书没有系统完整的体例，都是相互独立的单篇，分为 12 策，33 卷，共 497 篇，主要记述了战国时期的游说之士的政治主张和言行策略，亦展示了东周战国时代的历史特点和社会风貌，是研究战国历史的重要典籍。

　　《战国策》是汇编而成的历史著作，作者不明，非一时一人之作。其中所包含的资料，主要出于战国时代，包括策士的著作和史臣的记载，汇集成书当在秦统一以后。原来的书名不确定，西汉刘向考订整理后，定名为《战国策》。该书文辞优美，语言生动，富于雄辩与运筹的机智，描写人物绘声绘色，常用寓言阐述道理。虽然书中所记史实和说辞不可尽信，但其仍是研究战国社会的重要史料。

经典语录 ▶

　　毛羽不丰满者，不可以高飞。

　　前事之不忘，后事之师。

　　行百里者半于九十。

　　人之有德于我也，不可忘也；吾有德于人也，不可不忘也。

　　见兔而顾犬，未为晚也；亡羊而补牢，未为迟也。

　　以财交者，财尽而交绝；以色交者，华落而爱渝。

　　君子交绝，不出恶声。

　　同欲者相憎，同忧者相亲。

　　赏必加于有功，刑必断于有罪。

《汉　书》

　　班固 (32—92)，字孟坚，扶风安陵（今陕西咸阳东北）人，东汉著名史学家、文学家。班固出身儒学世家，其父班彪、伯父班嗣，皆为当时著名学者。在父祖的熏陶下，班固 9 岁即能属文，诵诗赋，16 岁入太学，博览群书，于儒家经典及历史无不精通。班固一生著述颇丰。作为史学家，《汉书》是继《史记》之后中国古代又一部重要史书，"前四史"之一；作为辞赋家，班固是"汉赋四大家"之一，《两都赋》开创了京都赋的范例，列入《文选》第一篇；同时，班固还是经学理论家，他编辑撰成的《白虎通义》，集当时经学之大成，使谶纬神学理论化、法典化。

　　《汉书》，又称《前汉书》，主要由班固编撰，是中国第一部纪传体断代史，"二十四史"之一，与《史记》《后汉书》《三国志》并称为"前四史"。建武三十年 (54)，班彪过世，班固从京城迁回老家居住，开始在班彪《史记后传》的基础上，撰写《汉书》，前后历时 20 余年，于建初中基本修成。全书主要记述了上起西汉的汉高祖元年（前 206），下至新朝的王莽地皇四年 (23)，共 230 年的史事。共 100 篇，后人划分为 120 卷，共 80 万字。包括纪 12 篇，主要记载西汉帝王的事迹；表 8 篇，主要记载汉代的人物事迹等；志 10 篇，记载典章制度、天文、地理以及各种社会现象；传 70 篇，主要记载各类人物的生平以及少数民族的历史。《汉书》在构书体系上取得了重大突破，规矩法度清晰、体例整齐合理，更易使人效法，开启了官方修史的端绪。《汉书》的语言庄严工整，多用排偶、古字古词，遣词造句非常典雅，是文学史上的经典作品。

　　治乱民犹治乱绳，不可急也；唯缓之，然后可治。

聪者听于无声，明者见于未形。

临渊羡鱼，不如退而结网。

明者远见于未萌，而知者避危于无形。

赏罚信明，施与有节；记人之功，忽于小过，以致治平。

福善之门莫美于和睦，患咎之首莫大于内离。

不汲汲于富贵，不戚戚于贫贱。

事不当时固争，防祸于未然。

少成若天性，习惯如自然。

《资治通鉴》

作者及作品简介 ▶

司马光（1019—1086），字君实，号迂叟，陕州夏县（今山西夏县）涑水乡人，世称涑水先生，北宋政治家、史学家、文学家。历仕四朝，卒赠太师、温国公，谥文正，后世尊称"司马温公"。欧阳修称其"德性淳正，学术通明"。早年与王安石交好，任御史中丞时，一手向宋神宗推荐王安石，后者后任参知政事，施行变法。后与王安石政见不同，性情温和的司马光转而反对变法，并主动请辞，退居洛阳15年，不问政事，编成《资治通鉴》。哲宗即位后，司马光重被起用，回到朝廷后数月间尽废新法，但为相8个月后即病逝。遗著有《司马文正公集》《稽古录》等。

《资治通鉴》，简称《通鉴》，司马光主编的中国首部编年体通史。编纂过程历19年而毕，共294卷，按朝代分为16"纪"，记述从周威烈王二十三年（前403）"三家分晋"至五代周世宗显德六年（959）之事。其采用之书，正史之外，更采杂史322种，仅残稿就在洛阳"尚盈两屋"。《四库全书总目提要》称此书"网罗宏富，体大思精，为前古之所未有；而名物训诂，浩博奥衍，亦非浅学所能通"，可见

39

规模之庞大，亦可解司马光在上表中所称"精力尽于此书"。司马光也以此书而与司马迁并称"史学两司马"。"资治通鉴"之名，如宋神宗所言，意为"鉴于往事，有资于治道"。因此此书虽为通史，然于政治史上着墨最多。毛泽东同志曾 17 次批注此书，称"每读都受益匪浅"，把它和《史记》并称为"中国两部大书"。

▌经典语录 ▶

才者，德之资也。德者，才之帅也。

用人如器，各取所长。

贤而多财，则损其志；愚而多财，则益其过。

忍小忿而存大信。

丈夫一言许人，千金不易。

尽小者大，慎微者著。兼听则明，偏信则暗。

骄奢生于富贵，祸乱生于疏忽。

币厚言甘，人之所畏也。

责其所难，则其易者不劳而正；补其所短，则其长者不功而遂。

知过非难，改过为难；言善非难，行善为难。

（三）文 艺

《诗 经》

▌作者及作品简介 ▶

《诗经》又称《诗》《诗三百》《三百篇》，是中国最早的一部诗歌总集，收集了西周初年至春秋中叶（前 11 世纪至前 6 世纪）的诗歌，作者绝大部分已经无法考证，相传为尹吉甫采集、孔子编订，约成书于春秋中期。诗经共 305 篇，另有 6 篇为笙诗，即只有标题，没有内容，称为笙诗六篇（南陔、白华、华黍、由庚、崇丘、由仪），古人取其整数，常说"诗三百"。在内容上分为《风》《雅》《颂》三个部分，以上三部分，《风》的数量最多，共 160 篇，《雅》有 105 篇（《小雅》中含笙诗 6 篇，不计算在内），《颂》有 40 篇。《风》是周代各地的歌谣；《雅》是周人的正声雅乐，又分《小雅》和《大雅》；《颂》是周王庭和贵族宗庙祭祀的乐歌，又分为《周颂》《鲁颂》《商颂》。《诗经》内容丰富，涉及了劳动与爱情、战争与徭役、压迫与反抗、风俗与婚姻、祭祖与宴会，甚至天象、地貌、动物、植物等方方面面，反映了周初至周晚期约 500 年间的社会面貌。孔子曾概括《诗经》宗旨为"无邪"，并教育弟子读《诗经》以作为立言、立行的标准。先秦诸子中，引用《诗经》者颇多，如孟子、荀子、墨子、庄子、韩非子等人在说理论证时，多引述《诗经》中的句子以增强说服力。至汉武帝时，《诗经》被儒家奉为经典，成为《五经》之一。

《诗经》在中国文学史上具有崇高的地位和深远的影响，奠定了中国诗歌的优良传统，中国诗歌艺术的民族特色由此肇端而形成。《诗经》是中华文化的瑰宝，中国古老文明的代表性典籍，也是全人类重要的文化遗产。在历史上，《诗经》的流传和影响范围不仅包括朝鲜、日本等邻国，还远达欧洲、北美等远邦。当前，《诗经》正以几十种文字在世界传播，在各国的《世界文学史》教科书上都有《诗经》的章节。诗经学也是世界汉学的热点。

经典语录 ▶

关关雎鸠，在河之洲。窈窕淑女，君子好逑。

死生契阔，与子成说。执子之手，与子偕老。

知我者谓我心忧，不知我者谓我何求。

桃之夭夭，灼灼其华。之子于归，宜其室家。

宜言饮酒，与子偕老。琴瑟在御，莫不静好。

它山之石，可以攻玉。

靡不有初，鲜克有终。

昔我往矣，杨柳依依。今我来思，雨雪霏霏。

有匪君子，如切如磋，如琢如磨。

如履薄冰，如临深渊。

《离 骚》

▌作者及作品简介 ▶

屈原（约前340—前278），战国时期楚国诗人、政治家，出生于楚国丹阳（今湖北省宜昌市），芈姓，屈氏，名平，字原；又自云名正则，字灵均，战国时楚武王熊通之子屈瑕的后代。少年时受过良好的教育，博闻强识，志向远大。早年受楚怀王信任，任左徒、三闾大

（清）任熊《屈原像》，纨扇

夫，兼管内政外交大事。他提倡"美政"，主张对内举贤任能，修明法度，对外力主联齐抗秦。因遭贵族排挤毁谤，被先后流放至汉北和沅湘流域。秦将白起攻破楚都郢（今湖北江陵）后，屈原自沉于汨罗江，以身殉国。屈原是中国浪漫主义文学的奠基人，"楚辞"的创立者和代表作者，开辟了"香草美人"的传统，被誉为"中华诗祖""辞赋之祖"。屈原的出现，标志着中国诗歌进入了一个由集体歌唱到个人独创的新时代。屈原的主要作品有《离骚》《九歌》《九章》《天问》等。以屈原作品为主体的《楚辞》是中国浪漫主义文学的源头。《楚辞·离骚》与《诗经·国风》并称"风骚"，对后世诗歌产生了深远影响。1953年，屈原逝世2230周年之际，世界和平理事会通过决议，确定屈原为当年纪念的世界四大文化名人之一。

《离骚》是屈原创作的一首长篇政治抒情诗，抒发其忠而被疏的愤懑之情。"离骚"，东汉王逸释为："离，别也；骚，愁也。"作品以理想与现实的冲突为主线，以花草禽鸟的比兴和瑰奇迷幻的"求女"神境作象征，借助于自传性回忆中的情感激荡，和复沓纷至、倏生倏灭的幻境交替展开全诗。作品中大量的比喻和丰富的想象，表现出积极浪漫主义精神，并开创了中国文学上的"骚"体诗歌形式，对后世有深远影响。有东汉王逸《楚辞章句》、南宋朱熹《楚辞集注》、清代戴震《屈原赋注》等注本。

经典语录

惟草木之零落兮，恐美人之迟暮。

路漫漫其修远兮，吾将上下而求索。

老冉冉其将至兮，恐修名之不立。

亦余心之所善兮，虽九死其犹未悔。

长太息以掩涕兮，哀民生之多艰。

民生各有所乐兮，余独好修以为常。

举贤才而授能兮，循绳墨而不颇。

43

瞻前而顾后兮，相观民之计极。

世溷浊而不分兮，好蔽美而嫉妒。

鸷鸟之不群兮，自前世而固然。

《文心雕龙》

▎作者及作品简介 ▶

刘勰（约465—约532），字彦和，据《梁书》和《南史》本传记载："刘勰，字彦和，东莞莒人。"这是指他的祖籍是山东莒县。其实从东晋以来，五马渡江，百族南迁，已经在京口（今镇江）侨置南东莞郡。刘勰的祖父刘灵真，是宋朝司空刘秀之的弟弟。他们早已世居京口，成为南朝的文化世家。刘勰的父亲刘尚，曾任越骑校尉。刘勰早孤，贫寒不能婚娶，依附建康（今南京）钟山定林寺沙门僧祐生活。定林寺内外典籍俱富，僧祐又学问精深，刘勰居十余年，因而博通经论。自梁武帝天监初年起，做过东宫通事舍人等几任小官，很受昭明太子萧统赏识。晚年出家，改名慧地，不到一年就去世了。约在齐和帝中兴二年（502），写成了《文心雕龙》。（用刘毓崧之说）书成，刘勰看到中书郎、黄门侍郎沈约当时无论从政还是治学都是声名赫赫，于是就背上自己写的书卷，扮作一个货郎，站在街头等候沈约外出时，在车前叩伏求见。沈约命人把《文心雕龙》取来，读后大为欣赏，常把这部书稿放在自己的几案上。

《文心雕龙》是中国古代文论中体系最完整、结构最严密的一部专著，是中国文学批评史上巍然屹立的高峰。1500多年来，它像一座神秘的宝山，散发着绚烂的光芒。很多人研究它、探索它，从它那儿开发艺术宝藏。清人黄叔琳曾赞叹说："刘舍人《文心雕龙》一书，盖艺苑之秘宝也！"（黄注《文心雕龙》序）鲁迅曾将其与古希腊亚里士多德的《诗学》相媲美，并称"为世楷模"。梁昭明太子在编纂《文选》时，即根据《文心雕龙》选文定篇。稍晚的萧绎所著《金楼子》和唐代刘知幾的《史通》、唐代王昌龄的《诗格》等，都是受《文心雕龙》影响而撰成的。

《文心雕龙》上下篇共 10 卷，50 篇。上篇前 5 卷 25 篇主要是论文体流变，下篇后 5 卷 25 篇主要是论创作与批评。其中，《序志》一篇是全书序文。《文心雕龙》反对当时的形式主义文学，主张文学不但要有华美的形式，而且首先要有充实的内容、深刻的思想和充沛的感情。它指出文学发展与时代社会的关系，论述了各种文体演变的过程，并对重要作家、作品做了扼要的评价，它还阐述了文章的做法、作家的修养，以及文学批评等问题。

▌经典语录 ▶

操千曲而后晓声，观千剑而后识器。

昭昭若日月之明，离离如星辰之行。

登山则情满于山，观海则意溢于海。

夫心生而言立，言立而文明，自然之道也。

形在江海之上，心存魏阙之下。

弥纶群言，研精一理，义贵圆通，辞忌枝碎，沦如析薪，贵能破理。

《古诗源》

▌作者及作品简介 ▶

沈德潜（1673—1769），清代著名诗人，格调派领袖。字确士，号归愚，长洲（今江苏苏州）人。乾隆元年（1736）荐举博学鸿词科，乾隆四年（1739）成进士，曾任内阁学士兼礼部侍郎。为叶燮门人，论诗主格调，提倡温柔敦厚之诗教。其诗多歌功颂德之作，但少数篇章对民间疾苦有所反映。所著有《沈归愚诗文全集》。又选编有《古诗源》《唐诗别裁集》《明诗别裁集》《国朝诗别裁集》等，流传颇广。

《古诗源》14 卷，是沈德潜所编的一部唐以前的诗歌选集，收录了先秦至隋各个时代的诗歌，共 700 余首，以上探唐诗之所以辉煌的发源。本书收录作品广泛，唐以前的一些著名诗篇（除《诗经》《楚辞》外），大多数都已选录在内，而且还从一些古书中辑录了不少脍炙人口的民歌谣谚，内容十分丰富。

书中所选古诗，绝大多数有编选者沈德潜扼要的点评，片言只语，便能将古诗的精髓点出，对提高诗歌的鉴赏力，裨益甚大。

经典语录 ▶

立我烝民，莫匪而极。

不识不知，顺帝之侧。

三月昏。参星夕。杏花盛。桑叶白。河射角。堪夜作。犁星没。水生骨。

《唐诗三百首》

作者及作品简介 ▶

唐朝（618—907）289 年间，是中国诗歌发展的黄金时代，百花齐放，名家辈出，唐诗数量多达 5 万余首。清代康熙年间编订的《全唐诗》，收录诗 48900 多首，常人难以全读；此后，沈德潜以《全唐诗》为蓝本，编选《唐诗别裁集》，收录诗 1928 首，普通人也难以全读。于是，清代乾隆年间蘅塘退士以《唐诗别裁集》为蓝本，编选《唐诗三百首》收录诗 310 首，成为流传最广、影响最大的唐诗普及读本。蘅塘退士（1711—1778），原名孙洙，字临西，江苏无锡人，祖籍安徽休宁。乾隆十六年（1751）他得中进士，历任卢龙、大城知县。后遭人谗陷罢官，平复后任山东邹平知县。乾隆二十五年（1760）、二十七年（1762）两次主持乡试，推掖名士。他为官清廉如水，爱民如子，又勤勉好学，书似欧阳询，诗宗杜工部，著有《蘅塘漫稿》。

乾隆二十八年（1763）春，孙洙与他的继室夫人徐兰英相互商榷，开始编选《唐诗三百首》。

《唐诗三百首》选诗范围相当广泛，收录了77家诗，共311首，在数量以杜甫诗数多，有38首、王维诗29首、李白诗27首、李商隐诗22首。孙琴安《唐诗选本六百种提要·自序》指出："唐诗选本经大量散佚，至今尚存三百余种。当中最流行而家传户晓的，要算《唐诗三百首》。"《唐诗三百首》向来有几种注释本流行，如清章燮的《唐诗三百首注疏》，清李盘的《注释唐诗三百首》等，其中以陈婉俊的《唐诗三百首补注》较为简明。《唐诗三百首》以成功务实的编法、简易适中的篇幅、通俗大众的观点、入选的精美诗歌打动着读者，成为最成功的启蒙教材、了解中国文化的模范读本，对中国诗歌选编学、中国人的心理构成都有很大的影响。俗语说："熟读唐诗三百首，不会作诗也会吟。"可见，《唐诗三百首》影响之大。

经典语录 ▶

行路难！行路难！多歧路，今安在？长风破浪会有时，直挂云帆济沧海。（李白《行路难》）

千呼万唤始出来，犹抱琵琶半遮面。（白居易《琵琶行》）

忽如一夜春风来，千树万树梨花开。（岑参《白雪歌送武判官归京》）

前不见古人，后不见来者。念天地之悠悠，独怆然而涕下。（陈子昂《登幽州台歌》）

秦时明月汉时关，万里长征人未还。但使龙城飞将在，不教胡马度阴山。（王昌龄《出塞》）

此情可待成追忆，只是当时已惘然。（李商隐《锦瑟》）

昔人已乘黄鹤去，此地空余黄鹤楼。黄鹤一去不复返，白云千载空悠悠。晴川历历汉阳树，芳草萋萋鹦鹉洲。日暮乡关何处是？烟波江上使人愁。（崔颢《黄鹤楼》）

慈母手中线，游子身上衣。临行密密缝，意恐迟迟归。谁言寸草心，报得三春晖。（孟郊《游子吟》）

白日依山尽，黄河入海流。欲穷千里目，更上一层楼。（王之涣《登鹳雀楼》）

折戟沉沙铁未销，自将磨洗认前朝。东风不与周郎便，铜雀春深锁二乔。（杜牧《赤壁》）

唐宋八大家散文

▌作者及作品简介 ▶

唐宋八大家，又称唐宋古文八大家，是唐代韩愈、柳宗元和宋代苏轼、苏洵、苏辙、王安石、曾巩、欧阳修八位散文家的合称。其中韩愈、柳宗元是唐代古文运动的领袖，欧阳修、"三苏"等四人是宋代古文运动的核心人物，王安石、曾巩是临川文学的代表人物。八大家中苏家父子兄弟有三人，人称"三苏"，分别为苏洵、苏轼、苏辙，又有"一门三学士"之誉。故可用"唐有韩柳，宋为欧阳、三苏和曾王"概括。明初朱右选韩、柳等人文为《八先生文集》，遂起用八家之名，实始于此。明中叶唐顺之所纂《文编》中，唐宋文也仅取八家。明末茅坤承二人之说，选辑了《唐宋八大家文钞》共164卷，此书在旧时流传甚广，"唐宋八大家"之名也随之流行。自明人标举唐宋八家后，治古文者皆以八家为宗。通行《唐宋八大家文钞》164卷，有明万历刻本及清代书坊刻本。清代魏源有《纂评唐宋八大家文读本》8卷。

唐宋八大家先后掀起的古文革新浪潮，使诗文发展的陈旧面貌焕然一新。中唐的韩愈和柳宗元揭起了反对形式主义之风的大旗，他们强调文学要反映社会现象，强调文章的思想内容。在形式上，他们提倡学习先秦西汉时期的散文，抛弃骈文的文体枷锁。宋代的欧阳修继承并发展了韩愈的文学主张，在他的倡导下，王安石、曾巩以及苏

苏轼《枯木怪石图》

洵、苏轼、苏辙父子所写的散文都取得了较大的成绩。韩、柳、欧、苏等"唐宋八大家"的创作，使散文自秦汉之后出现了第二个崭新阶段。唐宋八大家散文在我国文学发展史上占有重要地位。它继承先秦两汉散文的优良传统，反对六朝以来的骈俪文风，发展并完善了古代散文的各种文体，影响了元、明、清各代散文创作，对当代散文创作也有重要借鉴意义，许多经典之作至今仍为人们所津津乐道。

▌经典语录 ▶

师者，所以传道受业解惑也。（韩愈《师说》）

业精于勤荒于嬉，行成于思毁于随。（韩愈《进学解》）

择天下之士，使称其职；居天下之人，使安其业。（柳宗元《梓人传》）

不患人之不为，而患人之不能，不患人之不能，而患己之不勉。（王安石《上仁宗皇帝言事书》）

拙己从谏，仁心爱人，可谓有天下之志。（曾巩《唐论》）

草木无情，有时飘零。人为动物，惟物之灵；百忧感其心，万事

劳其形；有动于中，必摇其精。（欧阳修《秋声赋》）

醉翁之意不在酒，在乎山水之间也。山水之乐，得之心而寓之酒也。（欧阳修《醉翁亭记》）

事不目见耳闻，而臆断其有无，可乎？（苏轼《石钟山记》）

用心于正，一振而群纲举；用心于诈，百补而千穴败。（苏洵《用间》）

戒心之易忘，而骄心之易生。（苏辙《陆贽》）

宋　词

作品简介

词是一种音乐文学，它的产生、发展，以及创作、流传都与音乐有直接关系。词所配合的音乐是所谓燕乐，又叫宴乐，其主要成分是北周和隋以来由西域胡乐与民间里巷之曲相融而成的一种新型音乐，主要用于娱乐和宴会的演奏，隋代已开始流行。进入宋代，词的创作逐步蔚为大观，产生了大批成就突出的词人，名篇佳作层出不穷，并出现了各种风格、流派。词的起源虽早，但词的发展高峰则是在宋代，因此后人便把词看作是宋代最有代表性的文学，标志宋代文学的最高成就，与唐代诗歌并列，而有了所谓"唐诗、宋词"的说法。《全宋词》共收录流传到今天的词作1330多家将近两万首，从这一数字可以推想当时创作的盛况。

宋词句子有长有短，便于歌唱。因是合乐的歌词，故又称曲子词、乐府、乐章、长短句、诗余、琴趣等。根据文体特征，又分为小令、中调和长调。一首词，有的只有一段，称为单调；有的分为两段，称双调；有的分成了三段或四段，则称三迭或四迭。词又有词牌，如《虞美人》《西江月》《念奴娇》等，有的是沿用古代乐府诗题，有的是取词作中的几个字，有的是根据某一历史典故，还有的则是名家自取而成。宋代词人创作风格各异，主要分为婉约派和豪放派两大流派。豪放派创作视野较为广阔，气象恢宏雄放，喜用诗文的手法、句法和字法写词，语词宏博，用事较多，不拘守音律，主要代表人物有苏轼、辛弃疾等；婉约派内容侧重儿女风情，结构深细缜密，重视音律谐婉，语言圆润，清新绮丽，具有一种柔婉之美，主要代表人物有柳永、李清照等。

经典语录 ▶

大江东去，浪淘尽，千古风流人物。故垒西边，人道是，三国周郎赤壁。乱石穿空，惊涛拍岸，卷起千堆雪。江山如画，一时多少豪杰。（苏轼《念奴娇·赤壁怀古》）

人有悲欢离合，月有阴晴圆缺，此事古难全。但愿人长久，千里共婵娟。（苏轼《水调歌头·明月几时有》）

众里寻他千百度，蓦然回首，那人却在，灯火阑珊处。（辛弃疾《青玉案·元夕》）

明月别枝惊鹊，清风半夜鸣蝉。稻花香里说丰年，听取蛙声一片。七八个星天外，两三点雨山前。旧时茅店社林边，路转溪头忽见。（辛弃疾《西江月·夜行黄沙道中》）

衣带渐宽终不悔，为伊消得人憔悴。（柳永《蝶恋花·伫倚危楼风细细》）

此情无计可消除，才下眉头，却上心头。（李清照《一剪梅·红藕香残玉簟秋》）

三十功名尘与土，八千里路云和月。莫等闲、白了少年头，空悲切。（岳飞《满江红·怒发冲冠》）

无意苦争春，一任群芳妒。零落成泥碾作尘，只有香如故。（陆游《卜算子·咏梅》）

两情若是久长时，又岂在，朝朝暮暮。（秦观《鹊桥仙·纤云弄巧》）

51

无可奈何花落去，似曾相识燕归来。（晏殊《浣溪沙·一曲新词酒一杯》）

元 曲

元曲是继唐诗、宋词之后形成的另一种文学形式，因其首先兴盛于北方地区，所以又有"北曲"之称。元曲原本来自所谓的"番曲""胡乐"，首先在民间流传，被称为"街市小令"或"村坊小调"。随着元灭宋入主中原，它先后在大都（今北京）和临安（今杭州）为中心的南北广袤地区流传开来。元曲大致分为两种，一为元杂剧，一为元散曲。杂剧是一种把歌曲、说白和舞蹈结合在了一起的形式；散曲则是诗歌，包括套数和小令两种——套数由若干曲子组成，小令则只含一支曲子。元曲有严密的格律定式，而每一曲牌的句式、字数、平仄等也都有固定的格式要求，只是并不死板，定格中允许加衬字，部分曲牌还可增句，押韵上允许平仄通押，与律诗、绝句和宋词相比，元曲具有较大的灵活性。虽然其流传程度并不如唐诗、宋词那么广泛，但元曲在思想内容和艺术成就上有着其独具的特色，使之堪与唐诗、宋词鼎足并举，成为我国文学史上的第三座里程碑。

元曲的兴起对于我国民族诗歌的发展、文化的繁荣有着深远的影

（元）赵孟頫《疏林秀石图》

响和卓越的贡献，元曲一出现就同其他艺术之花一样，立即显示出旺盛的生命力，它不仅是文人咏志抒怀得心应手的工具，而且为反映元代社会生活提供了人民群众喜闻乐见的崭新的艺术形式。后人总结元代不同时期不同流派杂剧创作的成就，将关汉卿、马致远、郑光祖、白朴并称为"元曲四大家"，关汉卿位于"元曲四大家"之首；还选出元曲四大悲剧：关汉卿的《窦娥冤》，白朴的《梧桐雨》，马致远的《汉宫秋》，纪君祥的《赵氏孤儿》；以及元曲四大爱情剧：关汉卿的《拜月亭》，王实甫的《西厢记》，白朴的《墙头马上》和郑光祖的《倩女离魂》。

▐ 经典语录 ▶

碧云天，黄花地，西风紧。北雁南飞。晓来谁染霜林醉？总是离人泪。（王实甫《西厢记》）

良辰美景奈何天，赏心乐事谁家院。（汤显祖《牡丹亭》）

地也，你不分好歹何为地！天也，你错勘贤愚枉做天！（关汉卿《窦娥冤》）

兴，百姓苦。亡，百姓苦。（张养浩《山坡羊·潼关怀古》）

枯藤老树昏鸦，小桥流水人家。古道西风瘦马。夕阳西下，断肠人在天涯。（马致远《天净沙·秋思》）

春山暖日和风，阑干楼阁帘栊，杨柳秋千院中。啼莺舞燕，小桥流水飞红。（白朴《天净沙·春》）

从来好事天生俭，自古瓜儿苦后甜。（白朴《喜米春》）

一声梧叶一声秋，一点芭蕉一点愁，三更归梦三更后。落灯花棋未收，叹新丰孤馆人留。枕上十年事，江南二老忧，都到心头。（徐再思《水仙子·夜雨》）

大江东去，长安西去，为功名走遍天涯路。厌舟车，喜琴书。早星星鬓影瓜田暮，心待足时名便足。高，高处苦；低，低处苦。（薛昂夫《山坡羊·述怀》）

53

人文学科篇

兴亡千古繁华梦，诗眼倦天涯。孔林乔木，吴宫蔓草，楚庙寒鸦。数间茅舍，藏书万卷，投老村家。山中何事？松花酿酒，春水煎茶。（张可久《人月圆·山中书事》）

明清小说

▌作品简介 ▶

小说是伴随城市商业经济的繁荣而发展起来的一种文学体裁。宋代前后，手工业和商业的发展带来了都市的繁荣，为民间说唱艺术的发展提供了场所和观众，不断扩大的市民阶层对文化娱乐的需求又大大地刺激了这种发展，从而产生出新的文学样式——话本。话本是说话人所用的底本，有讲史、小说、公案、灵怪等不同家数，已初具小说规模，在以后的流传过程中又不断加入新的创作逐渐成熟。明代经济的发展和印刷业的发达，为小说脱离民间口头创作进入文人书面创作提供了物质条件。明代中叶，白话小说作为成熟的文学样式正式登上文坛。明代文人创作的小说主要有白话短篇小说和长篇小说两大类。明代的长篇小说按题材和思想内容，又可概分为五类，即讲史小说、神魔小说、世情小说、英雄传奇小说和公案小说等。

到了清代，较为激烈的阶级矛盾、民族矛盾和思想文化领域里的斗争，给小说创作以深刻影响。清初至乾隆时期是清小说发展的全盛时期，数量和质量、内容和形式、风格和流派与前代相比都有较大发展。清代小说基本是文人的创作，虽有历史、传说等素材的借鉴，但作品多取材于现实生活，较充分地体现了作者个人的意愿，在结构、叙述和描写人物各方面也多臻于成熟的境界。乾隆年间产生的《聊斋志异》和《红楼梦》，分别把文言小说和白话小说的创作推向顶峰。

明清时期，涌现了无数的经典之作流传于世。如明代四大奇书（《西游记》《水浒传》《三国演义》《金瓶梅》），三言二拍（《醒世恒言》

《警世通言》《喻世明言》《初刻拍案惊奇》《二刻拍案惊奇》），清代的《红楼梦》《儒林外史》《老残游记》《聊斋志异》等。其中，《西游记》《水浒传》《三国演义》《红楼梦》则被后来人称为中国古典长篇小说四大名著。

自宋迄清，产生长篇小说300余部，短篇小说数以万计。这些作品以前所未有的广度和深度反映了当时社会生活的各个方面，成为人民群众认识社会和文娱生活的主要文学样式，不仅对中国后世的文学、戏剧、电影有巨大影响，也对日本、朝鲜、越南等国的义学创作产生过巨大影响，其中的优秀作品被翻译成十几种文字，为世界文化交流作出了重要贡献。

经典语录 ▶

天下大势，分久必合，合久必分。（罗贯中《三国演义》）

是以有非常之人，然后有非常之事；有非常之事，然后立非常之功。夫非常者，固非常人所拟也。（罗贯中《三国演义》）

不是东风压倒西风，就是西风压倒东风。（曹雪芹《红楼梦》）

世事洞明皆学问，人情练达即文章。（曹雪芹《红楼梦》）

用仁义以治天下，公赏罚以定干戈。（施耐庵《水浒传》）

大厦之成，非一木之材也；大海之阔，非一流之归也。（冯梦龙《东周列国志》）

千金只为买乡邻。（冯梦龙《醒世恒言》）

有人求名问神异，有人保身自隐居。有人辞官归故里，有人星夜赶科场。少年不知愁滋味，老来方知行路难。（吴敬梓《儒林外史》）

有心为善，虽善不赏；无心为恶，虽恶不罚。（蒲松龄《聊斋志异》）

人活百岁，终有一死。当其时，与其忍耻贪生，遗臭万年；何如含笑就死，流芳百世。（李汝珍《镜花缘》）

55

鲁迅作品

作者及作品简介 ▶

鲁迅（1881—1936），浙江绍兴人。著名文学家、思想家，五四新文化运动的重要参与者，中国现代文学的奠基人。原名周樟寿，后改名周树人，字豫山，后改豫才，"鲁迅"是他1918年发表《狂人日记》时所用的笔名，也是他影响最为广泛的笔名。鲁迅1918年在《新青年》中发表中国文学史上第一篇白话小说《狂人日记》，直到1926年，陆续创作出版了短篇小说集《呐喊》《故乡》《彷徨》，小说集《故事新编》，杂文集《坟》《热风》《华盖集》《而已集》《二心集》，散文诗集《野草》，回忆性散文集《朝花夕拾》（又名《旧事重提》）等专辑。其中，1921年12月，发表中篇小说《阿Q正传》。从1927年到1936年，创作了历史小说集《故事新编》，其中大部分作品和杂文收录在了《坟》《而已集》《三闲集》《二心集》《南腔北调集》《伪自由书》《准风月谈》《花边文学》《且介亭杂文》《且介亭杂文二编》《且介亭杂文末编》《集外集》《集外集拾遗》等专辑。

鲁迅一生在文学创作、文学批评、思想研究、文学史研究、翻译、美术理论引进、基础科学介绍和古籍校勘与研究等多个领域具有重大贡献。主要成就包括杂文、短中篇小说、文学、思想和社会评论、古代典籍校勘与研究、散文、现代散文诗、旧体诗、外国文学与学术翻译作品等。他对于五四运动以后的中国社会思想文化发展产生了一定的影响，蜚声世界文坛，尤其在韩国、日本思想文化领域有极其重要的地位和影响，被誉为"20世纪东亚文化地图上占最大领土的作家"。毛泽东曾评价称："鲁迅的方向，就是中华民族新文化的方向。"

经典语录 ▶

希望本无所谓有，也无所谓无，这就像地上的路，其实地上本没有路，走的人多了，也便成了路。（《故乡》）

什么是路？就是从没有路的地方践踏出来的，从只有荆棘的地方开辟出来的。（《生命的路》）

真正的勇士敢于直面惨淡的人生，敢于正视淋漓的鲜血。（《纪念刘和珍君》）

我们自古以来，就有埋头苦干的人，有拼命硬干的人，有为民请命的人，有舍身求法的人。虽是等于为帝王将相作家谱的所谓"正史"，也往往掩不住他们的光辉，这就是中国的脊梁。（《中国人失掉自信力了吗》）

凡是愚弱的国民，即使体格如何健全，如何茁壮，也只能做毫无意义的示众的材料和看客，病死多少是不必以为不幸的。（《呐喊自序》）

度尽劫波兄弟在，相逢一笑泯恩仇。（《题三义塔》）

死者倘不埋在活人的心中，那就真的死掉了。（《空谈》）

无情未必真豪杰，怜子如何不丈夫。（《答客诮》）

横眉冷对千夫指，俯首甘为孺子牛。（《自嘲》）

人必生活着，爱才有所附丽。（《伤逝》）

57

郭沫若作品

作者及作品简介 ▶

郭沫若（1892—1978），原名郭开贞，字鼎堂，号尚武，乳名文

人文学科篇

豹，笔名沫若、麦克昂、郭鼎堂、石沱、高汝鸿、羊易之等，四川乐山人。现代文学家、历史学家、新诗奠基人之一。是中国科学院首任院长、中国科学技术大学首任校长、苏联科学院外籍院士。曾任中国科学院哲学社会科学部主任、历史研究所第一所所长、中国人民保卫世界和平委员会主席、中日友好协会名誉会长、中国文联主席等要职，当选中国共产党第九、十、十一届中央委员，第一、第二、第三、第五届全国政协副主席。

郭沫若在历史学、考古学、古文字学、古器物学、文学、艺术等方面都有很高造诣，在学术的若干领域，特别是在中国诗歌史上，在中国古史研究、古文字研究方面均取得了巨大成就。其主要文学著作有诗集《女神》《星空》《瓶》《前茅》《恢复》《蜩螗集》《战声集》等；散文《我的幼年》《反正前后》《创造十年》《北伐途次》《沸羹集》等；戏剧《三个叛逆的女性》《屈原》《虎符》《棠棣之花》《高渐离》《蔡文姬》《武则天》等；另有《沫若诗词选》及翻译歌德的《浮士德》等。重要著作还有《两周金文辞大系考释》《金文丛考》《卜辞通纂》等。

> **经典语录** ▶

千家炮火千家血，一寸河山一寸金。（《看粤剧〈寸金桥〉》）

沧海横流，方显出英雄本色。（《满江红》）

大家都不想活的时候，生命的力量是会爆发的。（《屈原》）

宽不必善，猛不必恶，唯在性之所用。为人而除害人者，则愈猛而愈善，对害人者而容纵之，则愈宽而愈恶。（《〈浮士德〉序》）

我们人人要存着必胜的决心，然而我们也要不怕屡败的挫折。

（《抗战与觉悟》）

长征不会有歇脚的一天，纵使走到天尽头，天外也还有乐园。（《骆驼》）

春天没有花，人生没有爱，那还成个什么世界。

种瓜得瓜，种豆得豆。种下优惠的友情，得到仁惠的友情。

科学虽不是充实人生的一个全圆，但它是这个全圆的一扇重要的弧面。

茅盾作品

作者及作品简介 ▶

茅盾（1896—1981），原名沈德鸿，笔名茅盾、郎损、玄珠、方璧、止敬、蒲牢、微明、沈仲方、沈明甫等，字雁冰，浙江省嘉兴市桐乡市人。中国现代著名作家、文学评论家、文化活动家以及社会活动家，新文化运动的先驱者、中国革命文艺的奠基人之一。主要代表作有长篇小说《蚀》《虹》《子夜》《第一阶段的故事》《腐蚀》《霜叶红似二月花》等；中篇小说《路》《三人行》等；短篇小说《春蚕》《秋收》《残冬》《林家铺子》等，散文《风景谈》《白杨礼赞》，文学评论《夜读偶记》等。茅盾的作品具有鲜明的时事性、纪实性和传记性的特征。其题材主题具有重大性与时代性。

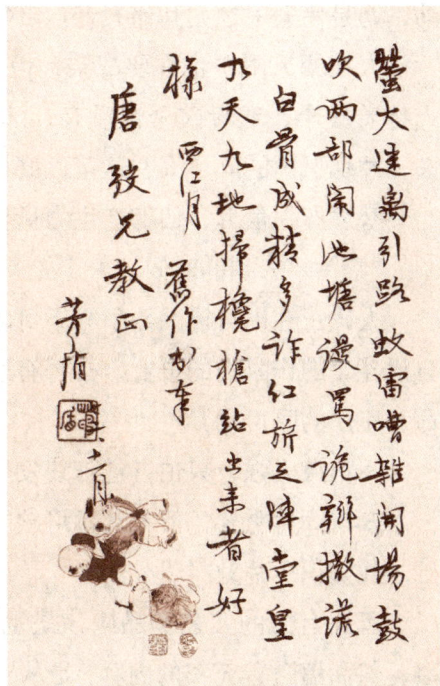

蟹大迷离引跃 蚊雷喷闹场鼓
吹两部闹心塘 谩骂诡辩撒谎
白骨成堆多诈 红旗三陛堂皇
九天九地扫榄 糖钻出来者好

唐弢兄教正

茅盾

59

　　茅盾是中国共产党最早的党员之一，为党的事业的发展做出了重大贡献。20 世纪 30 年代他参加组织了中国左翼作家联盟，和党一起发展革命文艺，团结和壮大了革命文艺队伍，反击了国民党的文化"围剿"；抗日战争爆发后，又在周恩来同志的领导下，广泛团结了国民党统治区的进步文化人士从事抗日救亡工作。抗战胜利后，茅盾不顾国民党的压迫，积极参加坚持民主、和平反对内战的运动，有力地支持了人民解放战争。新中国成立后，任文化部部长，主编《人民文学》杂志，当选为历届全国人民代表大会代表，历届政协全国委员会常务委员和第四届、第五届全国委员会副主席。1981 年 3 月 14 日，茅盾将稿费 25 万元人民币捐出设立茅盾文学奖，以鼓励当代优秀长篇小说的创作。

经典语录 ▶

　　自然是伟大的，人类是伟大的，然而充满了崇高精神的人类的活动，乃是伟大中之尤其伟大者！（《风景谈》）

　　人在暴风雨中也许要战栗，但人的精神，不会松懈，只有紧张；人撑着破伞，或者破伞也没有，那就挺起胸膛，大踏步，咬紧了牙关，冲那风雨的阵，人在这里，磨炼他的奋斗力量。（《谈月亮》）

　　智慧产生信仰，信仰产生力量！（《光明到来的时候》）

　　"春"要来到的时候，一定先有"冬"。（《冬天》）

　　人民正在以自己的斗争写下可歌可泣的史诗。以人民的斗争作为自己斗争的作家们的事业，必将有助于人民斗争的胜利。（《崇高的使命和庄严的呼声！》）

　　不怕敌人强，只怕自己阵线发生裂痕。（《子夜》）

　　知识固然重要，但尤其不可缺的，是作为行动的指南针的思想基础。（《知识饥荒》）

　　真正有力的文艺作品应该是上口温醇的酒。题材只是平易的故事，然而蕴含着充实的内容；是从不知不觉中去感动了人，去教训了

人。文字只是流利显明，没有"惊人之笔"，也没有转弯抹角的结构，然而给了读者很深而且持久的印象。（《力的表现》）

巴 金 作 品

作者及作品简介 ▶

巴金（1904—2005），四川成都人，祖籍浙江嘉兴，原名李尧棠，另有笔名佩竿、极乐、黑浪、春风等，字芾甘，中国作家、翻译家、社会活动家、无党派爱国民主人士。主要代表作品有长篇小说激流三部曲《家》《春》《秋》，爱情三部曲《雾》《雨》《电》等；中篇小说《海的梦》《春天里的秋天》《灭亡》等；短篇小说集《英雄的故事》《明珠和玉姬》等；散文集《随想录》、《海行》（又名《海行杂记》）、《旅途随笔》等；译著《父与子》《屠格涅夫中短篇小说集》等；传记与回忆录《巴金自传》《忆》等；理论著作《无政府主义与实际问题》（合著）、《从资本主义到安那其主义》等。

2003 年 11 月，中国国务院授予巴金"人民作家"称号。巴金在"文革"后撰写的《随想录》，内容朴实、感情真挚，充满着作者的忏悔和自省，巴金因此被誉为"20 世纪中国文学的良心"。

经典语录 ▶

往事依稀浑似梦，都随风雨到心头。（《家》）

我们是青年，不是畸人，不是愚人，应当给自己把幸福争过来。（《家》）

过去并不是一个沉默的哑子，它会告诉我们一些事情。（《〈激流〉总序》）

文学作品能产生潜移默化、塑造灵魂的效果，当然也会做出腐蚀心灵的坏事，但这二者都离不开读者的生活经历和他们所受的教育。经历、环境、教育等等都是读者身上、心上的积累，它们能抵抗作品

61

人文学科篇

的影响，也能充当开门揖"盗"的内应。（《随想录》）

即使在"说谎成风"的时期，人对自己也不会讲假话，何况在今天？（《小狗包弟》）

财富并不"长宜子孙"，倘使不给他们一样生活技能，不向他们指示一条生活道路，财富只能毁灭崇高的理想和善良的气质，要是它只消耗在个人的利益上面。（《爱尔克的灯光》）

在这个时代，战士是最需要的。但是这样的战士并不一定要持枪上战场。他的武器也不一定是枪弹。他的武器还可以是知识、信仰和坚强的意志。（《做一个战士》）

我们不单靠吃米活着的，我的心常常在黑暗的海上漂浮，要不是得着灯光的指引，它有一天也会总沉海底。（《灯》）

没有神，也就没有兽。大家都是人。（《没有神》）

倘使有一双翅膀，我甘愿做人间的飞蛾。我要飞向火热的日球，让我在眼前一阵光、身内一阵热的当儿，失去知觉，而化作一阵烟，一撮灰。（《日》）

老舍作品

作者及作品简介

老舍（1899—1966），原名舒庆春，另有笔名絜青、鸿来、非我等，字舍予，北京满族正红旗人。中国现代小说家、作家，语言大师、人民艺术家，新中国第一位获得"人民艺术家"称号的作家。主要作品有长篇小说《骆驼祥子》《四世同堂》《正红旗下》《我这一辈子》等，中篇小说《月牙儿》《阳光》，短篇小说集《赶集》《樱海集》《火车集》等，剧本《茶馆》《龙须沟》《桃李春风》等，另有散文集、诗集存世。

老舍的作品大多取材于市民生活。在现代文学史上，老舍的名字总是与市民题材、北京题材密切联系在一起的。他是现代中国文坛上杰出的风俗、世态（尤其是北京的风土人情）画家。作为一位大家，他所反映的社会现实可能不够辽阔，但在他所描绘的范围之内，却把历史和现实，从一年四季的自然景色、不同时代的社会气氛、风俗习惯，一直到三教九流各种人等的喜怒哀乐、微妙心态都结合浓缩在一起，有声有色、生动活泼，自成一个完整丰满、"京味"十足的世界。这是老舍在现代文学史上作出的特殊贡献。为纪念老舍以及鼓励创作优秀的文艺作品，北京市文联和老舍文艺基金会于1999年创立了老舍文学奖，该奖项主要奖励北京籍作者的创作和在京出版和发表的优秀作品，每两至三年评选一次。

经典语录 ▶

　　雨下给富人，也下给穷人，下给义人，也下给不义的人。其实，雨并不公道，因为下落在一个没有公道的世界上。（《骆驼祥子》）

　　乱世的热闹来自迷信，愚人的安慰只有自欺。（《骆驼祥子》）

　　生活是种律动，须有光有影，有左有右，有晴有雨，滋味就含在这变而不猛的曲折里。（《小病》）

　　失去了慈母便像花插在瓶子里，虽然还有色有香，却失去了根。（《我的母亲》）

　　母亲的心是儿女们感情的温度表。（《四世同堂》）

　　一个真认识自己的人，就没法不谦虚。谦虚使人的心缩小，像一个小石卵，虽然小，而极结实。结实才能诚实。（《四世同堂》）

　　生在某一种文化中的人，未必知道那个文化是什么，像水中的鱼似的，他不能跳出水外去看清楚那是什么水。（《四世同堂》）

　　将快死去的人还有个回光返照，将快寿终的文明不必是全无喧嚣热闹的。一个文明的灭绝是比一个人的死亡更不自觉的；好似是创造之程已把那毁灭的手指按在文明的头上，好的——就是将死的国中总也有几个好人罢——坏的，全要同归于尽。（《猫城记》）

　　死马当活马治？那是妄想！死马不能再活，活马可早晚得死！

63

（《茶馆》）

当人是兽时，钱便是他的胆子。（《茶馆》）

曹禺作品

作者及作品简介

曹禺（1910—1996），祖籍湖北潜江，出生于天津，原名万家宝，字小石，小名添甲，中国杰出的现代话剧剧作家。其代表作品有《雷雨》《日出》《原野》《北京人》等。他所创造的每一个角色，都给人留下了难忘的印象。1934年曹禺的话剧处女作《雷雨》问世，在中国现代话剧史上具有极其重大的意义，它被公认为是中国现代话剧成熟的标志，曹禺也因此被誉为"东方的莎士比亚"。

曹禺作为中国新文化运动的开拓者之一，与鲁迅、郭沫若、茅盾、巴金、老舍齐名。他是中国现代戏剧的泰斗，戏剧教育家，历任中国文联常委委员、执行主席；中国戏剧家协会常务理事，副主席；中国作协理事，北京市文联主席；中央戏剧学院副院长，名誉院长；北京人民艺术剧院院长等职务。曹禺的《雷雨》《日出》《原野》《北京人》等经典剧作，使中国现代话剧剧场艺术得以确立，并在中国的观众中扎根，使中国的现代话剧由此走向成熟。曹禺既是现代话剧真正意义上的奠基人，也是现代话剧艺术的一座高峰，他的剧作影响、培养了几代中国剧作者、导演、演员，在中国现代话剧整体面貌上打上了自己的印记。曹禺的作品不仅在国内不断出版和上演，受到读者和观众的欢迎，一些剧作已被译成日、俄、英等文字出版，并在许多国家上演，也受到国外读者和观众的好评，并因此在国内外产生了深远的影响。

经典语录

这就是生活啊，让你想想忍不住想哭，想想又忍不住想笑。（《北

京人》)

人生不就是这个调子吗？既凄凉，又甜蜜。(《北京人》)

时间的蛀虫，已逐渐噬耗了他的心灵，他隐隐感觉到暗痛，却又寻不出在什么地方。(《北京人》)

生活是铁一般的真实，有它自来的残忍！习惯，自己所习惯的种种生活的方式，是最狠心的桎梏，使你即使怎样羡慕着自由，怎样憧憬着在情爱里伟大的牺牲，也难以飞出自己的生活的狭之笼。(《日出》)

结婚后最可怕的事情不是穷，不是嫉妒，不是打架，而是平淡，无聊，厌烦。两人互相觉得是个累赘，懒得再吵嘴打架，只盼望哪一天天塌了，等死。(《日出》)

太阳升起来了，黑暗留在后面。但是太阳不是我们的，我们要睡了。(《日出》)

我希望我今天变成火山的口，热烈烈地冒一次，什么我都烧个干净，当时我就再掉在冰川里，冻成死灰，一生只热热烈烈地烧一次，也就算够了。(《雷雨》)

我们本该共同行走，去寻找光明，可你，把我留给了黑暗！(《雷雨》)

我念起人类是怎么样可怜的动物，带着踌躇满志的心情，仿佛自己来主宰自己的命运，而时常不能自己来主宰着。(《雷雨》)

世界大得很，你应当读书，你就知道世界上有过许多人跟我们一样地忍受痛苦，慢慢地苦干，以后又得到快乐。(《雷雨》)

《创业史》

作者及作品简介 ▶

柳青（1916—1978），原名刘蕴华，陕西吴堡人。1936 年在西安主编《学生呼声》，任《西北文化日报》副刊编著；1938 年赴延安，任随军记者、文化教员、米脂县基层乡政府文书；1949年后任《中国青年报》编委、文艺部主任，西安市作家协会副主席；1952年赴长安县乡村插队务农，后任长安县县委书记。著有长篇小说《创业史》《铜墙铁壁》，中篇小说《狠透铁》，短篇小说《地雷》《待车》，散文集《皇甫村的三年》等。探索中国农民的历史命运和生活道路，是柳青创作的基本主题。他恪守现实主义的创作原则，具有强烈的参与意识，总是站在历史运动和革命发展的高度去观察现实和反映现实。在艺术上，将画面的宏阔和笔触的细腻、精确的描写和强烈的激情、鲜明的时代精神和民族的风俗色彩结合起来，形成了自己鲜明的特色。

《创业史》是柳青著的一部长篇小说，是一部反映农业合作化运动的史诗式巨著，在中国当代文学史上占有突出的地位。小说以梁生宝互助组的发展为线索，反映了渭河平原下堡乡蛤蟆滩农业合作化运动，表现了中国农业社会主义改造进程中的历史风貌和农民思想情感的转变。作者生前计划写四部，但仅完成了两部。第一部写互助组阶段；第二部写农业生产合作社的成立和巩固。它们既互相联系，又各自独立。小说指出了在当时农村两极分化严重的情况下，开展互助合作运动，对农民进行社会主义思想教育的紧迫性和重要性，揭示了农民走社会主义道路的现实可能性和历史必然性。

经典语录 ▶

人生的道路是很漫长的，但要紧处常常只有几步，特别是当人年轻的时候。

社会上总有那么一部分人，拿自己的低级趣味，忖度旁人崇高的心情。

有些人在组织上入党了，思想上并没有入党，或者没有完全入党。由于偶然的和暂时的原因，也有些人在组织上没有入党，但他们自认他们的精神是在党的。

忍耐有时是比激动更强大的精神力量，但并不是每个人的天然禀赋。这是事业对人的一种强制。

人都有爱美之心，追求美也是人类的本能之一。

一个人在小时候受过艰难的严格训练，比十个娇生惯养的人还有用。

任何程度的自我批评都受人欢迎，都被人尊敬，而绝不降低自己。

和谷苗一块长起来的，有莠草；和稻秧一起长起来的，有稗子。

生活中急遽的变化，常常在很短促的时间里头，向毫无精神准备的人们冲了过来。人们的品格和品质，或者像大家所说的"心术"，在这种时候，很容易一下子全摊了开来；因为时间的紧逼和事情的严重，使任何人都来不及考虑如何隐瞒自己的真实心理！

意志是一种精神的力量，它有时会转化为物质的力量。

《平凡的世界》

作者及作品简介 ▶

路遥（1949—1992），陕西榆林人，原名王卫国，中国当代农村作家。曾在延川县立中学学习。1968 年，路遥以群众代表身份被结合进延川县革命委员会，并且担任了副主任职务。1969 年回乡务农。1973 年，路遥进入延安大学中文系学习，其间开始文学创作。大学毕业后，任《陕西文艺》编辑。1992 年 11 月 17 日因病逝世，年仅 42 岁。

《平凡的世界》是路遥创作的一部百万字的小说。这是一部全景式地表现中国当代城乡社会生活的长篇小说，全书共三部。该书以中国 20 世纪 70 年代中期到 80 年代中期 10 年间为背景，通过复杂的矛盾纠葛，以孙少安和孙少平两兄弟为中心，刻画了当时社会各阶层众多普通人的形象；劳动与爱情、挫折与追求、痛苦与欢乐、日常生活与巨大社会冲突纷繁地交织在一起，深刻地展示了普通人在大时代历史进程中所走过的艰难曲折的道路。1991 年 3 月，《平凡的世界》获

人文学科篇

中国第三届茅盾文学奖。

生活不能等待别人来安排，要自己去争取和奋斗。

人之所以痛苦，在于追求错误的东西。

什么是人生？人生就是永不休止地奋斗！只有选定了目标，并在奋斗中感到自己的努力没有虚掷，这样的生活才是充实的，精神也会永远年轻！

命运总是不如人愿。但往往是在无数的痛苦中，在重重的矛盾和艰辛中，才使人成熟起来。

生活包含着更广阔的意义，而不在于我们实际得到了什么；关键是我们的心灵是否充实。

无论精神多么独立的人，感情却总是在寻找一种依附，寻找一种归宿。

你永远要宽恕众生，不论他有多坏，甚至他伤害过你，你一定要放下，才能得到真正的快乐。

人的生命力，是在痛苦的煎熬中强大起来的。

人生啊，是这样不可预测，没有永恒的痛苦，也没有永恒的幸福，生活像流水一般，有时是那么平展，有时又是那么曲折。

如果能深刻理解苦难，苦难就会给你带来崇高感。

习近平总书记在文艺工作座谈会上的讲话中指出："历史和现实都表明，人类文明是由世界各国各民族共同创造的。我出访所到之处，最陶醉的是各国各民族人民创造的文明成果。"

各个国家的哲学、历史和文学作品都有自己的特色，能带给人不同的启迪。

譬如，古希腊产生了对人类文明影响深远的神话、寓言、雕塑、建筑艺术，埃斯库罗斯、索福克勒斯、欧里庇得斯、阿里斯托芬的悲剧和喜剧是希腊艺术的经典之作。

俄罗斯作家的作品，如克雷洛夫、普希金、果戈理、莱蒙托夫、屠格涅夫、陀思妥耶夫斯基、涅克拉索夫、车尔尼雪夫斯基、托尔斯泰、契诃夫、肖洛霍夫，他们的书中有许多精彩章节和情节值得我们学习。

而读法国近现代史特别是法国大革命史的书籍，可以丰富我们对人类社会政治演进规律的思考。读孟德斯鸠、伏尔泰、卢梭、狄德罗、圣西门、傅立叶、萨特等人的著作，可以加深我们对思想进步对人类社会进步作用的认识。读蒙田、拉封丹、莫里哀、司汤达、巴尔扎克、雨果、大仲马、乔治·桑、福楼拜、小仲马、莫泊桑、罗曼·罗兰等人的著作，可以增加我们对人类生活中悲欢离合的感触。

英国的著作中，无论是莎士比亚，还是拜伦、雪莱、萧伯纳，《双城记》《雾都孤儿》《简·爱》《鲁滨逊漂流记》，这些经典也值得

69

我们涉猎。

美国的著作中，《联邦党人文集》、托马斯·潘恩的《常识》等著作，还有华盛顿、林肯、罗斯福等美国政治家的生平和思想，以及梭罗、惠特曼、马克·吐温、杰克·伦敦等人的作品都需要我们去深入了解。

此外，德国的莱辛、歌德、席勒、海涅以及印度的文学作品等，也非常值得我们学习。

（一）　哲学、历史

《理想国》

▌作者简介 ▶

柏拉图（约前427—前347），古希腊哲学家，全部西方哲学乃至整个西方文化最伟大的思想家之一，苏格拉底的学生，亚里士多德的老师，他们三人被广泛认为是西方哲学的奠基者。柏拉图出身于雅典贵族，青年时师从苏格拉底。其师死后，他游历四方，公元前387年回到雅典，创办了著名的阿加德米学园，在此执教40年直至逝世，学园遂成为欧洲历史上第一所集高等教育与学术研究于一体的"学院"。柏拉图一生著述颇丰，其代表性和影响最为深远的是《理想国》。

▌内容提要 ▶

《理想国》又译《国家篇》《共和国》等，是西方政治思想传统的代表性作品，是西方系统论述乌托邦思想的著作，被称为"关于正义的学说"，它奠定了西方正义学说的基础。

与柏拉图大多数著作一样，《理想国》以苏格拉底为主角用对话体写成，共分 10 卷，其篇幅之长仅次于《法律篇》，一般认为属于柏拉图中期的作品。这部"哲学大全"不仅是柏拉图对自己此前哲学思想的概括和总结，而且是当时各门学科的综合，它探讨了哲学、政治、伦理道德、教育、文艺等各方面的问题，以理念论为基础，建立了一个系统的理想国家方案。

▌ 经典语录 ▶

我们一直寻找的，却是自己原本早已拥有的；我们总是东张西望，唯独漏了自己想要的，这就是我们至今难以如愿以偿的原因。

当美的灵魂与美的外表和谐地融为一体，人们就会看到，这是世上最完善的美。

财富与贫穷，一个是奢华和懒惰之母，另一个是卑劣与恶毒之母，而两者都是不知满足的源头。

人生的态度是，抱最大的希望，尽最大的努力，做最坏的打算。

一群被迫生活在洞穴里的人，无法走出洞穴，于是只能通过外界的事物留在洞穴中的一面墙壁上的影子来了解外部世界。

71

《政治学》

▌ 作者简介 ▶

亚里士多德（前 384—前 322），古希腊著名思想家，是世界古代

史上最伟大的哲学家、科学家、教育家之一，堪称希腊哲学的集大成者。他与他的老师柏拉图和苏格拉底并称"古希腊三大圣贤"。作为一位百科全书式的科学家，亚里士多德几乎对每个学科都做出了贡献。他的写作涉及伦理学、形而上学、心理学、经济学、神学、政治学、修辞学、自然科学、教育学、诗歌、风俗，以及雅典法律。亚里士多德的著作构建了西方哲学的第一个广泛系统，包含道德、美学、逻辑和科学、政治和玄学，代表作有《形而上学》《伦理学》《政治学》《诗学》等。马克思称亚里士多德是古希腊哲学家中最博学的人物，恩格斯称他为"古代的黑格尔"。

内容提要

《政治学》是公元前325年亚里士多德根据他和他的学生对希腊158个城邦政治、法律制度的调查结果写成的，是古希腊第一部全面、系统地论述政治问题的著作。

该书从人是天然的政治动物这一前提出发，论述了什么是对公民最好的国家。全书共8卷103章。探讨了城邦、政体等基本理论。认为城邦是至高而广涵的一种社会团体，追求最高最广的善业；批驳了取消私有财产和家庭的主张，评析当时的各种政制；论述现实中的平民、寡头、共和等政体的具体形态、变革原因及其防范措施，提出以中产阶级为主体的共和政体是最稳定的政体；阐述了理想城邦中的道德、人口、疆域、民族性和教育等问题。《政治学》被公认为西方传统政治学的开创之作。它所建立的体系和一系列政治观点，对西方政治思想的发展产生过深远影响。除了在政治学领域具有重大影响之外，该著作还具有多方面的学术价值，对于了解当时希腊社会的状况，了解古希腊人的法律、伦理、教育思想，研究亚里士多德的学说，均有不可替代的作用。

▎经典语录 ▶

离群索居者，不是野兽，就是神灵。

人，在最完美的时候是动物中的佼佼者，但是，当他与法律和正义隔绝以后，他便是动物中最坏的东西。

把权力赋予人等于引狼入室，因为欲望具有兽性，纵然最优秀者，一旦大权在握，总倾向于被欲望的激情所腐蚀。

国家是一个组织精良的社团，在社团的本质上它和其他社团没有差异，而论其规模则应涵盖其他社团，每一个社团都以一种善为目标，那么国家则更应追求最高的善。

喜爱这些事物（自己以及财货或金钱）的人们在施舍的时候，对朋友、宾客或伙伴有所资助后，会感到无上的欣悦；而这只有在财产私有的体系中才可能发扬这种乐善的仁心。

《神义论》

▎作者简介 ▶

戈特弗里德·威廉·莱布尼茨（1646—1716），德国哲学家、数学家，历史上少见的通才，被誉为 17 世纪的亚里士多德。莱布尼茨在数学史和哲学史上都占有重要地位。在数学上，他和牛顿先后独立发明了微积分，而且他所使用的微积分的数学符号被更广泛地使用，莱布尼茨所发明的符号被普遍认为更综合，适用范围更加广泛。莱布尼茨还对二进制的发展做出了贡献。在哲学上，莱布尼茨的乐观主义最为著名。他认为，"我们的宇宙，在某种意义上是上帝所创造的最好的一个"。他和笛卡尔、巴鲁赫·斯宾诺莎被认为是17世纪三位最伟大的理性主义哲学家。莱布尼茨在预见了现代逻辑学和分析哲学诞生的同时，也显然深受经院哲学传统的影响，更多地应用第一性原理或先验定义，而不是实验证据来推导以得到结论。莱布尼茨在政治学、法学、伦理学、神学、哲学、历史学、语言学诸多方向都留下了著作。代表作品有《神义论》《单子论》《论中国人的自然神学》等。

▐ 内容提要 ▶

莱布尼茨的《神义论》全书包括前言、绪论和正文三部分。在前言中，莱布尼茨解释了他写作《神义论》的原因和目的，并描绘了全书的轮廓。正文由三部分构成：上编、中编和下编。上编的中心内容是对一切世界中最好可能的世界的命题的论证。中编论证了信仰与理性、自由与上帝的预先规定的一致。下编的论证主题是道德的恶与形体的恶，即罪与罪过。本书名为谈神，实为谈人和人的自由。作者在"前言"中曾指出："有两个著名的迷宫，常常使我们的理性误入歧途：其一关涉自由与必然的大问题，这一迷宫首先出现在恶的产生和起源的问题中；其二在于连续性和看来是其要素的不可分的点的争论，这个问题牵涉对于无限性的思考。第一个问题几乎困惑着整个人类，第二个问题则只是让哲学家们费心。"如果说莱布尼茨的其他著作主要阐述的是"单子论"或"连续性"与"不可分的点"关系问题，则本书着重阐述的则是"几乎困惑着整个人类"的"自由与必然的大问题"或"人的自由"问题。

▐ 经典语录 ▶

没有对上帝之完美的认知便不可能爱他，因为这一认知包含着真正的虔敬原则。

绝对的必然性——也称为逻辑的或形而上学的必然性，有时也称为几何的必然性——在出于自由意志的行为中是不存在的，自由不仅不需要强迫，而且也不需要本原意义上的必然性。

事物并不具有——如斯宾诺莎似乎相信的那样——绝对的几何式的必然性，同样也不是纯然任意性的，而是取决于适度性或者我所称的最好者原则（principle of the best），人们在它们之中以及在其他任何事物中都将看到第一实体的特征，这一实体的产物显示着至高智慧并构成最完美的和谐。

形而上学的恶在于纯然的不完美性，形体的恶在于痛苦，道德的恶在于罪。虽然形体的恶和道德的恶并非必然，但它们借助永恒真理却是可能发生的。

自由中有两个东西，即自发性与选择（spontaneity and choice），我们对于我们行动的控制便在于此。

《哲学辞典》

作者简介 ▶

伏尔泰（1694—1778），原名弗朗梭阿·马利·阿鲁埃，伏尔泰是他的笔名，法国启蒙思想家、文学家、哲学家。他反对君主专制制度，提倡自然神论，批判天主教会，主张言论自由，并在最终导致法国大革命的舆论变化中发挥了重要的作用，是 18 世纪法国资产阶级启蒙运动的旗手，被誉为"法兰西思想之王""法兰西最优秀的诗人""欧洲的良心"。在当时众多的思想家中，伏尔

75

泰是公认的泰斗和灵魂，被启蒙思想家们公认为导师。他漫长的一生几乎跨越了整个启蒙时代，他崇高的威望、广泛的社会影响和大无畏的斗争精神，推动着法国启蒙运动的发展并使其影响扩展到整个欧洲。伏尔泰博学多识，才华横溢，著述宏富，在戏剧、诗歌、小说、政论、历史和哲学诸多领域均有卓越贡献。伏尔泰的文学观点和趣味，基本上承袭了17世纪古典主义的余风，这主要表现在他的诗歌和悲剧创作上。伏尔泰毕生主要从事戏剧创作，先后写了50多部剧本，其中大部分是悲剧。他的文学作品中最有价值的是哲理小说。这是他开创的一种新体裁，用戏谑的笔调讲述荒诞不经的故事，影射和讽刺现实，阐明深刻的哲理。

▌内容提要 ▶

《哲学辞典》原为伏尔泰应《法兰西大百科全书》之约而撰写的词条，后由作者单独汇集出版。该书旁征博引，论述范围极其广泛，从宗教、历史到文化的各个方面均有涉及。与一般辞书最大的不同之处在于：它跳出一般辞书对词条进行机械化注解的方式，转而采用叙述描写的手法诠释对象。作者笔调尖刻俏皮，富于哲理，举凡灵魂、爱情、命运、变态、转世投胎这些长久困扰人类的命题，作者都进行了机智冷峻的阐述，是一部非常独特的文化读本。他的思想跨越古今，但是对许多问题他并没有提供现成的答案，而是摆出各种可能，促使读者自己思索并得出正确的结论。伏尔泰推崇中华文明，曾认真研究过中国的儒家思想，认为中国是一个理性主义国家；《哲学辞典》对此亦有叙述。

▌经典语录 ▶

你蔑视书籍，你整个一生都在追求虚荣、享乐或无所事事。但是，想一想吧，已知的整个世界，除了野蛮部落，都是由书籍来统治的。

自尊是我们保存之工具；它类似物种永存的工具；它是必需的，它对我们是可贵的，它给我们快乐，它必须隐藏起来。

自爱是我们必须珍藏的工具。它好像是人类所需要的永恒的备用品，它十分必要，十分可贵，它带给我们欢乐。因此，我们一定要珍藏之。

友情是灵魂的结合。这是两个有感情和有道德的人之间的一种默契。为什么说有感情呢？因为一个修士、一个孤独的人可能绝不是作恶之徒，然而也有缺少友谊而度生的。为什么说有道德呢？因为坏人只有同谋者，酒色之徒只有酒肉朋友，唯利是图的人所往来的只有合伙人，政客所联合的乃是一些党徒，游手好闲的人，只能有一些同伴，王子有的是佞臣帮闲；唯有道德高尚的人才有朋友。

所谓苏格拉底式和柏拉图式的爱情如果只是一种正当的感情，就应加以赞扬；若是一种放荡行径，那就要替希腊感到羞愧了。

我们怎么能有足够的胆量肯定灵魂之所以为灵魂到底是什么呢？

德行是什么呢？德行就是对待别人好。除开对我做好事的东西以外，还有旁的什么可以叫做德行的么？

跟一个例如中国这样的民族争夺它那些名副其实的名望是何等鲁莽笨拙，我们以欧洲而论没有哪一家名门贵族的古老程度能比得上中国的那些世家。

中国的儒教是令人钦佩的。毫无迷信，毫无荒诞不经的传说，更没有那种蔑视理性和自然的教条。

77

《社会契约论》

▌作者简介 ▶

让－雅克·卢梭（1712—1778），法国 18 世纪伟大的启蒙思想家、哲学家、教育家、文学家，18 世纪法国大革命的思想先驱，杰

出的民主政论家和浪漫主义文学流派的开创者，启蒙运动最卓越的代表人物之一，与伏尔泰齐名。主要著作有《论人类不平等的起源和基础》《社会契约论》《爱弥儿》《忏悔录》《新爱洛绮丝》《植物学通信》等。卢梭出身于瑞士日内瓦的一个钟表匠家庭，由于家境贫寒，卢梭没有受过系统性的教育，从13岁起，先后当过学徒、杂役、家庭书记、教师、流浪音乐家、秘书等。1750年，38岁的卢梭以《论科学和艺术》一文赢得第戎学区论文比赛首奖而一举成名，使他顿时成为巴黎名人。随后他又写作了许多其他著作，其中包括《论人类不平等的起源和基础》（1755）、《埃罗伊兹的故事》（1761）、《爱弥儿》（1762）、《社会契约论》（1762）和《忏悔录》（1782），所有这些著作都提高了他的声望。此外卢梭对音乐有浓厚的兴趣，写了两部歌剧：《爱情之歌》和《村里的预言家》。卢梭坚持社会契约论，主张建立资产阶级的"理性王国"；强调自由平等，反对压迫；提出"天赋人权"，反对专制、暴政，被誉为"现代民主政体之父"。

内容提要 ▶

　　《社会契约论》又译作《民约论》，是他最为杰出的代表作之一，被誉为"人类解放的第一个呼声，世界大革命的第一个煽动者"。卢梭在书中描述出了理想之国的样子，他认为人生来是自由平等的，一个理想的社会应建立在人与人之间的契约关系之上，国家则是自由协议的产物，政府的权力来自被统治者的认可。卢梭还认为，一切主权和立法权都属于人民的集合体，政府只是这个集合体事务的执行者，并不拥有主权；一旦政府滥权，人民就有权推翻它。《社会契约论》是世界政治法律学说史上最重要的经典之一，是震撼世界的 1789 年法国大革命的号角和福音书。它阐述的许多原则原理不仅在革命之初被载入法国《人权宣言》等重要文献中，在革命后的长时期里成为资产阶级的政治法律制度的基石。《社会契约论》第一次提出了"天赋人权和主权在民的思想"，可以说是现代民主制度的基石，深刻地影响了逐步废除欧洲君主绝对权力的运动和 18 世纪末北美殖民地摆脱英帝国统治、建立民主制度的斗争。美国的《独立宣言》和法国的《人权宣言》及两国的宪法均体现了《社会契约论》的民主思想。

经典语录 ▶

人是生而自由的，但却常困在枷锁之中。自以为是其他一切人的主人，反比其他一切人更是奴隶。

一旦法律丧失了力量，一切就都告绝望了；只要法律不再有力量，一切合法的东西也都不会再有力量。

当人民被迫服从而服从时，他们做得对。但是，一旦人民可以打破自己身上的桎梏而打破它时，他们就做得更对。

根本就不存在没有法律的自由，也不存在任何人是高于法律之上的。

人民永远是希望自己幸福的，但是人民自己却并不能永远都看得出什么是幸福。

立法的力量就应该总是倾向于维持平等，因为事物的力量总是倾向于摧毁平等的。

强力不构成权力，人们只是对合法的权威才有义务服从。

财产是政治社会的真正基础，是公民订立契约的真正保障。

79

真正的自由不是你想做什么就做什么，而是你不想做什么就不做什么。自由不仅在于实现自己的意志，更在于不屈服于别人的意志。

人类由于社会契约而丧失的，乃是他的天然的自由以及对于他所企图的和所能得到的一切东西的那种无限权利；而他所获得的，乃是社会的自由以及对于他所享有的一切东西的所有权。

《法哲学原理》

作者简介 ▶

黑格尔（1770—1831），德国哲学家，是德国 19 世纪唯心论哲学的代表人物之一，曾任柏林大学的校长。黑格尔建立了世界哲学史上最为庞大的客观唯心体系，极大地丰富了辩证法。代表作品有《精神现象学》《逻辑学》《哲学全书》《法哲学原理》等。黑格尔的政治思想是西方近代资产阶级革命时期政治理论的终结，它深刻反映了资产阶级革命的基本政治要求，他的整体国家观对 19 世纪末、20 世纪初的新自由主义产生过深远的影响。马克思通过对黑格尔法哲学的批判，揭示了国家与社会的真实关系，奠定了马克思主义国家学说的理论基础。黑格尔的思想对后世哲学流派，如存在主义和马克思的历史唯物主义都产生了深远的影响。

《法哲学原理》是德国哲学家黑格尔创作的哲学著作，于 1821 年正式出版。该书从哲学的角度解析法，用辩证的思维

探悉法、道德与伦理之间的奥秘，从而迈向自由的意志。全书包含三大部分：抽象法、道德、伦理。其中伦理部分又包括了家庭、市民社会和国家三个环节。在该书中，黑格尔的法治思想主要体现在对法的含义的深刻解析，以法的本质为基础构建立法理论及精辟的司法思想。其核心观点有：法是自由意志的定在，是理性的产物；审判应公开，法律必须普遍地为人知晓，然后它才有拘束力；司法应该视为既是公共权力的义务，又是它的权利，因此司法应该独立。《法哲学原理》系统地反映了黑格尔的法律观、道德观、伦理观和国家观，也是人们研究黑格尔晚年政治思想的重要依据之一。

▌经典语录 ▶

存在即合理。

倘若哲学在自身的灰色中描绘世界，那么生命的形象将是衰老的，它并不能使这一形象变得年轻，而只能认识它。密涅瓦的猫头鹰只有在夜幕降临的时候才会飞翔。

哲学就是在思想中把握的时代。

哲学是探究理性东西的，正因为如此，它是了解现在的东西和现实的东西的，而不是提供某种彼岸的东西。

法律决非一成不变的，相反地，正如天空和海洋因风浪而起变化一样，法律也因状况和时运而变化。

《存在与虚无》

▌作者简介 ▶

让－保罗·萨特（1905—1980），法国作家、社会活动家、哲学家，法国无神论存在主义的主要代表人物，主要著作有《存在与虚无》《想象》《存在主义是一种人道主义》《辩证理性批判》《方法论若干问题》等。这些著作已成为20世纪资产阶级哲学思想发展变化的重要思想资料。萨特出生于巴黎，父亲是海军军官，在他不到两岁时去世。他从小性格孤僻但治学勤奋，是个具有强烈个性的思想家。从20世纪30年代起，萨特一直就是一个社会的反抗者，因而被西方人士称为一个"不断地以个人的名义和人们自由的名义向现代世界提出抗议，想恢复人的价值"的哲学家。1964年，萨特凭借《词汇》一书获得了诺贝尔文学奖，瑞典文学院给萨特的授奖词是："因为他那思想丰富、充满自由气息和探求真理精神的作品对我们时代产生了深远影响。"但萨特公开表示拒绝领取这一奖项，并表示："这没有什么奇怪的，我一向拒绝官方的任何奖励。"尽管如此，在其死后，萨特还是被称为"他那一代知识分子的伟大榜样"。法国前总统德斯坦曾说："萨特的逝世使我们感到人类智慧的一盏明灯熄灭了。"

萨特不仅是最具代表性的存在主义哲学家和获得但却拒领诺贝尔文学奖的文学家，同时也是享有世界声誉的思想家、社会活动家、正义和和平的斗士。他对中国一向友好，曾在1955年9月应中国作家协会与中国政府有关部门的邀请，偕他的伴侣西蒙娜·德·波伏瓦来到中国访问，在中国住了45天。作为贵宾，他被请上天安门观礼台，参加国庆6周年的庆典，观看了阅兵式和群众游行等活动。他还赴沈阳、鞍山等地参观了工厂、农村、机关、团体，甚至监狱等，在中国各地受到了热烈的欢迎和接待。中国日新月异的欣欣向荣的景象和中国人民对萨特的友好

情谊给萨特留下了深刻而美好的印象。当年 11 月初，萨特在《人民日报》发表了题为《我对新中国的观感》的文章，对中国的社会主义表示支持和称赞，对中国人民的友谊表达友好。后来，萨特又在 12 月 1 日和 12 月 8 日的《法兰西观察家》周刊上发表了盛赞中国和中国人民的文章《我们所见到的中国》。

内容提要

《存在与虚无》是一部关于存在主义的代表作，在哲学史上有着重要的地位。其内容有以下 5 个方面：对存在的探索（导言）；虚无的起源；自为的存在；我和他人；拥有、作为和存在。萨特确定了存在的范畴，确定了自为的存在的结构与特性及其存在规律。在这个基础上，探讨自为的存在与其他的自为的存在、与自在即与处境的具体关系，从而论证了人的自由，并且最终以现象学的"存在精神分析"的方法描述了自由的伦理意义，这也是"现象学本体论"的落脚点。《存在与虚无》的发表标志着萨特独特的哲学大厦的建成，他本人最重要的思想和观点都包括在这部著作中。这部书提出的新颖观点使萨特的存在主义学说与海德格尔、尼采、克尔恺郭尔迥然有别。这部著作与 1960 年发表的《辩证理性批判》一起组成萨特哲学体系的两大柱石。

经典语录

人不是别的，只是他自己所造就的东西，这就是存在主义的第一原理。

世界是荒诞的，人生是痛苦的，生活是无意义的。

我只是存在着，仅此而已，而且我觉得恶心。

何必用火刑具呢：他人，即地狱。

人是一种无用的激情。

83

《单向度的人》

作者简介 ▶

赫伯特·马尔库塞（1898—1979），德裔美籍哲学家和社会理论家，法兰克福学派左翼主要代表，被西方誉为"新左派哲学家"。马尔库塞一生著作很多，从 1922 年他作为博士学位提交的第一篇论文《论德国艺术小说》起，到 1979 年在逝世前出版的《无产阶级的物化》，其中共出版论著、论文、论集、谈话录近百种之多。影响较大的有《历史唯物论的现象学导引》《辩证法的课题》《黑格尔本体论与历史性理论的基础》《理性和革命》《爱欲和文明》《单向度的人》《论解放》《审美之维》。马尔库塞的生平和著作给人的鲜明印象是：始终站在资本主义社会实践斗争的最前列，始终把对哲学、文化、意识形态理论的批判与对资产阶级社会的现实状况的批判结合起来。

内容提要 ▶

《单向度的人》揭示了当代发达工业社会的极权主义特征。此书在英国和美国出版后，先后在德国和法国出德文版和法文版，其后又译成多种文字在许多国家出版，被称为西方 20 世纪 60 年代末大学造反运动的教科书。全书除导言外包括"单向度社会""单向度的思想""进行替代性选择的机会"三部分。作者通过对政治、生活、思想、文化、语言等领域的分析、批判，指出发达工业社会是如何成功地压制了人们内心中的否定性、批判性、超越性的向度，使这个社会成为单向度的社会，而生活于其中的人成了单向度的人。所谓的"单向度的人"，就是那种对社会没有批判精神，一味认同于现实的人。这样的人不会去追求更高的生活，甚至没有能力去想象更好的生活。马尔库塞认为，发达资本主义社会的极权主义不同于以往的极权主义，以前的极权主义是采用恐怖和暴力手段，现代的极权主义社会，却正在于它有对立派别和对立意见的存在。在发达资本主义社会里人民群众已丧失了革命性，这就是极权主义的最好证明。

| 经典语录 ▶

单向度的人即所谓的丧失否定、批判和超越能力的人。这样的人不仅不再有能力去追求，甚至也不再有能力去想象与现实生活不同的另一种生活。

工业社会是极权社会，压制了反对声音，产生了单向度的人和社会：缺乏否定，批判和想象能力的人。

当人类被剥夺了反思与沉痛的思考后，他们所剩无几。

自由选择主人并没有使主人和奴隶归于消失。

当一个社会按照它自己的组织方式，似乎越来越能满足个人的需要时，独立思考、意志自由和政治反对权的基本的批判功能就逐渐被剥夺。

非存在并不就是虚无：它是存在的一种潜能，是对存在的一种威胁。

在技术的媒介作用中，文化、政治和经济都并入了一种无所不在的制度，这一制度吞没或拒斥所有历史替代性选择。这一制度的生产效率和增长潜力稳定了社会，并把技术进步包容在统治的框架内。技术的合理性已经变成政治的合理性。

85

《历史的起源与目标》

| 作者简介 ▶

雅斯贝尔斯（1883—1969），德国存在主义哲学家、神学家、精神病学家。雅斯贝尔斯主要在探讨内在自我的现象学描述以及自我

分析及自我考察等问题。他强调每个人存在的独特和自由性。雅斯贝尔斯认为，人是自由的个体，是不可代替的，而自由恰恰是人性的原初设定，他十分强调个人的自由，其中既包括生活自由也包括学术自由。雅斯贝尔斯认为，人只要有了自由那就拥有了一切，人是自由决策的主体，人与自由是统一而存在的，不能够分割。除此之外，雅斯贝尔斯还对自由的定义作了解释，认为所谓个人的自由是指独立思考根据自己的见解行动，从而保持自己的生活自由，这种自由不是非人的、普遍的东西，而是具体某个人乃至某个社会的自由。青年时期的雅斯贝尔斯从医学院毕业，到海德堡精神病院工作。在那里，他对于医学界对研究病人精神病的方式很不满，立志要改善精神病学研究。40岁时，雅斯贝尔斯从心理学转投哲学，并且把哲学中的一些理论知识扩展到精神病学的工作上，他自此之后成了鼎鼎大名的哲学家，在德国乃至欧洲地区享有盛名。在他的晚年时期，雅斯贝尔斯提出了著名的命题——轴心时代，这个命题给后来的历史学家造成了深刻影响，1969年的时候雅斯贝尔斯由于心脏病突发，在瑞士与世长辞。

▌内容提要 ▶

《历史的起源与目标》是德国著名哲学家雅斯贝尔斯的一部历史哲学著作。书中突破长期以来的西方中心论，创造性地提出轴心期理论，他宏观对历史进行分期，认为人类发展经历了4个阶段，即史前、古代文明、轴心期、科学技术时代。其中史前文明、古代文明为第一间歇期，公元前800到公元200年为轴心期，而他强调轴心期的重要性，提出每一次人类历史的飞跃都要回顾轴心期即复兴。

▌经典语录 ▶

对人类历史的掠视，把我们引入神秘之中。我们全然拥有历史，历史造就了我们。

我的纲要以一条信念为基础：人类具有唯一的共同起源和共同目标。

特殊的人性被束缚和藏匿于人的躯体之内，它被本能所羁绊，只能朦胧地意识到自己。它渴望解放与拯救，它向着理念飞升。

孔子、墨子和其他的中国哲学家们，游历中原，到处赢得促进精神生活的佳誉，并奠立了汉学家们所说的各学派，希腊的诡辩家和哲学家同样到处漫游，而佛陀则在各地云游中度过一生。

直至今日，人类一直靠轴心期所产生、思考和创造的一切而生存。

《历史的教训》

作者简介 ▶

威尔·杜兰特（1885—1981），美国著名的通俗哲学史家历史学家、终身哲学教授、普利策奖（1968）和自由勋章（1977）获得者。他先后在美国圣彼得学院和哥伦比亚大学接受高等教育，曾担任报社的实习记者、中学教师。后来进入哥伦比亚大学研究生物学，并在美国著名哲学家杜威的指导下攻读哲学，1917年获哥大博士学位。从1914年起，他就在纽约的一家长老会堂演讲哲学史与文学史。1926年，他出版了《哲学的故事》，获得出乎意料的成功。从此偕同夫人投注毕生精力从事《文明的故事》的著述。1967年，该书荣获美国普利策大奖，并得到西方读书界、学术界的普遍赞誉。他还花了40余年的时间完成了广受好评的重要著作——11卷的《世界文明史》。杜兰特认为东方的文明才是世界文明的源头和基石，因此在写《世界文明史》时，以《东方的时代》作为全书第一卷。在东方文明中，杜兰尤重视中国文明。他认为"中国文化乃是世界文明重大成就之一"。他尤其惊叹中国文明绵延不绝。他在书中还充满激情地写道："世界上没有一个民族能像中国人那样的精力充沛，那样的聪慧，那样的能适应环境，那样的能抵抗疾病，那样的能忍受灾难和痛苦，那样的在历史的熏陶下能沉静忍耐和等待复原。这个拥有如此物质、劳力和精神资源的国家，加上现代工业的设备，我们很难料想出可能产生的那种文明是什么样的文明。很可能将会比美国更富有，很可能将会与古代的中国一样，在繁荣和艺术的生活方面，居于领导世界的地位。"

内容提要

《历史的教训》是威尔·杜兰特及其夫人阿里尔·杜兰特的代表作。在撰写《历史的教训》之前，杜兰特夫妇花了40余年时间写作《世界文明史》，内容涵盖政治、经济、军事、科技、宗教、文化、哲学、历史、教育、艺术、音乐等诸多领域，是举世公认的传世经典。因为《世界文明史》卷帙浩繁，为了方便一般读者阅读，杜兰特夫妇在此巨著的基础上，于1968年写作了《历史的教训》一书，浓缩了11卷《世界文明史》的精华，通过提纲挈领的线条，勾勒出历史与人类生活各方面的关系，详细说明了地理条件、经济状况、种族优劣、人类本性、宗教活动、社会主义、政府、战争、道德、盛衰定律、生物进化等在历史中所扮演的角色，并总结出历史留给人们的巨大精神遗产，体现了他们对人类历史的宏观总体思考。

经典语录

社会的基础，不在于人的理想，而在于人性。人性的构成可以改写国家的构成。

在历史的长河中，人性又改变了多少呢？从理论上讲，是一定会有所改变的，自然选择就已经假定了它既会作用于生理变化，也会作用于心理变化。然而，就已知的历史来说，人类的行为却又并未发生多大的改变。

我们两倍、三倍甚至百倍地提升运动速度，但是在这个过程中，我们的精神变得更加懈怠，拥有双腿的我们，每小时能够移动2000

英里，但我们始终不过是穿着裤子的猴子。

文明是合作的产物，几乎所有的民族都对此有所贡献；这是我们共同的遗产和债务；受过教育的心灵，都会善待每位男女，不论他们的地位多么低下，因为每一个人，都对所属种族的文明做出过创造性的贡献。

那些抗拒改变的保守派，与提出改变的激进派具有同等价值——甚至可能更有价值，因为根须深厚比枝叶繁茂更加重要。新的观念应该被听取，因为少数新观念可能有用。但新观念必须经过异议、反对以及轻蔑的研磨，这也是对的。这是新观念被允许进入人类赛场之前必须存在的预赛。

《世界秩序》

作者简介

亨利·基辛格（1923— ），哈佛大学博士、教授，诺贝尔和平奖获得者，美国前国务卿，20世纪美国知名的外交家、国际问题专家，被称为"美国政坛常青树"。其主要著作有《论中国》《大外交》《白宫岁月》《复兴年代》《世界秩序》等。基辛格1923年5月27日生于德国费尔特市的一个犹太家庭，由于纳粹党的迫害，1938年移居美国，1943年入美国籍。1950年毕业于哈佛大学，1951—1969年任哈佛大学国际关系研究班执行主任、国际问题研究中心负责人、讲师、副教授和教授。1969—1973年仕尼克松政府国家安全事务助理，并兼任国家安全委员会主任到1975年。1973年1月，他在巴黎完成了结束越南战争的谈判，并因此获得诺贝尔和平奖。1973—1977年任国务卿，获得了一个外来移民所能得到的最高政治职务。1977年1月，福特总统授予基辛格总统自由勋章，并称赞他为"美国历史上最伟大的国务卿"。2016年5月9日，获得美国国防部卓越公共服务奖章。作为一位现实政治的支持者，1969年到1977年之间，基辛格在美国外交政策中发挥了中心作用，并在中美建交中扮演了重要的角色，被称为"中国人民的老朋友"、中美外交风云的"活化石"。1971年7月，基辛格作为尼克松总统秘密特使访华，为中美建交开启了大门，为中美关系作出了历史性贡献。他与毛泽东、周恩来、邓小平等新中国领导人都有过深入的交往，并与几代中国领导人都建立了良好的关系。时至今日，基辛格依旧活跃在世界舞台上，对美国国内和世界局势仍有巨大影响力。

内容提要 ▶

《世界秩序》出版于2015年。此书英文版一经出版就成为媒体关注的焦点，被称为"一代战略大师的思想总结，一部纵横捭阖、谈古论今，求索国际关系治理之道的集大成之作"。《金融时报》评价说："这是一部总统大选候选人的必读书"。基辛格认为，地区秩序观之间的冲突是当今最重要的国际问题。在《世界秩序》中，他系统梳理了各地区的战略逻辑和地区秩序观——欧洲的均势秩序观，中东的伊斯兰教观，亚洲多样化文化起源下形成的不同秩序观，以及美国"代表全人类"的世界观——从文化、宗教、地缘等综合因素解读了这些不同秩序观的形成、冲突和合作，并结合网络科技等当前新的战略要素，解析了当下时局的挑战与机遇。这本书有着宏大的历史视野，作者不仅将视野拓宽到全世界，而且将时间拉长到400年，对世界秩序的演变历史进行了深入的观察，同时集结了他60年外交生涯的理念精髓，对世界秩序的未来演变进行了认真思考。作者在对欧洲、中东、亚洲和美国的历史演变及秩序观的阐述中，逐步得出的结论是，这个世界其实并没有统一的秩序观，各种文化和国家都是在此消彼长中维持微妙的平衡。但是展望可以预见的未来，中国的崛起势不可当。此外，基辛格还指出，西方秩序正走向崩溃，美国已经失去领导者地位。新秩序的建立，不是一个国家能够主导和完成的，美国需要重新审视自己的位置。随着中国融入世界秩序步伐的加快，它也正在重新塑造国际关系。

均势引发了战争，同时也限制了战争的规模。

国际环境之所以混乱无序，是因为不存在一个可以确保世界安全的世界政府。

国际秩序面临一个悖论：繁荣取决于全球化的成功，而这个过程经常产生不利于实现夙愿的政治反应。全球化的经济管理者几乎没有机会参与全球化的政治进程。而政治进程的管理者不愿意失去国内支持的风险对经济或金融问题未雨绸缪。

均势至少受到两方面的挑战：一是某一大国的实力强大到足以称霸的水平；二是从前的二流国家想跻身列强行列，从而导致其他大国采取一系列应对措施，直到达成新的平衡或爆发一场全面战争。

人道主义外交政策不同于传统的外交政策，它批评国家利益观或均势概念缺乏道义内涵。它通过改变侵犯普遍的正义原则的状况，而不是消除某种战略威胁，来证明自己的价值。

（二）文 学

1. 俄罗斯篇

《上尉的女儿》

作者简介 ▶

亚历山大·谢尔盖耶维奇·普希金（1799—1837），俄罗斯著名的文学家、诗人、现代俄国文学的奠基人。他是19世纪俄国浪漫主义文学主要代表，同时也是现实主义文学的奠基人，现代标准俄语的创始人，被誉为"俄国文学之父""青铜骑士""俄国诗歌的太阳""一切开端的开端"。其代表作有诗歌《自由颂》《致大海》《致恰达耶夫》，诗体小说《叶甫盖尼·奥涅金》，中篇小说《上尉的女儿》等。普希金出身于贵族家庭，童年开始写诗，在沙皇政府专为培养贵族子弟而设立的皇村高等学校学习。学习期间受到当时进步的十二月党人及一些进步思想家的影响。后来发表的不少诗作抨击农奴制度，歌颂自由与进步。普希金在创作活动上备受沙皇政府迫害。1837年在一次决斗中遇害身亡。

内容提要 ▶

《上尉的女儿》是普希金逝世前一年发表的一部真实而深刻地反映普加乔夫农民起义的长篇小说，这部小说是俄国文学史上第一部反映农民斗争的现实主义作品，也是最早介绍到我国来的俄国文学作品。《上尉的女儿》以同情的笔调描写了18世纪普加乔夫领导的农民起义，小说中说采用第一人称的叙述方式，以贵族青年军官格里尼奥夫和上尉的女儿玛丽娅之间曲折而动人的爱情故事为主要线索，把格里尼奥夫的个人命运与普加乔夫领导的农民起义紧密地结合在一起，生动地展示了这场运动波澜壮阔的规模和广泛的社会基础，表达了作家对封建压迫下农民的深切同情和对农奴制度与专利统治的深刻批判。该小说以其巧妙的构思和创新的艺术表达方式受到广泛赞誉，俄国作家果戈理曾称："同《上尉的女儿》相比，别人的小说简直都成了一碗油腻的菜汤。"

经典语录 ▶

乌鸦吃死尸能活三百年，老鹰喝生血只活三十三年。有一回，乌鸦劝老鹰吃一匹死马。老鹰啄了一口说："不，乌鸦老弟！与其吃死尸活三百年，不如痛痛快快地喝一次鲜血。"

衣服要趁新珍惜，名誉要从小爱护。

异乡呀！遥远的异乡，我不认得这地方！不是我自个儿要来闯荡，不是我的好马要驮我来游玩；召引我这年轻的好汉，来到这异域殊方，是满腔的热血，是浑身的胆量，是痛饮贪欢的热衷肠。

最好最牢靠的改革渊源于移风易俗而无须任何暴力震动。

你知道的事，别都搬出来胡扯。祸从口出，少说为佳。

《叶甫盖尼·奥涅金》

内容提要 ▶

《叶甫盖尼·奥涅金》（也译作《欧根·奥涅金》）是一部长篇诗体小说，写于1823—1831年，是普希金极为知名的作品，它确立了俄罗斯语言规范，是俄国现实主义文学的基石。这部小说以男主人公的名字命名，讲述了一个贵族青年奥涅金在上流社会所发生的故事。作者通过塑造奥涅金这个贵族"多余人"的艺术形象，反映了19世纪20年代俄国的社会生活，写出了俄国当时一代贵族青年所共有的思想与性格特征，真实地表现了那一时代俄国青年的苦闷、探求和觉醒。作品将浪漫主义与现实主义相结合，以优美的韵律和严肃的主题深刻反映俄国19世纪初叶的现实，提出生活中的许多问题，和《上尉的女儿》一起被誉为"俄罗斯生活的百科全书"。1878年，俄国作曲家柴可夫斯基把这部诗体小说改编成同名歌剧。

经典语录 ▶

上天让我们习惯各种事物，就是用它来代替幸福。

幸福的是，谁年轻的时候是年轻的；幸福的是，谁成熟得正是时候。

93

年轻姑娘飘浮不定的幻想，都会一时一时地更替变换；正如同每一年到了春天，树木都要换一次新绿。显然这都是上天的安排。

青春的年华会飞逝；心灵的火焰会变得冰冷。

不该给偏见当一个玩物，应该做个光明磊落的大丈夫。

《克雷洛夫寓言》

作者简介 ▶

克雷洛夫（1769—1844年），全名伊万·安德列耶维奇·克雷洛夫，与伊索、拉·封丹齐名，被誉于世界三大寓言家。《克雷洛夫寓言》与《伊索寓言》《拉封丹寓言》《莱辛寓言》并称为世界寓言四大经典。克雷洛夫生于莫斯科一个清贫的军医家庭，16岁开始文学创作，一生共创作了200余篇寓言，代表作有《大炮和风帆》《剃刀》《鹰与鸡》《快乐歌声》《受宠的象》等。他的寓言以最简练的文字、最生动的形象，将生活动态、人生百相作了最精练、最紧凑的概括。他在寓言中把各种动物的自然本性与人的各种类型、不同性格有机地结合在一起，反映了生活的真实和俄罗斯民族性格的典型特性，形象鲜明，内容生动，情节紧凑，语言精练，富有表现力。同时，他通过寓言这一体裁将俄罗斯民间生动朴实的语言引入俄罗斯文学，为俄罗斯文学的进一步发展奠定了基础。克雷洛夫在俄罗斯有很高的声望，普希金称他为"富有人民性的诗人""民族的和通俗的"现实主义的文学家；俄国的大文学评论家别林斯基曾称赞他说："克雷洛夫把我们的寓言提升到了极度的完美。"《克雷洛夫寓言》发表后，在世界上也获得了巨大声誉，克雷洛夫因此成为俄罗斯作家中得到世界声望的第一人。

内容提要 ▶

《克雷洛夫寓言》是由多篇短小精悍而富有哲理的寓言故事组成。

其中的故事大致可以分为三大类：一是揭露沙皇，讽刺嘲笑统治阶级的专横、寄生和无知，如《狼和小羊》《狮子分猎物》《大象当政》《老鼠会议》《狼与鹤》等。二是反映被压迫者的受剥削的现状和无权的地位，表达了对人民的同情、对人民优秀品质的赞美、对人民力量的信心，如《蜜蜂和苍蝇》《鹰和蜜蜂》《树叶和树根》《狮子和蚊子》等。三是反映社会现象，总结人生哲理，富含教育意义和启迪意义。如《四重奏》《主人和老鼠》《狗的友谊》等。

▎经典语录 ▶

事情还没有做成就吹牛皮夸口，的确糟糕透顶。

无知的人就跟猪一样的盲目，他们嘲笑知识，讥笑学问，鄙夷地把学术的成就一脚踢开，却不知道自己正享受着学术上的一切成果。

蠢材妄自尊大：他自鸣得意的，正好是受人讥笑奚落的短处，而且往往把应该引为奇耻大辱的事，大吹大擂。

选择朋友一定要谨慎！地道的自私自利，会戴上友谊的假面具，却又设好陷阱来坑你。

紧急的时候得到帮助是宝贵的，然而并不是人人都会给予及时的帮助；但愿老天爷让我们别交上愚蠢的朋友，因为殷勤过分的蠢材比任何敌人还要危险。

在你有权力有名望的时候，卑鄙的人是不敢抬起嫉妒的眼睛看你一眼的；然而，到了你一落千丈的时候，显示最大的毒辣的就是他们。

当你决定去做某项工作之前，一定会遇到很多棘手的问题。最好的解决办法，就是在你做决定之前就要考虑到可能出现的各种问题。如果考虑周全，那么事情做起来就容易多了。

鹰有时飞得比鸡低，但鸡永远不能飞得比鹰高。

要是我们看到了丑恶却不用愤怒的手指去把它指出来，那我们离

95

丑恶不远了。

拥有宝贝的人如果不知道它的价值，就会把宝贝当废物扔掉。

《死魂灵》

作者简介

　　果戈理(1809—1852)，全名尼古莱·瓦西里耶维奇·果戈理·亚诺夫斯基，是俄国批判主义作家，善于描绘生活，将现实和幻想结合，具有讽刺性的幽默，其代表作有《死魂灵》和《钦差大臣》等。果戈理是俄国现实主义文学的奠基人。他的创作与普希金的创作相配合，奠定了19世纪俄国批判现实主义文学的基础，是俄国文学中自然派的创始者。以其创作加强了俄国文学的批判和讽刺倾向。他对俄国小说艺术发展的贡献尤其显著，车尔尼雪夫斯基在《俄国文学果戈理时期概观》(1856)中称他为"俄国散文之父"。屠格涅夫、冈察洛夫、谢德林、陀思妥耶夫斯基等杰出作家都受到果戈理创作的重要影响，开创了俄国文学的新时期。

内容提要

　　小说描写一个投机钻营的骗子——六等文官乞乞科夫买卖死魂灵（俄国的地主们将他们的农奴叫作"魂灵"）的故事。乞乞科夫来到某市先用一个多星期的时间打通了上自省长下至建筑技师的大小官员的关系，而后去市郊向地主们收买已经死去但尚未注销的农奴，准备把他们当作活的农奴抵押给监管委员会，骗取大笔押金。他走访了一个又一个地主，经过激烈的讨价还价，买到一大批死魂灵，当他高高兴兴地凭着早已打通的关系迅速办好了法定的买卖手续后，其罪恶勾当被人揭穿，检查官竟被谣传吓死，乞乞科夫只好匆匆逃走。《死魂灵》原计划创作三部，由于后期创作力的衰退和思想局限，果戈理创作的第二部于1852年被迫自己焚烧，第三部未及动笔。仅完成并且流传下来的只有第一部，不过俄国找到了第二部前五章，是第二部的残稿。这部作品的发表震撼了整个俄国，在作者锋利的笔下，形形色色贪婪愚昧的地主，腐化堕落的官吏以及广大农奴的悲惨处境等可怕的现实，揭露得淋漓尽致。《死魂灵》是俄国批判现实主义文学发展的基石，也是果戈理的现实主义创作发展的顶峰。别林斯基高度赞扬它是"俄国文坛上划时代的巨著"，是一部"高出于俄国文学过去以及现在所有作品之上的"，"既是民族的，同时又是高度艺术的作品"。

经典语录 ▶

人研究自然越深，就知道得越少。

愉快的谈话胜似一切佳肴美馔。

亲朋密友之间的真诚协议，必须保留在信守不渝的友谊之中。

只要人们迷恋尘世间因之相互吞噬的一切身外之物，不想到心灵财富的完美，那么，尘世间的财富的完美也是朝不保夕的。

现在许多人尽在考虑怎样使庄稼汉具有文化教养。可是你得先让他富裕起来，成为一个像样的当家人才对，到了那个时候，他自己会去学文化的。

世界上万物都在为自己的利益苦心经营。

犯罪本身倒不如诱引他人犯罪那样有害。

人是一种什么样的奇怪现象：他可以在所有的事情上都显得聪明贤达，具有远见卓识，不过那只是当事情涉及别人，而不涉及他本身的时候。

荣誉感已经被唤醒，然而不可能施展，也没有施展的余地。那么，还不如不唤醒它的好。

一个人如果老是过着幽闭生活，是会变得孤僻粗野起来的。

《父与子》

作者简介 ▶

屠格涅夫（1818—1883），全名伊凡·谢尔盖耶维奇·屠格涅夫，俄国 19 世纪批判现实主义作家、诗人和剧作家。他生于俄罗斯奥廖尔省一个贵族家庭。先后入莫斯科大学、彼得堡大学读书。留学德国，长期侨居法国，一生反对农奴制。屠格涅夫一生著作丰富，代表作有长篇小说《罗亭》《贵族之家》《前夜》《父与子》等，中篇小说有《阿霞》《初恋》等。屠格涅夫的小说不仅迅速及时地反映了当时的俄国社会现实，而且善于通过生动的情节和恰当的言语、行动，通过对大自然情景交融的描述，塑造出许多栩栩如生的人物形象。他的语言简洁、质朴、精确、优美，为俄罗斯语言的规范化作出了重要贡献。屠格涅夫的创作反映了俄国从封建农奴制转变为资本主义制度这一过渡时期的社会生活，塑造了一系列富有时代特征的艺术典型，成为俄国解放运动艺术编年史的重要组成部分，对俄国乃至世界文学都产生了较大影响。列宁称他是"卓越的俄罗斯作家"。他与列夫·托尔斯泰、陀思妥耶夫斯基一起，被人们称为俄国文学的三巨头。

内容提要 ▶

《父与子》是屠格涅夫的巅峰之作。小说描写了俄国农奴制改革前夕新旧思想的斗争，塑造了新一代人的代表、平民知识分子巴扎罗夫的鲜明形象。主人公巴扎罗夫代表了 19 世纪 60 年代的年青一代——激进的平民知识分子，他狂傲，重视行动，重视科学实验，是作者假想的新人形象，但是遭到民主派的抨击。而帕维尔和尼古拉则代表了保守的自由主义贵族的老一代人。当然，在对待年轻人的态度上，父辈中的人们态度各有不同，尼古拉比较温和，希望理解子辈，想跟上时代，只是不太成功。帕维尔则固执己见，信奉贵族自由主义，对年轻人的反叛耿耿于怀。父与子的冲突在广义上表现为帕维尔和巴扎罗夫之间的对立，两代人之间就如何对待贵族文化遗产、艺术与科学等问题各抒己见，他们之间的分歧和对立反映了时代的发展和社会的进步是不可阻挡的历史趋势。

经典语录 ▶

死亡是个古老的玩笑，但是对每个人来说却是崭新的。

虚无主义者是不向任何权威折腰的人，他不把任何原则当作信仰，不管这个原则受到广泛的尊敬。

庸俗的出现在生活中往往是有益的，它能使紧绷的弦放松，它提醒那种过于自信或者忘乎所以的感情，它跟它们如出一辙，使它们得到清醒。

我们大概知道身体上的病是从哪儿来的；精神上的病却是从坏教育来的，是从自小就塞满在人们脑子里的种种胡话来的，一句话说完，是从不健全的社会情形来的。

人怎么能不把自己看得很高呢？倘使我没有一点儿价值的话，谁还用得着我的忠诚呢？

"未来"大半都不是能够由我们做主的。那个时候倘使我们有机会做一点儿事情，那是再好没有的了；倘使没有机会——至少我们还可以高兴自己并没有预先说了一堆空话。

在一个有思想的人看来，没有　个地方是荒凉偏僻的。

99

只有在你的日常生活秩序打破了的时候，你才会感到无聊。你把你的生活安排得那么有规律，叫人挑不出一点儿错来，那里面再没有地方来容纳无聊或者烦恼……容纳任何不愉快的情感了。

人人知道，时间有时候像鸟一样地飞着，有时候像蛆一样地爬着；不过要是一个人连时间究竟过得快还是过得慢也不觉得，他便是很幸福的了。

《罪与罚》

　　陀思妥耶夫斯基（1821—1881），全名费奥多尔·米哈伊洛维奇·陀思妥耶夫斯基，是俄国19世纪文坛上享有世界声誉的一位小说家，与列夫·托尔斯泰、屠格涅夫等人齐名，是俄国文学的卓越代表，代表作有《穷人》《白夜》《罪与罚》《白痴》《女房东》《卡拉马佐夫兄弟》等。陀思妥耶夫斯基出生在俄罗斯的一个并不富裕的医生家庭。他的童年是在父亲的庄园里度过的，因而接触到了农奴的实际生活。1846年，其首部小说作品《穷人》问世，一经出版，即轰动文坛，受到读者的普遍赞扬。文学批评家别林斯基称之为"社会小说的第一次尝试"。陀思妥耶夫斯基擅长心理剖析，尤其是揭示内心分裂。他对人类肉体与精神痛苦的震撼人心的描写是其他作家难以企及的。他的小说戏剧性强，情节发展快，接踵而至的灾难性事件往往伴随着复杂激烈的心理斗争和痛苦的精神危机，以此揭露资产阶级关系的纷繁复杂。这种善恶矛盾性格组合、深层心理活动描写都对后世作家产生深刻影响。

　　小说描写贫穷的法科大学生拉斯科尔尼科夫受无政府主义思想毒害，认为自己是个超人，可以为所欲为。为生计所迫，他杀死放高利贷的老太婆阿廖娜和她的无辜妹妹丽扎韦塔，制造了一起震惊全俄的凶杀案。经历了一场内心痛苦的忏悔后，他最终在基督徒索尼雅姑娘的规劝下，投案自首，被判流放西伯利亚，并走向"新生"。作品着重表现主人公行凶后良心受到谴责，内心深感孤独、恐惧的精神状态，刻画他犯罪前后的心理变化，揭示俄国下层人民的苦难生活。《罪与罚》的问世，给作者带来空前的声誉，因为它是作者赋予社会历史含义的一部社会哲理小说。在小说中，作者把紧张、惊险的情节与现实生活的广阔画面、社会伦理道德问题有机地结合在一起，反映出农奴制改革以后，资本主义的发展在俄国社会生活的各个方面，特别是思想道德方面所引起的急剧变化。

有时，一个人遇上强盗，整整半小时感到死亡的恐惧，最后，刀架到脖子上，反倒什么都不怕了。

一百个疑点决不能构成一件证据。

我唯一担心的是我们明天的生活能否配得上今天所承受的苦难。

世界上没有什么比直言不讳更难，也没有什么比阿谀奉承更容易的了。直言不讳，即使其中只有百分之一的音调是假的，那么立刻就会产生不和谐，随之而来的是争吵。而阿谀奉承，即使从头至尾全部音调都是虚假的，可还是让人高兴，听着不会觉得不愉快，哪怕这愉快有点儿肉麻，可还是感到愉快。而且不管阿谀奉承多么肉麻，其中却至少有一半让人觉得好像是真实的。

真正的伟人应该觉察到人世间极大的忧虑。

凭良心行事，可以不惜流血。

贫穷不是罪恶，而极贫就是一种罪恶。

现实主义者不会害怕他们的研究结果。

我可以不是英雄，但要做一名勇士。

《当代英雄》

作者简介

莱蒙托夫（1814—1841），全名米哈伊尔·尤里耶维奇·莱蒙托夫，是俄罗斯杰出诗人。他出身贵族家庭，天资聪颖，自幼通晓德语、法语和英语，颇有绘画、雕塑和音乐才能，就读于莫斯科贵族寄宿中学期间即开始诗歌创作。1830年考入莫斯科大学，中途因参加进步学生运动被勒令退学。1837 年普希金遇难，莱蒙托夫立即写出了《诗人之死》一诗。1840 年出版第一部诗集及歌颂叛逆精神的长诗《童僧》。代表其最高成就的社会心理长篇小说《当代英雄》也于同年问世。后诗人因参与决斗再度被流放高加索。1841 年初获准回彼得堡休假，完成著名长诗《恶魔》。莱蒙托夫的文学创作活动虽然不长，但对俄国文学做出了巨大贡献，在普希金和涅克拉索夫之间起到了承前启后的作用。

▌内容提要 ▶

　　小说《当代英雄》由《贝拉》《马克西姆·马克西梅奇》《塔曼》《梅丽公爵小姐》《宿命论者》5 个独立成篇的故事组成。5 个故事又由一个总的故事讲述人（作者）的回忆凝结成一个整体：作者从同路人马克西姆·马克西梅奇口中听到的第一个故事《贝拉》，随后在客栈中他亲身经历的第二个故事《马克西姆·马克西梅奇》，这个故事快结束时，他得到了"毕巧林日记"，里面记着第三、四、五个故事，即《塔曼》《梅丽公爵小姐》《宿命论者》。第一篇《贝拉》讲述的是故事主人公彼得堡青年军官毕巧林遇到年轻纯朴的贝拉，希望从对她的爱中汲取新的生活动力，可这爱非但没能拯救他反而给贝拉带来了毁灭。第二篇《马克西姆·马克西梅奇》讲毕巧林从前的指挥官和朋友马克西姆·马克西梅奇与冷漠的主人公的会面。毕巧林要去波斯，结果毫无目的毫无意义地死在路上。主人公的悲剧通过毕巧林的日记在心理层面上得到深化。日记分为三个故事，《塔曼》《梅丽公爵小姐》《宿命论者》。《塔曼》讲毕巧林出于好奇跟踪走私者险些丧命。《梅丽公爵小姐》可以看作是一部独立作品，同时又是《当代英雄》分量最重的一部分。讲述毕巧林在疗养期间，出于对格鲁西尼茨基的妒忌，同时也是为了间接地接近旧日情人维拉而佯装追求梅丽公爵小姐，因而遭到格鲁西尼茨基的报复。毕巧林决定以一场决斗了结此事。他杀死了格鲁西尼茨基，抛弃梅丽公爵小姐，但维拉已悄悄离他而去。《宿命论者》是一篇心理故事，是小说的最后一篇，证明毕巧林无论如何还是能够有所作为的。五篇故事人称形式不一，叙述手法也很多样，各自成章的故事环环相扣，构成了完整统一的有机体，深刻表现出了小说主人公毕巧林的统一性及其性格发展的内在必然性。

毕巧林是俄罗斯文学中继普希金的奥涅金之后又一个"多余人"形象，被认为是 19 世纪前半期俄罗斯文学中最聪明、最博学的主人公。他思想深远，视野开阔，思维敏捷，比周围的人都要高出一头，无愧为时代的英雄。《当代英雄》是俄罗斯文学中的第一部心理小说，也是最优秀的心理小说之一。这部充满诗意的作品以其丰富的社会心理内容、多维的叙事结构和精确优美的语言风格成为俄罗斯文学的不朽杰作。作者通过毕巧林这一贯穿全篇的人物形象对社会的态度揭示出他的个性以及社会的现状。

▌**经典语录** ▶

我可以一连二十次把自己的生命甚至名誉孤注一掷，可是决不出卖自己的自由。

供给人们的甜食已经够多了，他们的胃因此得了病：这就需要苦口的良药和逆耳的忠言。

为什么我要这么执拗地专心地去赢得一位我并不愿意诱惑的、而且又决不会来结婚的年轻的姑娘的爱呢？这多半是她被我看成一位不可征服的美人。

我准备去爱全世界——但却没有一个人了解我。

一个蛮女的爱情比起上流社会贵妇的爱情来并不好多少。

《战争与和平》

▌**作者简介** ▶

托尔斯泰（1828—1910）全名列夫·尼古拉耶维奇·托尔斯泰，

是俄国批判现实主义文学最伟大的代表，世界文学史上最伟大的作家之一。托尔斯泰出身名门贵族，父亲是一位伯爵，母亲则是公爵的女儿。托尔斯泰自幼接受典型的贵族家庭教育，曾就读于喀山大学东方语文学系，后又转入法律学系。1851 年赴高加索从军，后来参加克里米亚战争中的塞瓦斯托波尔保卫战，1856 年退伍，此后他大部分时间在家乡度过，主要从事创作。托尔斯泰一生著作颇丰，为纪念他诞生 100 周年而出版的《托尔斯泰全集》就多达 90 卷。他的主要作品有自传体三部曲《童年》《少年》《青年》，中篇小说《一个地主的早晨》《哥萨克》，长篇小说《战争与和平》《安娜·卡列尼娜》《复活》。其中《战争与和平》《安娜·卡列尼娜》《复活》是他最具代表性的作品。他的作品包括文学、宗教、哲学、美学、政论等著作，反映了俄国社会的一个时代，对世界文学产生了巨大影响。列宁称托尔斯泰是"俄国革命的镜子"，是具有"最清醒的现实主义"的"天才艺术家"。高尔基曾称："不认识托尔斯泰者，不可能认识俄罗斯。"

内容提要

　　《战争与和平》是一部史诗般的鸿篇巨制。它以 1812 年俄法战争为中心，以库拉金、包尔康斯基、劳斯托夫、别竺豪夫四家贵族的生活为线索，通过大面积的人物、心理活动、真实场景以及故事情节的描写，反映了 1805—1820 年间许多重大的历史事件，以及各阶层的现实生活，抨击了那些谈吐优雅，但漠视祖国命运的贵族，歌颂了青年一代在战争中表现出来的爱国主义和英雄主义精神。小说发表于 1865 年，一经问世，便引起了极大的反响，并受到普遍赞誉。作品中的各色人物刻画精准细腻，其中流露出来对人性的悲悯情怀撼动人心。其恢宏的构思和卓越的艺术描写很快便震惊世界文坛，成为举世公认的世界文学名著和人类宝贵的精神财富。知名作家屠格涅夫称这部小说为"伟大作家的伟大作品"，说从中可以"更加直接和更加准确地了解俄罗斯人民的性格和气质以及整个俄国生活"，读它"胜过读几百部有关民族学和历史的著作"。英国作家毛姆及诺贝尔文学奖得主罗曼·罗兰称赞它是"有史以来伟大的小说","是我们时代伟大的史诗，是近代的伊利亚特"。

经典语录 ▶

每个人都会有缺陷，就像被上帝咬过的苹果，有的人缺陷比较大，正是因为上帝特别喜欢他的芬芳。

没人对你说"不"的时候你是长不大的。

生命、生活，只有在这个时候才能被人感觉出它的美好的，在平时往往被人忽略的内涵。其实生命的真正意义在于能够自由地享受阳光，森林，山峦，草地，河流，在于平平常常的满足。其他则是无关紧要的。

爱情不是语言所能表达的，只有用生活、用生活的全部来表达它。

有生活的时候就有幸福。

一个人为他自己有意识地生活着，但他是全人类达到的历史目的的一种无意识的工具。人所作出的行为是无法挽回的，一个人的行为和别人的无数行为同时产生，便有了历史的意义。一个人在社会的阶梯上站得愈高，和他有关系的人愈多，他对于别人的权力愈大，他在每个行为的命定性和必然性就愈明显。

任何看似愚蠢的东西，它一定也有值得喝彩的地方。

假使每个人只为他自己的信念去打仗，就没有战争了。

好的统帅不但不需要天才或任何特殊品质，他所需要的，是缺少人类最高尚、最好的品质——爱，诗，亲切，哲学的、探究性的怀疑。他应该是克制的，坚决地相信他所做的是很重要的，只有在这个时候，他才是一个勇敢的统帅。上帝不许他有人性，不许他爱什么人、同情什么人，想到什么是对的，什么是不对的。

历史事件的原因是一切原因的总和，这是唯一的原因。只有在我们完全放弃了在个人意志中探求原因的时候，才可以发现这些我们不知道的规律，正如同只有在人们放弃了地球不动的概念的时候，才可以发现行星运动的规律。

《安娜·卡列尼娜》

▌内容提要 ▶

《安娜·卡列尼娜》创作于 1875—1877 年间，是托尔斯泰最主要的代表作之一，被广泛认为是批判现实主义小说的经典代表。作品由两条平行的线索构成：一条是主人公安娜追求爱情幸福的悲剧，她根本不爱了无生气的官僚丈夫卡列宁，而与风流倜傥的年轻军官伏伦斯基一见钟情和他离家出走，因此遭到上流社会的鄙弃，后与伏伦斯基出现感情危机，最终彻底绝望而卧轨自杀；另一条是外省地主列文经历种种波折终于和所爱的贵族小姐吉娣建立了幸福的家庭，以及他面临农村破产而进行的经济改革。作品通过讲述家庭的故事，描绘了 19 世纪 70 年代经历剧烈变动的俄国从莫斯科到外省乡村广阔而丰富多彩的图景，揭露了 19 世纪俄国上流社会的虚伪、冷酷和腐朽。作品先后描写了 150 多个人物，是一部社会百科全书式的作品。《安娜·卡列尼娜》一经问世，就引起了人们的广泛注意。与他同时代的俄罗斯作家陀思妥耶夫斯基甚至认为，这"是一部尽善尽美的艺术作品"，现代欧洲文学中简直"没有一个同类的东西可以和它相比"。他甚至称托尔斯泰为"艺术之神"，而书中以自己的方式追求个性解放和真诚爱情的女主人公安娜·卡列尼娜则成为世界文学史上最优美丰满的女性形象之一，也成为世界文学中最具反抗精神的女性之一。

▌经典语录 ▶

幸福的家庭是相同的，不幸的家庭各有各的不同。

人并不是因为美丽才可爱，而是因为可爱才美丽。

"水满则溢，月盈则亏"，这个世界从来只有更美，而没有最美。而最靠近完美的一刻，就是最容易走向相反的时刻。

人都是为希望而活，因为有了希望，人才有生活的勇气。

爱情如同燎原之火，熊熊燃烧起来，情感完全控制了理智。

当在爱的纯洁之中涂抹上其他色彩的时候，这种爱就不再是完美的了。但此中没有是非之分，没有对错之分，只有理智和情感不懈的抗争。

如果有多少脑袋就有多少种思想，那么有多少心就有多少种爱情。

没有一种环境是人不能适应的，特别是他看到周围的人都在这样生活。

乐趣不在于发现真理，而在于探求真理。

谁也不满足于自己的财富，可谁都满足于自己的智慧。

《复 活》

内容提要 ▶

《复活》的情节是基于真实的案件。主要描述男主人公贵族青年聂赫留朵夫诱奸姑母家中养女、农家姑娘卡秋莎·玛丝洛娃，导致她沦为妓女；而当她被诬为谋财害命时，他却以陪审员身份出席法庭审判她。聂赫留朵大在法庭上见到已经沦为妓女的玛丝洛娃，良心深受谴责，最后用行动赢取了她的原谅和爱。《复活》是托尔斯泰晚年的代表作之一，这一时期，作家的世界观已经发生激变，他抛弃了上层地主贵族阶层的传统观点，用宗法农民的眼光重新审查各种社会现象。因此，《复活》借聂赫留朵夫的经历和见闻，展示从城市到农村的社会阴暗面，对政府、法庭、监狱、教会、土地私有制和资本主义制度做了深刻的揭露，对沙皇专制制度和贵族资产阶级的社会做了无

107

情的批判。作品以其深刻的描写震撼着人们的心灵，并以其典型的现实意义登上了19世纪俄国批判现实主义文学的高峰，并成为不朽的世界名著。

只有肚子饿的时候，吃东西才有益无害，同样，只有当你有爱心的时候，去同人打交道才会有益无害。

人好比河流，所有河里的水都一样，到处的水都一样，可是每一条河里的水都是有的地方狭窄，有的地方宽阔；有的地方湍急，有的地方平坦。每个人都具有各种各样的本性的胚芽，有的时候表现出这样一种本性，有的时候表现出那样一种本性，有时变得面目全非，其实还是原来那个人。

说来奇怪，这种承认自己卑鄙的心情，固然不免使人痛苦，同时却又使人快乐而心安。

要永远宽恕一切人，要无数次地宽恕别人，因为世界上没有一个人是无罪的，没有一个人不需要宽恕，因此也就没有一个人有权力去惩罚或者纠正别人。

人性中可怕地存在着兽性，如果这种兽性没有袒露出来，而是深藏在所谓的诗意外表之下时，则更加可怕。

人过生活在多大程度上按照自己的思想，在多大程度上顺从别人的想法，这是人与人之间的重大区别之一。

如果喜欢回忆，那就只回忆让人愉快的往事。

一种坏行为只是为其他坏行为铺平道路而已，可是坏思想却拖住人顺着那条路走下去，一发而不可收。

如果爱一个人，那就爱整个的他，实事求是地照他本来的面目去爱他，而不是脱离实际希望他这样那样的。

只要承认这个世界上有比爱心更重要的东西，哪怕只是承认一个小时，哪怕只是在某一个特殊场合承认一下，那么任何一种损人利己的罪行都是干得出来的，而且干得心安理得。

《怎么办?》

▌作者简介 ▶

　　车尔尼雪夫斯基(1828—1889)，全名尼古拉·加甫里洛维奇·车尔尼雪夫斯基，是俄国伟大的思想家、文学家和革命家。他于1828年7月出生在萨拉托夫城一个神父家庭。18岁进彼得堡大学文史系，1855年发表著名学位论文《艺术与现实的美学关系》，1862年被沙皇政府逮捕，关入彼得保罗要塞。1864年他被判处服7年苦役并终身流放西伯利亚。在囚禁与流放中他毫不沮丧，写下了许多充满革命激情的优秀作品，其著述活动涉及哲学、经济学、美学、文学、社会学等各个领域，代表作有《怎么办?》《序幕》等。车尔尼雪夫斯基与马克思大致生活在同一时代。但由于俄国社会生活的落后和思想封锁，再加上车尔尼雪夫斯基长年被监禁和流放，他对马克思的著作接触甚少。而马克思因为长期关注俄国的革命前景，大量阅读俄文书籍，因此对车尔尼雪夫斯基的很多著作和学说都很了解，并给予了高度评价。在《资本论》的第二版跋中，马克思将他尊称为"俄国的伟大学者和批评家"，认为其《穆勒政治经济学概述》宣告了"资产阶级经济学"的破产。当车尔尼雪夫斯基受到沙皇政权逮捕，身陷囹圄之后，为了从政治上声援和营救车尔尼雪夫斯基，马克思还曾经试图就其生平、个性等写些东西发表，以期在西方引起对他的同情；可惜出于所能搜集的相关传记材料太少，马克思的这一意愿最终未能实现。车尔尼雪夫斯基也是列宁最钟爱的作家之一，列宁称车尔尼雪夫斯基为"一个艺术巨匠"，甚至认为他是"唯一真正伟大的俄国著作家"。

▌内容提要 ▶

　　小说《怎么办?》是车尔尼雪夫斯基在狱中创作的。作品借一个渴望自由和独立的新女性薇拉同平民知识分子罗普霍夫与吉尔沙诺夫的三角恋爱，表达对妇女解放和自由恋爱的新思想；通过薇拉创办的新型缝衣工场和她的 4 个梦，宣扬空想社会主义思想。正如《怎么办?》的副标题《新人的故事》所提示的，整部小说忠实地再现了一个新旧交替的时代，一个黑暗渐隐、光明且进的时代。小说的内在结构按照 4 个层次进行，这就是庸俗的人（薇拉的母亲玛利亚·阿列克塞芙娜、花花公子斯托列希尼科夫及其狐朋狗友，以及俄国政府的高级特务"有教养的要人"等），新人（以罗普霍夫、吉尔沙诺夫、薇拉为代表），最高尚的人（以拉赫美托夫为代表）和薇拉的 4 个梦。

从婚姻和爱情的角度来看，《怎么办?》不啻一部社会主义者的婚恋圣经，它着重探讨了在泯灭人性的旧制度的重压之下，应该倡导何种新的道德观念，又应当如何基于新道德，来处理现实中的爱情与婚姻问题。作品在这方面传达的思想和理念对俄国及其他许多国家的新青年和革命者起到了重要的指导意义。车尔尼雪夫斯基曾在其著名的学位论文《艺术与现实的美学关系》（1855）中提出艺术之"高尚而美丽的使命"是"成为人的生活教科书"。从这一角度来说，《怎么办?》就完全遵照了他自己所倡导的这种美学思想。除了讨论家庭婚姻和妇女解放之外，在《怎么办?》中，车尔尼雪夫斯基还通过自己的如椽大笔，对腐朽的帝俄旧世界下了判断，对维护旧体制的牛鬼蛇神、魑魅魍魉们下了判断，更对薇拉、拉赫美托夫等"新人"们所倡导的社会主义伦理道德及其所憧憬的黄金世界、水晶世界下了判断；对前者，车尔尼雪夫斯基无情地作出了有罪的裁决，而对后者，他鲜明地表达着其由衷的颂赞之情。

▍经典语录▶

该让每个人竭力保持自己的独立性，不依赖任何人，无论他怎样爱这个人，怎样相信他。

我愿独立自主和照自己的意思过生活；凡是我自己需要的，我欣然接受，我不需要的，我就决不希求。

人人都希望他的内心生活中有一个不容任何人钻进来的角落，正如人人都希望有一个自己独用的房间。

一个好好过生活的人，他的时间应该分做三部分：劳动、享乐、休息或消遣。

每个人是很难去了解别人的个性特点的，大家根据自己的个性去想象所有的人。

没有比哄骗一个正直诚实的人再困难的事了，只要他还有一点思考能力和生活经验的话。一个正直又相当聪明的人单独是不会受诱惑的。但是他们有另一个同样有害的弱点：他们容易受周围人们的诱惑。骗子无法欺骗他们中间的任何一个，但当他们作为一伙人时，却常常自觉自愿地受人支配。而单独一个骗子易于受骗，可作为一个团伙是不会受人欺骗的。世界历史的全部秘密便在于此。

一个人圆滑行事，可后果往往超出本意，显得十分奸诈。

比起幸福爱情中的种种欢乐来，其他的一切都算不了什么，这种感情使人心里总是充溢着最纯洁的满足和最神圣的自豪感。

事情往往是这样的：假如一个人有意寻求什么，他在哪儿都能发现他所寻求的东西。即使什么蛛丝马迹都没有，他也能看出明显的迹象。即使连影子都没有，他也能看出他所要找的东西的影子，不仅如此，他还能看出他所要找的东西的全部，他看见了它们最为实在的影像，并且每看一眼，每有一个新的想法，这影像就越发明晰起来。

除了在独处中休息，我不知道其他的休息方式。

《静静的顿河》

作者简介 ▶

肖洛霍夫（1905—1984），全名米哈依尔·亚历山大维奇·肖洛霍夫，苏联著名作家，是 20 世纪苏联文学的杰出代表，1965 年的诺贝尔文学奖得主。他还享有当时苏联最高的文学荣誉：获得斯大林奖金、列宁奖金，曾获五枚列宁勋章、两枚镰刀与锤子金质奖章及国内外其他各种奖章和勋章。与此同时，他也享有很高的社会地位：曾是苏联作家协会书记处书记、苏联科学院院士、社会主义劳动英雄、苏联最高苏维埃代表和苏共中央委员。其作品主要反映顿河地区哥萨克人民的生活，代表作有《静静的顿河》《被开垦的处女地》《一个人的遭遇》等。肖洛霍夫是严格的现实主义作家，他从生活出发，尊重生活真实，反对违背生活真实。他作品中所表现的历史事件以及这些事件展开的地理环境和历史氛围都有严格的依据。同时，他善于深刻而又多方面地刻画人物，惟妙惟肖地描写人物对话，精细地描写顿河流域壮美的自然风光。这些特点在长篇巨著《静静的顿河》里也得到了最完美的表现。肖洛霍夫是一位文学巨人，其作品影响之大，读者之多，在苏联作家中罕有其匹。他的作品被译成多种语言在世界各地出版，其意识形态为对立的东西方两个世界共同认可——他也是唯一既获斯大林文学奖，又获诺贝尔文学奖的作家，这在苏俄文学史上绝无仅有。

▌内容提要 ▶

《静静的顿河》创作于 1928—1940 年间，是一部杰出的社会主义现实主义作品。小说以第一次世界大战到 1922 年苏联国内战争为背景，围绕两条情节线索展开：一条以麦列霍夫的家庭为中心，反映哥萨克的风土人情、社会习俗；另一条则以布尔什维克小组活动所触发的革命与反革命的较量以及社会各阶层的政治斗争为轴心。两条线索，纵横交叉，层层展开，步步推进，展现了顿河地区哥萨克人在这 10 年间的动荡生活，反映了这一地区的风土人情、社会变化以及重大历史事件。《静静的顿河》是一部描写具有重大历史意义时代的人民生活史诗，肖洛霍夫因这一作品获得 1965 年的诺贝尔文学奖，获奖原因是"由于他在描绘顿河的史诗式的作品中，以艺术家的力量和正直，表现了俄国人民生活中的具有历史意义的面貌"。

经典语录 ▶

不要向井里吐痰，也许你还会来喝井里的水。

不管把狼喂得多么好，它还是想往树林子里跑。

人是为了自己的希望才活着的。

生活总是用自己的不成文的法律支配着人类。

草原虽然宽广，道路总是狭窄的。

在动乱、荒淫无耻的年代里，不要深责自己的兄弟。

女人的晚来的爱情并不是紫红色的花朵，而是疯狂的，像道旁的迷人的野花。

在打仗时杀敌，这是神圣的天职。

《钢铁是怎样炼成的》

作者简介 ▶

尼古拉·奥斯特洛夫斯基（1904—1936），苏联作家。他出生于乌克兰工人家庭，家境贫寒，只念过三年小学，刚满 10 岁就做了童工。十月革命后，他积极投身于保卫苏维埃政权的斗争，后因伤而全身瘫痪，双目失明。他以惊人的毅力和顽强的精神，在病榻上创作完成了激励无数人的长篇小说——《钢铁是怎样炼成的》。1935 年他因文学上的成就获得国家最高荣誉——列宁勋章；1936 年 12 月因病逝世。

内容提要 ▶

全书以青年布尔什维克保尔·柯察金的成长经历为主要线索，通

113

过主人公的生活道路，揭示了苏维埃国家的新一代，在激烈的革命风暴中，锻炼成为具有钢铁般的坚强意志和崇高品德的无产阶级英雄人物的过程。在书中，保尔献身革命事业，却屡遭打击，但他始终毫不畏惧，虽然最后在病魔的摧残下他几乎全身残疾，但这却炼就了他钢铁般坚定的心，使他对革命事业、对正义的追求矢志不渝。保尔身上所体现出的对理想的坚定信念和顽强的拼搏精神，感动和激励着无数读者。

经典语录 ▶

生命的价值在于不断超越自我。

对时间的慷慨，就等于慢性自杀。

生命中可能会刮风下雨，但我们可以在心中拥有自己的一缕阳光。

人应该支配习惯，而决不能让习惯支配人。

生活赋予我们的一种巨大的和无限高贵的礼品，这就是青春：充满着力量，充满着期待、志愿，充满着求知和斗争的志向，充满着希望、信心的青春。

钢是在烈火和急剧冷却里锻炼出来的，所以才能坚硬和什么也不怕。我们的一代也是这样的在斗争中和可怕的考验中锻炼出来的，学习了不在生活面前屈服。

谁若认为自己是圣人，是埋没了的天才，谁若与集体脱离，谁的命运就要悲哀。集体什么时候都能提高你，并且使你两脚站得稳。

人最宝贵的东西是生命，生命属于人只有一次，人的一生应当这样度过：当他回首往事的时候，他不因虚度年华而悔恨，也不应碌碌无为而羞愧。在他临死的时候，他能够这样说：我的整个生命和全部精力，都献给了世界上最壮丽的事业——为人类的解放而斗争。

2.法国篇

《蒙田随笔全集》

　　蒙田（1533—1592），文艺复兴时期法国思想家、作家，他的散文主要是哲学随笔，因其丰富的思想内涵而闻名于世，被誉为"思想的宝库"。蒙田出身于新贵族家庭，曾做过15年文官，并游历过意大利、瑞士等地。37岁那年，他继承了父亲在乡下的领地，此后相当长的时间闭户读书，过起了隐居生活。在此过程中，他把旅途见闻、日常感想等记录下来，集成《随笔集》2卷，晚年修订为3卷，开创了随笔式作品之先河。蒙田以博学著称，其随笔卷帙浩繁，用古法文写成，又引用了希腊、意大利等国的语言，以及大量拉丁语。日常生活、传统习俗、人生哲理等无所不谈，特别是旁征博引了许多古希腊罗马作家的论述。在其作品中，作者还对自己做了大量的描写与剖析，使人读来有娓娓而谈的亲切之感，增加了作品的文学趣味。蒙田的作品是16世纪各种思潮和各种知识经过分析的总汇，有"生活的哲学"之美称。此外，他的作品语言平易通畅，不假雕饰，在法国散文史上占有重要地位。其名声在17世纪已远播海外，在英国，培根的《散文集》就深受蒙田的影响。著名作家、哲学家狄德罗十分欣赏蒙田的散文，认为恰恰在于所谓的"无条理"，才正是"自然的表现"。

115

　　《蒙田随笔全集》共3卷，107章，是蒙田的代表作。这部作品内容包罗万象，融书本知识与生活经验为一体，堪称16世纪各种知识的总汇，有"生活的哲学"之誉；因思想内涵丰富，又被誉为"思

116

想的宝库"。蒙田在随笔集中将渊博的知识和丰富的个人经验相结合，把日常生活、传统习俗、人生哲理、旅途见闻等用随笔的形式记录下来，以一个智者的眼光，通过对人类情感和西方文化的冷静观察研究，旁征博引许多古希腊、古罗马作家的论述，萃取了各种思想和各种知识的精华，对自身的经历与思想转变做了大量描写与剖析，具有较高的文学价值和思想价值，形成了独特的思想意境和艺术风格。《蒙田随笔全集》创作的背景正是法国内战期间，宗教战争的残酷深深刺痛蒙田的心，家国离乱的悲哀与痛楚，贯穿随笔创作的过程中。然而，思想者的身份使他在创作中尽量保持一种理性和深沉，他将愤懑之情化作清新激扬的文字，通过谈自己而谈人类、谈世界，侃侃而谈中，引导人们去体会文字间蕴含的人生真谛。与此同时，作品语言平易流畅，奠定了法语作为文学语言的基础，对同时代及17、18世纪的法国及其他国家的文学发展都有深远的影响，与《培根论人生》《帕斯卡思想录》一起，被列为欧洲近代哲理散文的三大经典，被译成几乎所有的文字，受到世界各国读者的喜爱。

经典语录 ▶

真正有知识的人的成长过程，就像麦穗的成长过程：麦穗空的时候，麦子长得很快，麦穗骄傲地高高昂起，但是，麦穗成熟饱满时，它们开始谦虚，垂下麦芒。

世界上最伟大的事，是一个人懂得如何做自己的主人。

知识如果不能改变思想，使之变得完善，那就最好把它抛弃。

人间总有那么多出其不意的突变，很难说我们怎样才算是到了穷途末路，人只要一息尚存，对什么都可抱有希望。

愤怒时不可恶语伤人，尤其不可用尖酸刻薄切中要害的言辞，一个人发怒时切不可揭人的老底。不可一气之下撂挑子，不要干出无法挽回的事情来。

我们的欲望蔑视和无视已到手的东西，却去追逐自己没有的东西。

傲慢有两种原因：对自己评价过高，对别人评价过低。

最美好最合法的事莫过于正正派派做好一个人，最艰难之学识莫过于懂得自自然然过好这一生，人最凶险的病症是轻视个人的存在。

要正确地判断一个人，首先要观察他平时的一举一动，出其不意地看他每天干些什么。

精神的伟大不表现为心高气盛，而表现为有节制、有分寸。

《巨人传》

作者简介

拉伯雷（约1494—1553），文艺复兴时期法国人文主义作家。他通晓医学、天文、地理、数学、哲学、神学、音乐、植物、建筑、法律、教育等多种学科和希腊文、拉丁文、希伯来文等多种文字，堪称"人文主义巨人"。拉伯雷从中世纪民间文学和古典文学中汲取智慧和幽默，营造出一种与以往文学作品不同的亲和力，在破除文学教条和成规的同时，进一步发扬了古典文学的精髓。夸张和讽刺是拉伯雷的代表性写作手法，无论对人、对事、对物，他都能抓住其基本特征加以放大，给人留下深刻的印象。笑声是拉伯雷小说中的一个重要角色，其不仅起到了消解严肃的中世纪官方文化和刻板的宗教文化的作

117

用，更体现了新兴资产阶级和现代人所具有的那种自信、乐观和昂扬的人生态度。拉伯雷的语言直接得益于人民群众、得益于日常生活。他以市民语言为基础，大量吸收俗语、俚语、行话，又融进了民间故事中寓意、象征的手法，使他的小说语言通俗易懂，生动流畅，丰富多彩，自成一格，深受广大读者的欢迎。

▌ 内容提要 ▶

《巨人传》原名《卡冈都亚和庞大固埃》，共 5 卷，是法国文艺复兴时期小说家拉伯雷创作的多传本长篇小说，出版于 1532—1564 年。这是一部讽刺小说，讲述两个巨人国王卡冈都亚及其儿子庞大固埃的神奇事迹，包括卡冈都亚不同凡响的出生，庞大固埃在巴黎求学时的奇遇，庞大固埃和卡冈都亚对婚姻问题的探讨，以及庞大固埃远渡重洋，寻访智慧源泉——"神瓶"，并最终如愿以偿。该作鞭挞了法国 16 世纪封建社会，是新兴资产阶级对封建教会统治发出的呐喊，充分体现了人文主义者对人、人性和人的创造力的肯定。在小说中，拉伯雷痛快淋漓地批判教会的虚伪和残酷，特别痛斥了天主教毒害儿童的经院教育。本书横扫贵族文学矫揉造作的文风，给当时的文坛带来生动活泼、贴近生活、雅俗共赏的清新空气。

▌ 经典语录 ▶

对下流人，你奉承他，他便欺负你。你欺负他，他便奉承你。

健康是我们的生命。没有健康，生活就不等于生活，就等于生而不活；没有健康，生活就只是憔悴；活着也等于死亡。

障碍就是当你的视线离开目标时所看到的那些可怕的东西。

吃着吃着，食欲就来了。喝着喝着，干渴就去了。

这世上有一半的人永远也不知道另一半人是如何生活的。真理都在千百年前被说尽了，而试图打破次元壁，试图充当桥梁的人，却会被嘲笑。就像爬出洞穴的那个人，说破嘴也无法让洞穴里的人相信真实世界的存在。

《拉封丹寓言》

　　拉封丹（1621—1695），是法国古典文学的代表作家之一，著名的寓言诗人，他的作品整理为《拉封丹寓言》，与古希腊著名寓言诗人伊索的《伊索寓言》、德国寓言家莱辛的《莱辛寓言》及俄国著名作家克雷洛夫所著的《克雷洛夫寓言》并称为世界四大寓言经典。拉封丹出生于香巴涅一个小官员家庭，从小生长在农村，熟悉大自然和农民的生活。19 岁到巴黎学神学，一年半之后又改学法律，毕业后获得巴黎最高法院律师头衔。在从事法律工作的过程中，他了解到法院黑暗腐败的内幕，对这种职业十分厌弃。不久就回到乡下想过安闲的乡绅生活。但由于他不善于管理家业，最后被迫出卖土地，只能到巴黎去投靠当时的财政总监富凯。富凯给他年金，让他写诗剧。1661年富凯被捕，拉封丹写诗向国王请愿，得罪了朝廷，不得不逃亡到里摩日，从此他对封建朝廷甚为不满。1663 年年末，他返回巴黎，常常出入上流社会的沙龙，对上流社会和权贵有了更多的接触和观察的机会，同时也使他结识了如莫里哀、拉辛等一些诗人和戏剧家。1668年，他出版了《寓言诗》第一集，引起很大反响，初步建立起了他的文学声誉。此后《寓言诗》陆续出版了 12 卷，另外还出版了 5 卷《故事诗》。他常用民间语言，通过动物形象讽刺当时法国上层社会的丑行和罪恶，嘲笑教会的黑暗和经院哲学的腐朽。其作品对后来欧洲寓言作家产生了很大影响，曾被泰纳誉为"法国的荷马"。

　　《拉封丹寓言》是世界上最早的诗体寓言集，据统计，这部寓言集创造了近 500 个形象，其中动物 125 个，人 123 个，神话人物 85 个，

119

构成了一个虚拟的大千世界。这些寓言行文简洁，风格形象生动，人物对话精彩纷呈。虽然大都取材于古代希腊、罗马和印度的寓言以及中世纪和 17 世纪的民间故事，但是它成功地塑造了贵族、教士、法官、商人、医生和农民等的典型形象，涉及各个阶层和行业，描绘了人类的各种思想品质和行为，因此是一面生动地反映 17 世纪法国社会生活的镜子。此外，拉封丹创作的寓言故事擅长以动物喻人，讽刺势利小人和达官贵人的丑恶嘴脸，对当时法国社会的丑陋现象进行了大胆的讽刺。其中，《乌鸦和狐狸》《狼群和羊群》《龟兔赛跑》《狮子和老鼠》和《装扮成牧人的狼》等故事广为流传、脍炙人口。一些篇目在中国也是广为人知，多篇入选中国中小学语文课必读书目。

经典语录 ▶

总要有人爱听，拍马屁者才活得成。

我们容忍自己却不会宽容别人，就像戴上了一副变色镜。好比万能的造物主给我们每人做了个装东西的褡裢，古往今来，人们总是习惯把自己的缺点藏在褡裢后面的口袋里，而把前面的口袋留着装别人的缺点。

宁吃苦不愿死，世人莫非如此。

听别人的恭维需要付出代价。

人们只听得进和自己看法一致的意见，只有当大难临头时才体会到忠言逆耳利于行。

最可怕的敌人是轻敌思想，能够战胜强大对手的人，往往会因小小的失误葬送自己的前程。

我们要立足于本职，面对财富的诱惑能够不为所动。也许个别人投机取巧能获成功，但大部分人常常是悔恨不已。大海确实是淘金之地，但你知道，随之而来的是狂风和海盗。

弱小之国，要靠自己解决内部的争端，求助于大国实在失策，不要让他们插手你们间的纷争，也不要让他们踏上你的国土。

人不应该过于挑剔，最精明的人就是最随和的人，过于苛求反而会一无所得。

不谨慎，多嘴饶舌，愚蠢的虚荣心和无谓的好奇心，都是成功的共同敌人。

《悭吝人》

作者简介 ▶

莫里哀（1622—1673），原名为让·巴蒂斯特·波克兰，法国古典主义喜剧的代表作家、演员、戏剧活动家、法国芭蕾舞喜剧的创始人，代表作品有《无病呻吟》《伪君子》《悭吝人》等。莫里哀曾受过贵族教育，但他出于对戏剧事业的热爱，不顾当时蔑视演戏的社会风气和家庭的反对，宣布放弃世袭权力，一生从事创作和演出事业，最终倒在舞台之上。他生活在资产阶级勃兴、封建统治日趋衰亡的文艺复兴时期，目睹了社会的黑暗、剥削阶级的残暴腐朽，对劳动人民给予深切的同情，因此其作品总在揭露和嘲讽剥削阶级的丑恶形象。莫里哀的喜剧在种类和样式上都比较多样化。他的喜剧含有闹剧成分，在风趣、粗犷之中表现出严肃的态度。他主张作品要自然、合理，强调以社会效果进行评价。他的作品开古典主义喜剧之先河，极大影响了喜剧乃至整个戏剧界的发展。其作品已译成几乎所有的重要语言，是世界各国舞台上经常演出的剧目。在法国，他代表着"法兰西精神"。为了纪念莫里哀，1996年起，法国义化部规定将每年4月作为莫里哀戏剧月，全国各地上演莫里哀的名作。

121

内容提要 ▶

《悭吝人》，又译作《吝啬鬼》，5幕喜剧，1668年首次上演。其情节从古罗马作家普劳图斯的《一坛金子》脱胎而来。剧中主人公阿巴贡是个放高利贷的老鳏夫，认为"世上的东西，就数钱可贵"，是个典型的守财奴、吝啬鬼，爱财如命，吝啬成癖。他不仅对仆人及家人十分苛刻，自己也省吃俭用，常常饿着肚子上床，以至半夜饿得睡不着觉，便去马棚偷吃荞麦。为了钱，他还可以放弃心爱的姑娘。他总害怕别人算计他的钱，就把一万金币埋在花园里。当他处心积虑掩埋在花园里的钱被人取走后，他呼天抢地，痛不欲生。他不顾儿女各有自己钟情的对象，执意要儿子娶有钱的寡妇，要女儿嫁有钱的老爷。戏剧矛盾尖锐突出，它通过栩栩如生的人物、戏剧性的情节和幽默讽刺的语言，真实深刻地揭露了资产阶级积累财富的狂热和金钱的罪恶，以及建立在金钱基础上的人与人之间的冷酷关系。因其形象刻画得真实深刻，阿巴贡成为"吝啬鬼"的代名词，与《欧也妮·葛朗台》《死魂灵》《威尼斯商人》中的主角同为世界上最著名的四大吝啬鬼形象。

▌经典语录 ▶

应该为生存而吃饭，不是为吃饭而生存。

尽管是很明显地在戏弄他们，可是最聪明的人听到奉承也会甘心上当；只要话中夹着奉承，不管多么粗野多么可笑，也没有不能叫对方乐意接受的。

如果一个人的钱要等到青春已过，无法享受的时候才能到手，那还有什么用呢？

野草总是长得特别快。

子女们如果肯改邪归正，做父母的原是很容易忘掉他们的过错的。

《红 与 黑》

▌作者简介 ▶

司汤达（1783—1842），原名马利－亨利·贝尔，19世纪法国杰出的批判现实主义作家。他生于法国格勒诺布尔城的一个资产阶级家庭，少时兴趣广泛，酷爱数学，雅各宾党人数学老师格罗经常向他讲述法国大革命的历史，指导他学习洛克等哲学家的唯物主义学说，为他世界观的形成奠定了基础。学校毕业后，司汤达参加了革命，1814年拿破仑下台，波旁王朝复辟。资产阶级的革命派遭受镇压，封建的王公贵族则弹冠相庆。在这种形势下，司汤达觉得"除了遭受屈辱，再也不能得到什么"，便离开祖国，侨居意大利的米兰。1821年他又回到巴黎，依旧是波旁王朝的激烈反对者。七月革命后，司汤达郁郁不得志，在教皇管辖下意大利的一个海滨小城当领事。1842年在巴黎因病去世。司汤达在文学上的起步很晚，三十几岁才开始发表作品。然而，他在短暂的文学生涯中却给人类留下了巨大的文化遗产，包括数部长篇，数十个短篇故事，数百万字的文论、随笔和散文，游记，代表作有《阿尔芒斯》《红与黑》《巴马修道院》等。司汤达的作品以准确的人物心理分析和凝练的笔法而闻名，他因此被誉为最重要和最早的现实主义的实践者之一。因为《红与黑》《拉辛与莎士比亚》等作品的深远影响，司汤达在法国乃至世界范围内拥有了极高的知名度和美誉度，法国甚至出现了专门研究他的"司汤达学"，还创办了季刊《司汤达俱乐部》。在美国、德国、意大利等其他国家，也有不少关于他的研究机构和群体。

▎内容提要 ▶

《红与黑》讲述了一个发生在法国 19 世纪一座名叫维里埃尔的小城里的故事。主人公于连是一个木匠的儿子，他年轻英俊，意志坚强，精明能干，从小就希望借助个人的努力与奋斗跻身上流社会。为了摆脱自身地位，他利用自己的外貌和学识优势，让一个个贵妇名媛拜倒在其脚下任其驱使。为了达到目的，他抛弃了一切人性的东西，只剩下"野心"，但最终他的努力钻营还是以失败告终，他本人则被送上了断头台。司汤达创作《红与黑》时，拿破仑领导的法国资产阶级大革命已经失败，他想用自己的笔去完成拿破仑未竟的事业。

123

他要通过《红与黑》再现拿破仑的伟大，鞭挞复辟王朝的黑暗。为此作者以"红与黑"象征其作品的创作背景："红"是象征法国大革命时期的热血和革命；而"黑"则意指僧袍，象征教会势力猖獗的封建复辟王朝。小说围绕主人公于连个人奋斗的经历与最终失败，尤其是他的两次爱情的描写，广泛地展现了"19世纪初30年间压在法国人民头上的历届政府所带来的社会风气"，强烈地抨击了复辟王朝时期贵族的反动，教会的黑暗和资产阶级新贵的卑鄙庸俗，利欲熏心。小说面世后，产生了巨大影响，被认为是法国批判现实主义文学的奠基之作、19世纪卓越的政治小说、现代小说之父的经典著作、19世纪欧洲文学史中第一部批判现实主义杰作、美国作家海明威开列的必读书、被英国小说家毛姆认为是真正的杰作的文学书、1986年法国《读书》杂志推荐的理想藏书。

经典语录 ▶

每个人的心底都有一座坟墓，是用来埋葬所爱的人的。

我的梦想，值得我本人去争取，我今天的生活，绝不是我昨天生活的冷淡抄袭。

新事物的香味太过浓郁，他们虚脱的头脑受不了，必须靠时光冲淡这一味道。艺术品一定要积满成年灰尘后才会有人领悟。

人们做着最残忍的事，却没有残忍的精神。

虚假，要行之有效，就该擅自掩饰。

礼貌，就是不让坏脾气发出来。

越是代自己辩护，越是暴露自己的过错。

心灵纯洁，没有任何仇恨的感情，毫无疑问会延长青春的期限。

在相当富裕而无须劳作的家庭，婚姻很快会把安闲的享受变成深切的厌倦。

一条路并不因为它路边长满荆棘而丧失其美丽，旅行者照旧前进，让那些讨厌的荆棘留在那枯死吧。

《人间喜剧》

巴尔扎克（1799—1850），19 世纪法国伟大的批判现实主义作家，欧洲批判现实主义文学的奠基人和杰出代表。他出生于图尔市一个资产阶级家庭，经历了法国近代史上一个动荡的时期（拿破仑帝国，波旁王朝，七月王朝）。早年学习法律，后因酷爱文学创作，又去巴黎大学文科旁听，并获文学学士称号。1819 年起开始从事文学创作。第一部作品悲剧《克伦威尔》未获成功，后与人合作从事滑稽小说和神怪小说的创作也未引起注意，遂做出版商，经营印刷厂和铸字厂，均以赔本告终，负债累累。然而正是在这些挫折中，巴尔扎克对生活有了比别人更深刻的认识，积累了丰富的写作经验和素材。1828 年夏季开始，巴尔扎克决定专心从事文学创作，揭开了《人间喜剧》的创作序幕。1831 年发表的长篇小说《驴皮记》使他声名大振，成为法国最负盛名的作家之一。巴尔扎克生活在法国从封建社会向资本主义社会过渡的历史转折时期，目睹了 1830 年和 1848 年革命等重大历史事件。新旧交替时期的种种错综复杂的矛盾冲突、急剧而持续的社会动荡对巴尔扎克的创作产生了决定性的影响。他以"编年史的方式"逐年描绘上升中的资产阶级对贵族社会日甚一日的冲击。他所创造的人物高老头、葛朗台、高布赛克等几乎已经成为文学史不同类型资产阶级代表人物的样板形象，对以后的现实主义文学产生了深远的影响。巴尔扎克在法国文学史上的地位十分重要，文学大师雨果曾评价称："在最伟大的人物中间，巴尔扎克是名列前茅者；在最优秀的人物中间，巴尔扎克是佼佼者。"

《人间喜剧》是巴尔扎克以毕生经历完成的光辉创作群，被誉

125

为"资本主义社会的百科全书"。在这部作品集中，他以清醒的现实主义笔触，再现了1816—1848年，即"王政复辟"到七月王朝期间法国社会的广阔图景。原定书名为《社会研究》。1842年，巴尔扎克受但丁《神曲》谓之"神的喜剧"的启发，遂改此名，即把资产阶级社会作为一个大舞台，把资产阶级的生活比作一部丑态百出的"喜剧"。在"导言"中巴尔扎克写道："法国社会将成为历史学家，我不过是这位历史学家的秘书而已。开列恶癖与德行的清单，搜集激情的主要事实，描绘各种性格，选择社会上主要的事件，结合若干相同的性格上的特点而组成典型，在这样做的时候，我也许能够写出一部史学家忘记的历史，即风俗史。"在1842年开始出版的《人间喜剧》中，巴尔扎克将编目划分为三个部分："风俗研究""哲理研究""分析研究"。按作者自己的解释，"风俗研究"是描绘法国当代社会风貌；"哲理研究"是探讨产生这些社会现象的原因，寻出隐藏在众多的人物、激情和事件里面的意义；"分析研究"则是从"人类的自然法则"出发来分析这一切因果的本质和根源。在这三部分内容里，"风俗研究"的篇幅和分量最重，根据题材的类别，巴尔扎克又将它划分为"私人生活""外省生活""巴黎生活""政治生活""军旅生活""乡村生活"等6个场景。巴尔扎克原计划在《人间喜剧》的总标题下写140余篇小说，结果只完成了96篇，其中绝大部分属于"风俗研究"，而且主要集中在前三个场景。《人间喜剧》题材广泛，内容包罗万象，涉猎到社会科学、自然科学各门学科及文学艺术各个门类的问题，可谓是一套百科全书式的小说集。全书共塑造了2400多个人物，并且一个人物往往在多部小说中出现。其中著名的篇章有：《舒昂党人》《高老头》《欧也妮·葛朗台》等。恩格斯曾经说，他从巴尔扎克的《人间喜剧》里，"甚至在经济细节方面（如革命以后动产和不动产的重新分配）所学到的东西，也要比从当时所有职业的历史学家、经济学家和统计学家那里学到的全部东西还要多"。

经典语录

不幸，是天才的晋身之阶；信徒的洗礼之水；能人的无价之宝；弱者的无底之渊。

社会要看到辉煌的成绩，才能承认你的天才。

人的生命的大部分都是致力于从心灵深处来拔掉自己青年时代的幼芽。这种手术就叫作经验的获得。

从伟大到可笑，相差只有一步。

人类所有的力量，只是耐心加上时间的混合。所谓强者是既有意志，又能等待时机。

第一个形容女人像花的是聪明人，第二个再这样形容的是傻子。

如果爱上一个女人，就别管她精神有没有问题，因为爱上一个人时，精神已经是有问题了。

我们总是对熟悉的人太过谨慎，而上陌生人的当。

既然失恋，就必须死心，断线而去的风筝是不可能追回来的。

吝啬和爱情一样有先见之明，对未来的事故闻得到，猜得到。

《巴黎圣母院》

作者简介

维克多·雨果（1802—1885），19世纪前期积极浪漫主义文学的

127

代表作家，人道主义的代表人物，法国文学史上卓越的资产阶级民主作家，被人们称为"法兰西的莎士比亚"。雨果出生于法国贝桑松的一个军官家庭，在 16 岁时已能创作杰出的诗句，21 岁时出版诗集，一时声名大噪。他的创作期长达 60 年以上，作品包括 26 卷诗歌、20 卷小说、12 卷剧本、21 卷哲理论著，合计 79 卷之多，这些对于法国文学和人类文化宝库来说都是一份十分辉煌的文化遗产。其代表作有《巴黎圣母院》《悲惨世界》《海上劳工》《笑面人》等长篇小说。雨果一生的创作，基本上是站在资产阶级人道主义立场上，同情人民疾苦，希望通过改良社会，解决矛盾，赞颂真、善、美，鞭挞黑暗、丑恶、残暴、人道主义、反对暴力、以爱制"恶"的思想贯穿他一生活动和创作。法国将 2002 年定为"雨果年"，专门成立了"雨果全国纪念委员会"，法国的文化部、教育部、外交部携手合作，全年不间断地在全国各地举行纪念活动。

▍ 内容提要 ▶

　　《巴黎圣母院》出版于 1831 年，是一部长篇浪漫主义小说。故事的场景设定在 1482 年的巴黎圣母院，内容环绕一名吉卜赛少女爱斯梅拉尔德和由副主教克洛德·弗洛罗养大的圣母院驼背敲钟人加西莫多展开。副主教克洛德道貌岸然却蛇蝎心肠，被爱斯梅拉尔德的美貌所吸引欲将其占为己有，遭到拒绝后，因爱生恨，对爱斯梅拉尔德进行迫害，嫁祸于她使其因谋杀罪被判死刑。行刑时，面目丑陋、心地善良的敲钟人加西莫多为救女郎舍身，最后加西莫多抱着爱斯梅拉尔德的尸体殉情。小说的情节曲折离奇，紧张生动，变幻莫测，富有戏剧性和传奇色彩。是法国文学史上极具代表性的巨作，它极具艺术色彩，以 400 多年前法王路易十一统治时期的历史为背景，真实地展现了宫廷与教会的阴暗勾当。小说通过描写爱斯梅拉尔德在中世纪封建专制下受到摧残和迫害的悲剧，反映了专制社会的黑暗，反动教会的猖獗和司法制度的残酷，突出了反封建的主题；同时作品还歌颂了下层劳动人民的善良、友爱、舍己为人，反映了雨果的人道主义思想。

▌经典语录 ▶

一个独眼人和完全的瞎子比起来缺点更严重，因为他知道缺什么。

极端的痛苦，像极端的欢乐一样不能经久，因为它过于猛烈。

严酷只能吓唬人们的心，凛冽的北风刮不掉行人的外衣，太阳的光辉照到行人身上，却能使人渐渐热起来，自动把外衣脱掉。

保持健康的秘密就是适当地节制饮食、睡眠和爱情。

不幸的人往往如此。他珍惜生命，却看见地狱就在他的背后。

骄傲会使人倒霉，骄傲后面往往紧跟着毁灭和羞辱呢。

要想叫观众耐心等待，先得向他们声明马上开演。

宽宏大量，是唯一能够照亮伟大灵魂的光芒。

人类的行动都是从两个起点开始，在一个人那里受到尊敬，在另一个人那里却被咒骂。

对于我们每个人来说，在我们的才智、我们的道德、我们的气质之间，存在着某种平衡，它们毫不间断地自行发展，除非生活遭到重大的变故才会中断。

《悲惨世界》

▌内容提要 ▶

129

《悲惨世界》发表于 1862 年，是雨果继《巴黎圣母院》之后创作的又一部气势恢宏的鸿篇巨制，是最能代表雨果的思想和艺术风格的长篇小说。故事的主线围绕主人公获释罪犯冉阿让试图赎罪的历程，涵盖了拿破仑战争和之后的十几年的时间。冉阿让因饥饿偷取了一块面包而入狱，出狱后又偷盗主教的银器，因受到主教的感化而从善，改名换姓，兴办工业，救济穷人，后被选举为市长。冉阿让受奄奄一息的女工芳汀的托付，领养她的私生女柯赛特。柯赛特长大后，在公园里遇上具有共和思想的年轻人马吕斯，两人一见钟情。这时爆发了一场共和党人的起义。冉阿让将在街垒战中受伤的马吕斯救出，成全了一对年轻人的婚姻，但自己却一度受到误解，抑郁成疾，最后在柯赛特和马吕斯的怀里与世长辞。作品向人们展示了一幅自 1793 年法国大革命到 1832 年巴黎人民起义期间法国近代社会生活和政治生活的辉煌画卷，深刻揭露和批判了 19 世纪法国封建专制社会的腐朽本质及其罪恶现象，对穷苦人民在封建重压下所遭受的剥削欺诈和残酷迫害表示了悲悯和同情。小说集中反映了雨果的人道主义思想，饱含了雨果对于人类苦难命运的关心和未来坚定不移的信念，具有震撼人心的艺术感染力，被誉为"人类苦难的百科全书"和"人性向善的精神史诗"，是世界文学现实主义与浪漫主义相结合的典范。

经典语录 ▶

释放无限光明的是人心，制造无边黑暗的也是人心，光明和黑暗交织着，厮杀着，这就是我们为之眷恋而又万般无奈的人世间。

何必遗憾本不可能的事情。

真正爱情的最初症状，在青年男子方面是胆怯，在青年女子方面却是胆大。这似乎不可解，其实很简单。这是两性试图彼此接近而相互采纳对方性格的结果。

人，有了物质才能生存；人，有了理想才谈得上生活。

不犯错误，那是天使的梦想。尽量少犯错误，这是人的准则；错误就像地心具有吸引力，尘世的一切都免不了犯错误。

人有痛处，最好的爱护，难道不是绝不去碰它吗？

成功是一种丑恶的东西。因为它的假象会让人把它与功绩视为等同物。人们就是如此被历史愚弄的。

把全世界缩减到唯一的一个人，把唯一的一个人扩大到像上帝那样，这才是爱。

使人变渺小的感情可耻，使人变孩子的感情可贵。

以人心为题作诗，哪管只描述一个人，哪管只描述一个最微贱的人，那也会将所有史诗汇入一部更高最终的史诗。

《九三年》

内容提要

《九三年》自 1862 年时开始创作，1872 年完成，1874 年问世，是雨果最后一部重要作品。小说以 1793 年法兰西共和国军队镇压旺岱地区反革命叛乱这一重大历史事件为题材，描绘了资产阶级和封建势力在这场战争中进行殊死搏斗的历史场面。作品塑造了旺代叛军首领朗德纳克侯爵及其侄孙、镇压叛乱的共和军司令郭文，以及郭文的家庭教师、公安委员会特派员西穆尔登这三个中心人物，以三个孩子的命运为线索，描写了革命与反革命、共和与保王两党之间那场血与火的惨烈严酷的内战，再现了新旧两种制度那不以人的意志为转移的殊死较量，揭露了保王势力的凶残没落，歌颂了以国民公会为代表的新生革命政权，同时也表现了作者一贯的人道主义思想。小说对封建贵族的凶狠残暴、雅各宾专政时期的革命气氛和共和军的英勇善战进行了生动描述，表现了资产阶级革命中惊心动魄的历史内容和不以人的意志为转移的斗争规律。作为雨果最后一部重要作品，《九三年》在某种意义上可以说是作者一生思想的概括和总结，也是作者艺术形式最为完美成功的作品之一。

131

经典语录

沉默往往为那些受到痛苦剧烈打击的简单心灵提供一个无以名状的庇护场所。绝望到了一定程度，就连绝望的人也无法理解。

一个好行为也可能是一个坏行为，谁要救了狼就害了羊。谁为兀鹰修复了翅膀，谁就要为它的爪负责。

其实那些性格严厉的人往往是不幸的人，光看他们的行为，哪个人都要谴责他们。如果有谁看到他们的良心，也许就会宽恕他们。

一颗卵石能阻止一块巨石滚动，一根树枝能改变一场雪崩的方向。

妇人弱也，而为母则强。

在人世间所能听到的最崇高的赞美歌，就是孩子嘴里发出来的人类灵魂的喃喃的话语。

造成黑夜的东西也会留下星星。

在仇恨方面一个女人抵得上十个男人。

它应该受到雄鹰的赞赏，却受到近视眼者的蔑视。

我们无法在时间的长河中垂钓，但我们可以将对苦难的诘问化为觅渡的力量。

《基督山伯爵》

作者简介 ▶

亚历山大·仲马（1802—1870），称大仲马，法国19世纪浪漫主义作家。其祖父是侯爵德·拉·巴那特里侯爵，曾在法国政府任职炮兵总军需官，与黑奴结合生下大仲马的父亲，名亚历山大，受洗时用母姓仲马。他的父亲后来成为18世纪末法国资产阶级革命时期的著名将领。大仲马成人后继承父志，信守共和政见，反对君主专政。先后参加了1830年"七月革命"、1848年推翻七月王朝革命、加里波第对那不勒斯王国的征战等活动。2002年，大仲马去世132年后遗骸移入了法国先贤祠。大仲马自学成才，一生写的各种类型小说诗歌文学作品达300卷之多，主要以小说和剧作著称于世，代表作有《三个火枪手》《玛尔戈王后》和《基督山伯爵》。大仲马的小说大都以真实的历史作背景，情节曲折生动，往往出人意料，有历史惊险小说之称。结构清晰明朗，语言生动有力，对话灵活机智等构成了大仲马小说的特色。大仲马也因而被后人美誉为"通俗小说之王"。

▌ 内容提要 ▶

《基督山伯爵》又名《基督山复仇记》，是一部通俗历史小说。故事讲述 19 世纪法国皇帝拿破仑"百日王朝"时期，法老号大副爱德蒙·唐泰斯受船长委托，为拿破仑党人送了一封信，遭到两个卑鄙小人和法官的陷害，被打入黑牢。狱友法利亚神父向他传授各种知识，并在临终前把埋于基督山岛上的一批宝藏的秘密告诉了他。唐泰斯越狱后找到了宝藏，成为巨富，从此化名基督山伯爵（水手森巴），经过精心策划，报答了恩人，惩罚了仇人。故事充满传奇色彩，奇特新颖，引人入胜。故事情节曲折生动，处处出人意料。急剧发展的故事情节，清晰明朗的故事结构，生动有力的语言，灵活机智的对话使其成为大仲马小说中的经典之作。具有浓郁的传奇色彩和很强的艺术魅力。

▌ 经典语录 ▶

如果你渴望得到某样东西，你得让它自由，如果它回到你身边，它就是属于你的，如果它不会回来，你就从未拥有过它。

当你拼命想完成一件事的时候，你就不再是别人的对手，或者说得更确切一些，别人就不再是你的对手了，不管是谁，只要下了这个决心，他就会立刻觉得增添了无穷的力量，而他的视野也随之开阔了。

假如我们分手的话，绝不是出于我的意思，要知道，树是不愿离开花的，是花离开树。

世界上无所谓幸福，也无所谓不幸，只有一种境况与另一种境况相比较。只有那些曾经在大海里抱着木板经受凄风苦雨的人，才能体会到幸福有多么的可贵。

人类的一切智慧是包含在这四个字里面的："等待"和"希望"！

幸福就是一双鞋，合不合适只有自己一个人知道。

133

聪明的人，不该知道的绝不多问，不愿相信的一概不信。

一切罪恶只有两帖药——时间和沉默。

学习并不等于认识，有学问的人和能认识的人是不同的。记忆造就了前者，哲学造就了后者。

退，并不是露怯，而是因为对自己的优势所在了然于心，更是为了紧接着一剑置对手于死地。

《魔　沼》

▎作者简介 ▶

乔治·桑（1804—1876），原名奥罗尔·杜班，法国著名小说家。她生于巴黎一个贵族家庭，在法国诺昂乡村长大，从小就显露出卓越的才华，13 岁进入巴黎的修道院。1832 年，她发表的第一部长篇小说《安蒂亚娜》使她一举成名，从此一发而不可收。她的小说创作大致可分 4 个阶段：早期作品称为激情小说，代表作有《安蒂亚娜》《华伦蒂娜》（1832）、《莱莉亚》（1833）等，都描写爱情上不幸的女性，对生活感到失望，不懈地追求独立与自由，充满了青春的热情与反抗的意志。第二阶段作品为空想社会主义小说，代表作有《木工小史》（1840）、《康苏爱萝》（1843）、《安吉堡木工》（1845）等。在这些作品里，她提出了资本主义社会中妇女的命运问题，尽管没能明确地指出解放的道路，但作品毕竟揭露了当时社会的罪恶，攻击了资本主义的财产制度和婚姻制度，进而提出空想社会主义的理想。第三阶段作品为田园小说，代表作有《魔沼》（1846）、《弃儿弗朗索瓦》（1848）和《小法岱特》（1849）。乔治·桑的田园小说以抒情见长，善于描绘大自然绮丽的风光，渲染农村的静谧气氛，具有浓郁的浪漫色彩。第四阶段作品为传奇小说，代表作有《金色树林的美男子》（1858）。第二帝国时期，她和王室来往密切，对巴黎公社革命很不理解，但反对残酷镇压公社社员，她属于最早反映工人和农民生活的欧洲作家之一。乔治·桑是一位多产作家，她一生写了244部作品，100卷以上的文艺作品、20卷的回忆录《我的一生》以及大量书简和政论文章。其中包括故事、小说、戏剧、杂文，以及3万多封被称为"文学史上最优美的通信之一"的书信。乔治·桑被她的同时代人公认为最伟大的作家之一。雨果曾说："她在我们这个时代具有独一无二的地位。特别是，其他伟人都是男子，唯独她是女性。"为纪念这位伟大的女作家诞生200周年，2004年还被法国政府命名为"乔治·桑年"。

▌内容提要 ▶

　　《魔沼》是乔治·桑的田园小说的代表作，描述了一个非常朴实的充满诗意的爱情故事。小说主人公青年农民热尔曼不幸丧偶，带着三个孩子艰难度日。岳父好意为他介绍邻村的有钱寡妇为妻。热尔曼携幼子前去求亲，恰逢邻居家的女儿玛丽要去离富尔什不远的奥尔默农场去当7个月的牧羊女，为家里赚一点过冬的钱。动身那一天，玛丽的母亲请热尔曼带着玛丽一起好顺道照应这位年轻的姑娘，热心的热尔曼欣然同意。途中在当地人称为"魔沼"的塘边露宿，这一对青年男女相互关照，增进了解，产生感情，最后结为夫妇。小说情节十分简单，基本上只描写了一天一夜所发生的事，但乔治·桑却从这简单的情节中挖掘出男女主人公高尚、正直、善良的心灵。《魔沼》为人们构筑了一个"伊甸园"神话模式，展现了乔治·桑对爱情这一永恒主题的美的追求和热望。作品的语言朴实无华，情真意切，生动活泼，流丽豁达，毫无某些文学作品语言中那种矫饰斧凿之痕，受到了人们的赞誉。法国作家左拉曾表示："我喜欢《魔沼》。《魔沼》是一件何等杰出的珍品，读完这部小说，我的心平静而轻松，充满了柔情和仁慈。"

▌经典语录 ▶

　　庄稼人太劳累，太悲惨，对未来太忧心忡忡，无心享受乡村的美和田园生活的情趣。

大自然永远是年轻、美丽和慷慨的。它把诗意和美倾注给一切在它怀抱里自由自在发展的动植物。它掌握着幸福的奥秘，没有人能从它那里夺走。

掌握劳动技能、自食其力、在运用智力中汲取舒适和自由的人，也许是最幸福的人；他有时间在生活中运用心灵和头脑，了解自己的事业，热爱上帝的事业。

能在诗意的情感里汲取高尚情趣的人是真正的诗人，尽管他一生都没有写过一句诗。

她睡着了，仿佛受到瞌睡的袭击被征服了一样，孩子们就是这样的，他们还在叽叽咕咕说着话，却已经睡着了。

我宁愿贫穷，也不愿这样提心吊胆地生活。

好感是不能勉强的。

什么事都有个了结的时候，马儿负载太重，便会倒下；牛不吃东西，就会饿死。

《包法利夫人》

作者简介 ▶

福楼拜（1821—1880），法国批判现实主义小说家、20 世纪法国"新小说派"始祖，是被誉为"短篇小说巨匠"莫泊桑的老师。主要著作有《包法利夫人》《萨朗波》《情感教育》《圣安东尼的诱惑》等。福楼拜生于法国鲁昂一个医生世家，童年在父亲医院里度过，医院环境培养了他细致观察与剖析事物的习惯，对日后文学创作有极大的影响。他早年学习法律，后专心文学，终身从事文学创作，直到生命最后时刻。福楼拜的创作对现代主义的发展产生了极为深远的影响，被誉为"自然主义文学的鼻祖""西方现代小说的奠基人"。

《包法利夫人》发表于1856年。作品讲述的是一个受过贵族化教育的农家女爱玛的故事。外省农村少女爱玛在修道院受到与自己出身完全不相称的贵族教育后，又受到消极浪漫主义思潮的影响而后嫁给平庸无能的乡村医生包法利做续弦。她瞧不起当乡镇医生的丈夫包法利，梦想着传奇式的爱情。可是她的两度偷情非但没有给她带来幸福，却使她自己成为高利贷者盘剥的对象。最后她积债如山，走投无路，只好服毒自尽。福楼拜以貌似冷漠的态度，非常"客观"地揭示了酿成这一悲剧的前因后果，陈述了社会所不能推卸的责任，深刻地揭露了法国19世纪中叶恶浊的社会现实，被公认为巴尔扎克之后法国第一部杰作。小说问世后，福楼拜被保守人士指控涉嫌淫秽，轰动法国文坛，进步作家则尊奉这部作品为"新艺术的法典""最完美的小说"。《包法利夫人》在法国文学史上具有划时代意义，雨果曾评价称："《包法利夫人》是一部真正的杰作。"

经典语录 ▶

人只要一马虎，就会自然而然地摆脱决心的束缚。

每一个微笑背后都有一个厌倦的哈欠。

他俩生活上越亲近，内心里就越疏远，无形中形成一种隔阂。

生活凄凉得有如天窗朝北的顶楼，而烦闷却是一只默默无言的蜘蛛，正在她内心各个黑暗的角落里结网。

那些不知老之将至的人，看起来显得年轻，而年轻人的脸上，

137

却显出少年老成的神气。

沃比萨之行在她的生活中留下了一个大洞，就像一夜的狂风暴雨，有时会造成山崩地裂一样。然而，她有什么办法呢？只好虔诚地把她漂亮的衣裳放进五斗柜里，就连那双缎鞋给地板上打的蜡磨黄了的鞋底，她也原封不动地保存起来。她的心也一样：一经富贵熏染，再也不肯褪色。

爱情的气息浸透了绣花底布上的一针一线；每一针扎下的不是希望，就是回忆，这些纵横交错的丝线，不过是在默默无言、不绝如缕地诉说着情人的心而已。

对她来说，未来只是一条一团漆黑的长廊，而长廊的尽头又是一扇紧紧闭上的大门。

未来的幸福好比热带地区的海岸，吹来一阵香风，把软绵绵的当地风光融入了无边无际、可望而不可即的幸福海洋，他们沉醉在感受中，甚至懒得去想那看不见的前途远景了。

爱情对她来说，应该突然而来，光彩夺目，好像从天而降的暴风骤雨，横扫人生，震撼人心，像狂风扫落叶一般，把人的意志连根拔起，把心灵投入万丈深渊。她不知道，屋檐的排水沟如果堵塞的话，雨水会使屋顶上的平台变成一片汪洋的湖泊，她自以为这样待在屋内安然无事，不料墙上已经有一条裂缝了。

《茶花女》

作者简介

亚历山大·仲马（1824—1895），称小仲马，19世纪法国著名小说家、戏剧家。小仲马是法国著名小说家大仲马当公务员时与一女裁缝所生的私生子，直到7岁时大仲马才认其为子，但仍拒不认其母为妻。私生子的身世使小仲马在童年和少年时代受尽世人的讥诮。小仲马成年后痛感法国资本主义社会的淫靡之风造成许多像他们母子这样的被侮辱与被损害者，决心通过文学创作改变社会道德。他曾说："任何文学，若不把完善道德、理想和有益作为目的，都是病态的、不健全的文学。"这是他文学创作的基本指导思想。而探讨资产阶级的社会道德问题，则是贯穿其文学创作的中心内容。他具有代表性的作品如《茶花女》《私生子》《金钱问题》《放荡的父亲》等，都以妇女、婚姻、家庭为题材，着意揭露资本主义社会家庭和两性关系上的腐朽和虚伪，从独特的角度提出了妇女地位、私生子的命运及婚姻、道德等社会问题，真实地反映了当时的法国社会生活。

▎内容提要 ▶

《茶花女》讲述了一个青年人与巴黎上流社会一位交际花曲折凄婉的爱情故事。并不富裕的青年阿尔芒和巴黎社交圈的高级妓女玛格丽特坠入情网。正当这对热恋中的情人憧憬未来的美好生活时，阿尔芒的父亲为维护家族声誉，暗中迫使玛格丽特离开了阿尔芒。阿尔芒不明真相，认为玛格丽特背叛了自己，用尽各种手段羞辱玛格丽特。玛格丽特忍辱负重，在疾病和悲痛的双重折磨下，含恨而逝。玛格丽特去世后，最终知道真相的阿尔芒悲痛欲绝。在法国文学史上，《茶花女》是第一次把妓女作为主角的作品，它通过一个妓女的爱情悲剧，揭露了法国七月王朝上流社会的糜烂生活，对贵族资产阶级的虚伪道德提出了血泪控诉。它率先把一个混迹于上流社会的风尘妓女纳入文学作品描写的中心，开创了法国文学"落难女郎"系列的先河。事实上，这部作品是根据小仲马的一段亲身经历所写成的。1842 年，小仲马在剧院遇见一位美女玛丽·杜普莱西，杜普莱西 16 岁就做了高级妓女，喜爱华服珠宝，偏爱茶花，放荡的生活让她染上了肺结核。小仲马对玛丽一见钟情，不久，她便成了小仲马的情人。有一天，小仲马发现了玛丽与一位名叫爱德华的年轻人来往的书信，愤怒的他写下了绝交书，此后，两人再未见过面。玛丽肺病加重，于 1847 年 2

139

月 3 日病逝于巴黎，死时年仅 23 岁。小仲马得知后悲痛万分，1847 年 6 月，他开始闭门写作，将两人这段故事写成小说《茶花女》，他由此一举成名。1852 年，根据小说改编的同名话剧首次演出，获得更大的成功。

经典语录

当爱情成了生活中的一种习惯，要想改变这种习惯，而不同时损坏生活中所有其他方面的联系，似乎是不可能的。

人生只不过是为了满足不断的欲望，灵魂只不过是维持爱情圣火的守灶女神。

一个人心中没有爱情的时候可以满足于虚荣，但一旦有了爱情，虚荣就变得庸俗不堪了。

你们同情见不到阳光的瞎子，同情听不到大自然音响的聋子，同情不能用自己的声音来表达自己思想的哑巴，但是，在一种虚假的所谓廉耻的借口之下，你们却不愿意同情这种心灵上的瞎子，灵魂上的聋子和良心上的哑巴。

头脑是狭小的，而它却隐藏着思想；眼睛只是一个小点，它却能环视辽阔的天地。

真正的爱情总是使人变得美好，不管激起这种爱情的女人是什么样的人。

赢得一颗没有谈过恋爱的心，这就等于进入一个没有设防的城市。

人世间的这些悲剧却往往又是在维护某种道德规范的冠冕堂皇的理由下造成的。

没有悔罪，哪儿来的赎罪。

也许我活在你的心中，是最好的地方，在那里别人看不到我，没有人能鄙视我们的爱情。

莫泊桑短篇小说

▌ 作者简介 ▶

居伊·德·莫泊桑（1850—1893），19 世纪后半叶法国批判现实主义作家，与俄国契诃夫和美国欧·亨利并称为"世界三大短篇小说巨匠"。代表作品有《项链》《羊脂球》《我的叔叔于勒》等。莫泊桑1850 年出生于法国上诺曼府滨海塞纳省的一个没落贵族家庭。曾参加普法战争，且此经历成为他日后创作的重要主题。他一生创作了 6 部长篇小说、359 部中短篇小说及 3 部游记，是法国文学史上短篇小说创作数量最大、成就最高的作家之一。他继承了法国现实主义文学的传统，又接受了左拉的影响，带有明显的自然主义倾向，擅长从平凡琐屑的事物中截取富有典型意义的片段，以小见大地概括出生活的真实。他的短篇小说侧重摹写人情世态，构思布局别具匠心，细节描写、人物语言和故事结尾均有独到之处。

▌ 内容提要 ▶

莫泊桑在文学史上的重要地位主要也是由他短篇小说的成就所奠定的。他的短篇所描绘的生活面极为广泛，实际上构成了 19 世纪下半期法国社会一幅全面的风俗画，更重要的是，他把现实主义短篇小说的艺术提高到了一个前所未有的水平。其短篇的主题大致可归纳为三个方面：第一是讽刺虚荣心和拜金主义，如《项链》《我的叔叔于勒》；第二是描写劳动人民的悲惨遭遇，赞颂其正直、纯朴、宽厚的品格，如《归来》；第三是描写普法战争，反映法国人民爱国情绪，如《羊脂球》等。在莫泊桑的短篇小说中，《羊脂球》可谓其中最具代表性的作品。作品描写的是普法战争期间，被敌军占领的里昂城里 10 名居民同乘一辆马车出逃的故事。这 10 个人分别是臭名昭著的奸商鸟先生和他的太太；大资产阶级、省议

141

会议员卡雷·拉马东夫妇；省议会议员贝尔·德·布雷维尔伯爵夫妇；两个修女；民主党人科尔尼代和一个绰号叫"羊脂球"的妓女。前面三对夫妇离开鲁昂的原因各不相同，但计划和目的却是一致的——这三对夫妇都不会回鲁昂了。10个人中最没有地位的是"羊脂球"。羊脂球一路上被车上的所谓贵族太太们鄙视，整篇小说构成了一幅战争时期的法国社会画面，一辆马车就是一个社会的缩影。

经典语录 ▶

在侵略一个爱和平的邻国的时候，打仗是一种野蛮行为。(《羊脂球》)

把爱情和肉欲混在一块儿，好像一个馋嘴的厨子正给另一个人烹调肉汤一样。(《羊脂球》)

对于一个不能拥有真珠宝的人而言，落落大方和漂亮迷人便是她的财富，而且是世界上最珍贵的珠宝。(《羊脂球》)

倘若当时没有失掉那件首饰，她现在会走到什么样的境界？谁知道？谁知道？人生真是古怪，真是变化无常啊。无论是害您或者救您，只消一点点小事。(《项链》)

一个女人在用一生的辛勤、最美好的青春，来维护一个承诺。她的虚荣是可以理解的。任何话，说多了就很廉价。(《项链》)

男人都认为爱情犹如疾病，可以不止一次地侵袭同一个人，如果爱情之路遇到什么障碍的话，甚至可以置其于死地；女人则认定：真正的爱情，伟大的爱情，一生只能有一次降临于一个生灵；这爱情，就如同霹雳，一旦让它击中，就会被它掏空、摧毁、焚烧，任何其他爱情，无论有多么强烈，都无法重新萌生。(《修软垫椅的女人》)

在富有的家庭里，一个寻快乐的人做些糊涂事情，那就被旁人在微笑之中称呼他做花花公子。在日用短缺的家庭里，若是一个孩子强迫父母消耗了本钱，必然变成一个坏人，一个光棍，一个游荡子弟！即令事实是同样的，而这种分别始终算正确的，因为只有结局才能够判别行为的严重程度。（《我的叔叔于勒》）

彗星的光芒不会永远那么耀眼，世界上的一切都会衰老。（《蛋糕》）

大自然和人类的残酷的暴行，令我们发出恐惧和愤怒的呐喊，但是绝不会刺痛我们的心，绝不会令我们像看到某些让人感伤的小事那样背上起鸡皮疙瘩。（《小舞步》）

一个合法的吻与一个偷来的吻是永远不可同日而语的。（《一个女人的供认》）

《约翰·克利斯朵夫》

▌作者简介 ▶

罗曼·罗兰（1866—1944），法国思想家，文学家，批判现实主义作家，音乐评论家，社会活动家，1915 年诺贝尔文学奖得主。生于法国中部高原上的小市镇克拉姆西。15 岁时，随父母迁居巴黎。1889 年，毕业于法国巴黎高等师范学校。其后到罗马读研究生。归国后在巴黎高等师范学校和巴黎大学讲授艺术史，并从事文艺创作。他一生创作了《名人传》《母与子》（又名《欣悦的灵魂》）等杰出作品，长篇小说《约翰·克利斯朵夫》更是获得了诺贝尔文学奖。他的小说特点被人们归纳为"用音乐写小说"。此外，罗曼·罗兰还一生为争取人类自由、民主与光明进行不屈的斗争，他积极投身进步的政治活动，声援西班牙人民的反法西斯斗争，并出席巴黎保卫和平大会，对人类进步事业做出了一定的贡献。1915 年，罗曼·罗兰获得诺贝尔文学奖，他将奖金全部赠送给国际红十字会和法国难民组织。可以说，无论是对于整个欧洲，还是全世界，罗曼·罗兰的影响都是十分深远的。奥地利著名的作家和人物传记家茨威格称罗曼·罗兰为"时

143

代精神的代言人"和"世界的良心"。苏联的文学家、教育家卢娜查尔斯基将罗曼·罗兰评价为和平主义教皇。

内容提要 ▶

《约翰·克利斯朵夫》共分 10 卷，讲述了主人公约翰·克利斯朵夫在充满庸俗、倾轧的社会里的奋斗历程。从儿时音乐才能的觉醒，到青年时代对权贵的蔑视和反抗，再到成年后在事业上的追求和成功，最后趋于清明高远之境。约翰·克利斯朵夫是一个为追求真诚的艺术和健全的文明而顽强奋斗的平民艺术家的形象，他身上最突出的特点是强烈的反抗精神和为实现理想而不懈追求的英雄气概。约翰·克利斯朵夫的经历和刻苦学习的经验，养成了他坚强的意志和生活的力量；平民阶层的社会地位使他接近人民，勇于对抗封建等级和门阀精神魅力以造福人类。但小资产阶级的经济地位，资本主义相对稳定的发展和欧洲无产阶级革命相对沉寂的历史条件，又导致他对统治者抱有一定的幻想、对人民的力量表现出一定的轻蔑态度，对艺术家的使命超政治估价，以及晚年对斗争的厌倦心理和对恶势力的妥协倾向。所有这些矛盾性，都打下了时代和阶级的烙印，如罗曼·罗兰自己所说，它是一个时代的"精神的遗嘱"；与此同时，整个作品都在宣扬一种人道主义和英雄主义精神。1915 年，罗曼·罗兰凭借《约翰·克利斯朵夫》一书获诺贝尔文学奖。瑞典文学院的评价为："文学创作中高度的理想主义以及在描写各种不同典型时所表现出来的同情心和真实性。"

经典语录 ▶

大部分人在二三十岁上就死去了，因为过了这个年龄，他们只是自己的影子，此后的余生则是在模仿自己中度过，日复一日，更机械，更装腔作势地重复他们在有生之年的所作所为，所思所想，所爱所恨。

真正的光明决不是永没有黑暗的时间，只是永不被黑暗所掩蔽罢了。真正的英雄决不是永没有卑下的情操，只是永不被卑下的情操所屈服罢了。

幸福是灵魂的一种香味，是一颗歌唱的心的和声。

没有一个人是完全幸福的。所谓幸福，是在于认清一个人的限度而安于这个限度。

任何努力决不落空，或许许多年都会杳无音信；却突然有一天你会发现你的思想已经有了影响。

失败可以锻炼一般优秀的人物：它挑出一批心灵，把纯洁的和强壮的放在一边，使它们变得更纯洁更强壮；但它把其余的心灵加速它们的堕落，或是斩断它们飞跃的力量。

看出人生是一场不停的、无情的战斗，要做一个名副其实的人，就应该经常和成千上万的无形的敌人做斗争：要击退自然的伤害力，乱七八糟的欲望，见不得的思想。这些阴险的敌人的圈套。他看出了幸福和爱情只是昙花一现的骗局，结果是要解除心灵的武装，使你束手就擒。于是这个15岁的小小的清教徒听见了心里的上帝对他的呼声："向前，向前，永远不要停。"

要珍重新生的一天。不要想一年后、十年以后的事情。想今天吧。不要空谈理论。一切理论，你看，即使是谈道德的，也不是好东西，都是愚蠢的，有害的。不要勉强生活。今天就该好好活下去。要珍重每一天。要爱每一天，尊重每一天，千万不要糟蹋一天，不要妨碍开花结果。要爱像今天这样灰暗苦闷的日子。

人生的钟摆永远在两极中摇晃，幸福也是其中的一极：要使钟摆停止在它一极上，只能把钟摆折断。

哗众取宠本是年轻人的天性。特别是在他们无足轻重，换句话说，无所事事的时候。

145

3.英国篇

《哈姆雷特》

作者简介 ▶

　　威廉·莎士比亚（1564—1616），欧洲文艺复兴时期伟大的剧作家、诗人，人文主义文学的集大成者，是英国文学史上最杰出的戏剧家，被称为"英国戏剧之父"，也是全世界最卓越的文学家之一。他创作了大量脍炙人口的文学作品，在欧洲文学史上占有特殊的地位，被誉为"人类文学奥林匹斯山上的宙斯"；他亦跟古希腊三大悲剧家埃斯库罗斯(Aeschylos)、索福克勒斯(Sophoclēs) 及欧里庇得斯(Euripiēs)，合称为戏剧史上四大悲剧家，其许多剧作已成为世界文学史上的不朽名篇，对后世影响深远，马克思称他为"人类伟大的天才之一"。他流传下来的作品包括37部戏剧、155首十四行诗、2首长叙事诗。大部分作品都已被译成多种文字，其剧作也在许多国家上演，代表作有四大悲剧《哈姆雷特》《奥赛罗》《李尔王》《麦克白》，四大喜剧《第十二夜》《仲夏夜之梦》《威尼斯商人》《无事生非》，历史剧《亨利四世》《亨利六世》《理查三世》等。每年4月23日是莎士比亚的辞世纪念日，1995年被联合国教科文组织定为"世界读书日"。在华人社会，莎士比亚常被尊称为"莎翁"。中国从20世纪初开始介绍和翻译莎剧，1902年，上海圣约翰书院学生最早用英语演出《威尼斯商人》。1978年出版了在朱生豪译本基础上经全面校订、补译的11卷《莎士比亚全集》。莎士比亚的戏剧已成为中国中学、大学特别是戏剧院校的教材。

内容提要 ▶

　　《哈姆雷特》是莎士比亚创作的四大悲剧之一。故事讲述丹麦王子哈姆雷特的父王在花园中打盹时突然神秘死去，皇叔继位并娶母后为妻，这令哈姆雷特深觉羞愧与愤怒。他对父亲的死因有所怀疑，忧郁过度，终日愁容满面。某夜他遇见父王鬼魂诉冤，终于知道原来是皇叔为篡位娶嫂而毒害亲兄。为报父仇他假装发疯以避开皇叔监视，并请戏班进宫表演一出与父王被杀经过十分相似的戏剧，逼使叔父原形毕露，结果他却误杀恋人奥菲莉亚的父亲，导致她因此发疯坠河而死。他的母亲后来也误饮毒酒身亡。优柔寡断的王子终于在怒不可遏之下杀死万恶的叔叔。《哈姆雷特》是莎士比亚所有戏剧中篇幅最长的一部，也是莎士比亚最负盛名的剧本，具有深刻的悲剧意义、复杂的人物性格以及丰富完美的悲剧艺术手法，代表着整个西方文艺复兴时期文学的最高成就。剧中哈姆雷特与克劳迪斯的斗争，象征着新兴资产阶级人文主义者与反动的封建王权代表的斗争。通过这一斗争，作品反映了人文主义理想同英国黑暗的封建现实之间的矛盾，揭露了英国封建贵族地主阶级与新兴资产阶级之间为了争夺权力而进行的殊死较量，批判了王权与封建邪恶势力的罪恶行径。

经典语录 ▶

生存还是毁灭，这是个问题。

决心不过是记忆的奴隶，它会根据你的记忆随意更改。

简洁是智慧的灵魂，冗长是肤浅的藻饰。

成功的骗子，不必再以说谎为生，因为被骗的人已经成为他的拥护者，我再说什么也是枉然。

聆听他人之意见，但保留自己之判断。

其实世事并无好坏，全看你如何去想。

不要只因一次挫败，就放弃你原来决心想达到的目的。

软弱啊，你的名字是女人。

上帝是公平的，掌握命运的人永远站在天平的两端，被命运掌握的人仅仅只明白上帝赐给他命运。

人文学科篇

全世界是一个巨大的舞台，所有红尘男女均只是演员罢了。

《奥赛罗》

▎**内容提要** ▶

《奥赛罗》是莎士比亚四大悲剧之一。故事主要取材于意大利小说家辛斯奥的故事集《寓言百篇》中的《威尼斯的摩尔人》，讲述了嫉妒心很强的摩尔人奥赛罗，因为轻信部下的谗言，而将自己清白无辜的妻子杀害的故事。奥赛罗是威尼斯公国一员勇将。他与元老的女儿苔丝德蒙娜相爱。因为两人年纪相差太多，婚事未被准许。两人只好私下成婚。奥赛罗手下有一个阴险的旗官伊阿古，一心想除掉奥赛罗。他先是向元老告密，不料却促成了两人的婚事。他又挑拨奥赛罗与苔丝德蒙娜的感情，说另一名副将凯西奥与苔丝德蒙娜关系不同寻常，并伪造了所谓定情信物等。奥赛罗信以为真，在愤怒中掐死了自己的妻子。当伊阿古的妻子揭穿阴谋时，奥赛罗如梦初醒，最后拔剑自刎倒在苔丝德蒙娜的尸体上。剧中，人文主义思潮鼓励苔丝德蒙娜和奥赛罗勇于冲破禁锢追求幸福，但阶级势力的传统价值观让奥赛罗深陷种族歧视的旋涡，最终新旧势力的斗争和奥赛罗自身的悲剧性格让这段真挚的爱情毁于阴谋，一个普通的爱情故事终究难逃变成一出人文主义理想幻灭的悲剧。

▎**经典语录** ▶

荣誉是一件无聊的骗人的东西；得到它的人，未必有什么功德，失去它的人，也未必有什么过失。

我们的身体就像一座园圃，我们的意志是这园圃里的园丁；不论我们插荨麻、种莴苣、栽下牛膝草、拔起百里香，或者单独培植一种草木，或者把全园种得万卉纷披，让它荒废不治也好，把它辛勤耕垦也好，那权力都在于我们的意志。

虽然在太阳光底下，各种草木都欣欣向荣，可是最先开花的果子总是最先成熟。

危险的思想本来就是一种毒药，虽然在开始的时候尝不到什么苦涩的味道，可是渐渐地在血液里活动起来，就会像硫矿一样轰然爆发。

我们可以把这些可爱的人儿据为己有，却无法掌控她们的各种欲望。

不是每个人都能做主人，也不是每个主人都能值得仆人忠心的服侍。

尽管贫穷却感到满足的人是富有的，而且是非常的富有。而那些尽管富有，却整天担心什么时候会变穷的人才凋零得像冬天的世界。

无论男人女人，名誉是他们灵魂里面最切身的珍宝。谁偷窃我的钱囊，不过偷窃到一些废物，一些虚无的幻质，它从我的手里转到他的手里，它也会做过千万人的奴隶；可是谁偷了我的名誉去，那么他虽然并不因此而富足，我却因为失去它而成为赤贫了。

您要留心嫉妒啊：那是一个绿眼的妖魔，谁做了它的牺牲，就要受它的玩弄。

一个不容易发生嫉妒的人，一旦被人煽动以后，就会糊涂到极点。

《李尔王》

▌内容提要 ▶

《李尔王》是莎士比亚四大悲剧之一。故事讲述的是不列颠国王李尔年事已高、年老昏聩、刚愎自用，把国土分给了虚伪的大女儿戈纳瑞和二女儿里甘。小女儿科迪莉亚虽然诚实善良，却因不愿阿谀奉承而被驱逐到国外。科迪莉亚接受了法兰西国王的求婚，随同其去了法国。李尔王放弃了王位，仅保留国王的尊号和 100 名侍从，准备在两个女儿家中安度晚年，却被她们赶出家门，在荒郊野外饱受颠沛流离之苦。科迪莉亚得知李尔王的凄惨遭遇，起兵讨伐两个姐姐，不幸失败，李尔王抱着小女儿的尸体，也在悲痛疯癫中死去。作品深刻反映了莎士比亚对伊丽莎白时代人类生存状态的深切关注，表达了他对当时人们精神世界和人性本质的困惑。与莎士比亚其他著名悲剧不同，《李尔王》更关注当时广大人民群众的实际生活状况，展示那个时代颠覆的社会秩序和伦理纲常，剧中由正反代表人物体现的主要戏剧冲突的背后是当时两种主要的社会思潮——基督教人道主义和资产阶级人文主义的激烈交锋，凸显了莎士比亚对于"人性善恶"这个永恒命题的人文关怀。

经典语录 ▶

一无所有只能换来一无所有。

爱情里面要是掺杂了和它本身无关的算计，那就不是真的爱情。

一个人要是看轻了自己的根本，难免做出一些越限逾分的事来；枝叶脱离了树干，跟着也要萎谢，到后来只好让人当作枯柴而付之一炬。

垃圾里是淘不出金子来的。

要一个骄傲的人看清他自己的嘴脸，只有用别人的骄傲给他做镜子；倘若向他卑躬屈膝，不过添长了他的气焰，徒然自取其辱。

与其被人在表面上恭维而背地里鄙弃，那么还是像这样自己知道为世人所不容的为好。

我们往往因为有所自恃而失之于大意，反不如缺陷却能对我们有益。

总有一天，深藏的奸诈会渐渐显出它的原形；罪恶虽然可以掩饰一时，免不了最后出乖露丑。

一个最困苦、最微贱、最为命运所屈辱的人，可以永远抱着希而无所恐惧。

人们最爱用这一种糊涂思想来欺骗自己：往往当我们因为自己行为不慎而遭逢不幸的时候，我们就会把我们的灾祸归怨于日月星辰，好像我们做恶人也是命中注定，做傻瓜也是出于上天的旨意。

《麦克白》

内容提要

《麦克白》是莎士比亚四大悲剧之一。故事讲述苏格兰国王邓肯的表弟麦克白将军，为国王平叛并抵御入侵立功归来。凯旋路上，他遇到三个女巫，预言说他将晋爵为王。归来后，他在夫人的怂恿下谋杀邓肯，做了国王。为掩人耳目并防止他人夺位，他一步步害死了邓肯的侍卫，害死了将军班柯，害死了贵族麦克达夫的妻子和小孩。麦克白内心充满了恐惧和猜疑，他变得越来越冷酷，最终众叛亲离，面对邓肯之子和他请来的英格兰援军的围攻，落得削首的下场。全剧弥漫着一种阴郁可怕的气氛，曾经屡建奇勋的英雄麦克白在命运的安排下，逐渐变成一个残忍暴君。莎士比亚通过这样一个角色批判了野心对良知的侵蚀作用。由于女巫的蛊惑和夫人的影响，不乏善良本性的麦克白想干一番大事业的雄心蜕变成野心，而野心实现又导致了一连串新的犯罪，结果是倒行逆施，走向自我毁灭。

经典语录

善良人的生命，往往在他们帽上的花朵还没有枯萎以前就化为朝露。

黑夜无论怎样悠长，白昼总会到来。

人生不过是一个行走的影子，一个在舞台上指手画脚的笨拙的伶人，登场片刻，便在无声无息中悄然退下；它是一个愚人所讲的故事，充满着喧哗和骚动，却找不到一点意义。

以不义开始的事情，必须用罪恶来使它巩固。

爱所有人，信任少许人，勿伤任何人。

最光明的天使也许会堕落，可是天使总是光明的；虽然小人全都貌似忠良，可是忠良的一定仍然不失他的本色。

世上还没有一种方法，可以从一个人的脸上探察他的居心。

不要贪恋温柔的睡眠，那只是死亡的表象。

魔鬼为了要陷害我们起见，往往故意向我们说真话，在小事情上取得我们的信任，然后在重要的关头我们便会堕入他的圈套。

明天，明天，再一个明天，一天接着一天地蹑步前进，直到最后一秒钟的时间；我们所有的昨天，不过替傻子们照亮了到死亡的土壤中去的路。

《鲁滨逊漂流记》

作者简介

丹尼尔·笛福（1660—1731），作家，英国启蒙时期现实主义丰富小说的奠基人，被誉为欧洲的"小说之父"，"英国小说之父"和"英国报纸之父"，代表作品有《鲁滨逊漂流记》《鲁滨逊的沉思集》《辛格顿船长》《摩尔·弗兰德斯》等。笛福生于伦敦一个油烛商家庭，曾受过中等教育，但没有接受过正规的大学古典文学教育。年轻的时候，他是一个成功的商人。在从事商业的同时，还从事政治活动，代表当时日益上升的资产阶级，为报社撰写一些政论文章。但是，由于这些文章经常抨击上层的当政者，笛福数次被关入监狱，并因此被捕。笛福直到晚年才开始创作小说。写《鲁滨逊漂流记》时，他已59岁。此后，他又创作了《辛格顿船长》《杰克上校》《摩尔·弗兰德斯》等小说，这些小说对英国及欧洲小说的发展都起了巨大的影响以及作用。

　　《鲁滨逊漂流记》是一部长篇历险小说作品，是英国现实主义小说的开山之作，航海探险小说的先驱，首次出版于1719年。故事的主人公鲁滨逊是一名年轻的航海爱好者，在一次海难中被风浪卷到一座荒岛上。虽然脱离了危险，但他孤身一人，无依无靠，为了生存，他用自己的聪慧和坚强意志，克服了种种磨难，建造了堡垒、"别墅"和船只。他又救下土人手中的俘虏，协助英国船主收复了被海盗占领的大船。最后告别了他生活了28年的荒岛，随船返回了英国。这部小说是笛福受当时一个真实故事的启发而创作的。1704年9月，一名叫亚历山大·塞尔柯克的苏格兰水手与船长发生争吵，被船长遗弃在大西洋中，在荒岛上生活4年4个月之后，被伍兹·罗杰斯船长所救。笛福便以塞尔柯克的传奇故事为蓝本，把自己多年来的海上经历和体验倾注在人物身上，并充分运用自己丰富的想象力进行文学加工，使"鲁滨逊"不仅成为当时中小资产阶级心目中的英雄人物，而且成为西方文学中第一个理想化的新兴资产者。作品歌颂了劳动，赞扬了与大自然进行斗争的精神。它表现了强烈的资产阶级进取精神和启蒙意识。这种勇于进取的冒险精神，表现了当时新兴的资产阶级不满足于现状，要开拓世界、占有世界的欲望和当时追求冒险，倡导个人奋斗的社会风气。小说问世后主人公鲁滨逊这一具有鲜明时代烙印及坚韧不拔精神的人物也因此成为欧洲文学史上一个著名的文学形象。

经典语录 ▶

153

　　一个人只是呆呆地坐着，空想着自己所得不到的东西，是没有用的。

　　我们老是感到缺乏什么东西而不满足，是因为我们对已经得到的东西缺少感激之情。

　　在不同的环境下，人的感情又怎样变幻无常啊！我们今天所爱的，往往是我们明天所恨的；我们今天所追求的，往往是我们明天所逃避的；我们今天所希冀的，往往是我们明天所害怕的，甚至会吓得胆战心惊。

一个要教育别人的人，最有效的办法是首先教育好自己。

开始做一件事的时候，若不是预先计算一下需要多少代价，若不是预先对自己的力量做一个正确的估计，那真是太愚蠢了。

世间万物，只有有用处的，才是最宝贵的。

害怕危险的心理比危险本身还要可怕一万倍。

规律是客观存在的，人们要懂得善于发现和利用它。

要根据条件变化及时调整自己的工作计划。

在生活中，人们常常是不亲眼看见更恶劣的环境，就无法真正体会原有环境的好处；不落到山穷水尽的境地，就不会真正珍惜自己原来得到的东西。

《唐璜》

作者简介 ▶

乔治·戈登·拜伦（1788—1824），是英国19世纪初期伟大的浪漫主义诗人，代表作品有《恰尔德·哈罗德游记》《唐璜》等。他出身于一个没落的贵族家庭，先后就读于哈罗公学和剑桥大学。剑桥大学毕业后曾任上议院议员，此后游历西班牙、希腊、土耳其等国，受各国人民反侵略、反压迫斗争鼓舞，创作了《恰尔德·哈罗德游记》《唐璜》等作品，并积极而勇敢地投身革命，参加了希腊民族解放运动，并成为领导人之一。在《恰尔德·哈罗德游记》等被世人誉为"抒情史诗"的辉煌作品中，他塑造了一批"拜伦式英雄"，以积极浪漫主义的创作手法，将自己亲身游历欧洲诸国的切身体会融入作品之中，用开阔的视野和深邃的笔触，展示了辽阔雄壮的时代画卷，抒发了豪情万丈的诗人情怀，表达了傲然不屈的斗争誓言。拜伦善于用各种诗体创作，语言幽默洗练，在英语口语入诗方面无人可与之匹敌。

拜伦的诗歌在当时和后世都有很大影响。他的诗歌以辛辣的社会讽刺和批评对自由、民主的讴歌，极大地鼓舞了欧洲的民族民主运动，在世界各国的革命志士心中引起了强烈共鸣。在中国，鲁迅称拜伦是浪漫主义的"宗主"，盛赞其人其诗"如狂涛如厉风，举一切伪饰陋习，悉与荡涤"。

内容提要 ▶

《唐璜》是拜伦的代表作，是一部长篇诗体小说。主人公唐璜是一位出身名门的贵族子弟，他一表人才、生性风流，不受传统道德规范的约束。16 岁时，由于与一位贵族少妇发生爱情纠葛，母亲为了避免丑事远扬，迫使他出海远航。在旅途中，唐璜经历了海行遇险，在希腊岛上与海盗的女儿恋爱，被卖为奴而混入土耳其苏丹后宫，参加伊斯迈战役，受俄国女皇宠幸以及被派为使节去英国等多种奇遇。作品通过唐璜的冒险、艳遇和各种经历，广泛地描绘了 18 世纪末 19 世纪初欧洲社会的人物百态、山水名城和社会风情，对英国贵族和资产阶级的拜金主义做了淋漓尽致的揭露和讽刺。作品中的主人公唐璜源自西班牙传说中的人物，多次成为文学作品的题材。传统的唐璜形象是个玩弄女性，没有道德观念的花花公子。但在拜伦笔下，这个人物在多数情况下却以被勾引的角色出现，他热情、勇敢、拒绝虚伪的道德信条，其中不乏诗人自传的成分。此外，作品想象丰富奇特。它描写的风暴、沉舟、战火的场景等，十分精彩，对大自然壮丽景色的抒情描写也非常出色。同时还采用大量富有抒情性的议论，充满哲理和深刻的思想，具有很强的艺术感染力。

155

经典语录 ▶

爱情呵！你的魔法真是太奇妙！你把弱者变成强者，又把强者摧毁；受到你的诱引无论多明智的人，必然跟定你而盲目地自我陶醉！

伟大的人物往往轻视巨大的酬报。

爱情对男子来说不过是身外之物，对女人来说却可以是整个生命。

伟大的名字不过是虚荣，荣誉也不过是虚荣的寄托。也许会有人想在埋葬着一切的罪恶中，找到自己的骨灰。

万物本就是虚幻，重复地涌现和泯灭在时间的急流之中，虽不及万劫不复之流，却能将时间、太阳和宇宙吞没。

战争实在没什么值得赞扬；它枉掷了无数真金却只得到些许渣滓！最后只不过是一些地域的重新划分。事实上眼泪擦干，要比四处血海汪洋更值得将其美名传颂。

热情伪装再好，欲盖反而弥彰；恰似乌云愈浓，风暴来得愈烈。

如果爱一个人连自我都失去了的话，就没有资格去爱任何人了。

没见过湖水的人怎能明白海洋？

本来快乐一经诞生就是成双成对，谁要想获得它，就必须与人分享。

《西风颂》

作者简介 ▶

珀西·比西·雪莱（1792—1822），英国最具才华的抒情诗人之一。他是柏拉图主义者，是伟大的理想主义者，代表作品有《西风颂》《云雀颂》《解放了的普罗米修斯》等。雪莱生于英格兰萨塞克斯郡霍舍姆附近的沃恩汉，12岁进入伊顿公学，1810年进入牛津大学，1811年3月由于散发《无神论的必然》，入学不足一年就被牛津大学开除。1813年11月完成叙事长诗《麦布女王》，1818年至1819年完成了两部重要的长诗《解放了的普罗米修斯》和《钦契》，以及其不朽的名作《西风颂》。1822年7月8日逝世，时年不满30周岁。雪莱的诗作节奏明朗，蓬勃向上，风格自由不羁，表达反抗暴政、追求自由、建立新秩序的主题。马克思曾评价称他"本质上是一个革命家，他会永远是革命先锋队的一员"。他崇尚大自然，歌颂自然美，善于描写自然现象来抒发自己的感情，在描写大自然的力量和变化的同时，寄托自己对光明、自由的追求。此外，雪莱还写了许多抒情诗，其中大多是爱情诗。

内容提要 ▶

《西风颂》是雪莱最具代表性的诗作。全诗共五节，第一诗节写西风的威力和它的作用，第14行点出破坏者和护持者，这是贯穿全诗的两个主题；第二诗节用云、雨、冰雹、闪电来衬托描写西风的威力；第三诗节写西风作用于波浪；第四诗节写诗人因西风而发生的感慨，诗人向西风说但愿自己也像枯叶被风带走，虽然不像不羁的雨风那样自由自在，也能分得它的一分猛烈的威力；在最后一诗节里，诗人请求西风帮助他扫去暮气，把他的诗句传播到四方，唤醒沉睡的大地。最末两句"冬天来了，春天还会远吗？"预言革命春天即将来临，给生活在黑夜及困境中的人们带来鼓舞和希望。全诗采用象征的手法，表达了诗人对反动腐朽势力的憎恨，对革命终将胜利和光明未

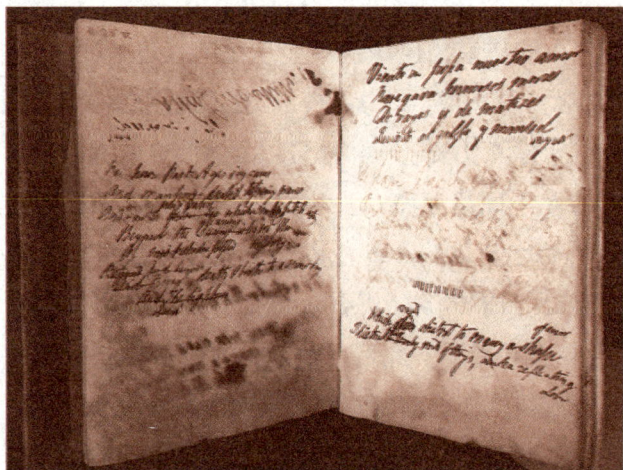

157

来的热切希望和坚定信念，深刻揭示出新事物必将战胜旧事物的客观
规律。

▌经典语录 ▶

冬天来了，春天还会远吗？

我跌在生活的荆棘上，我流血了！这被岁月的重轭所制服的生
命，原是和你一样：骄傲、轻捷而不驯。

你无形，但枯死的落叶被你横扫，有如鬼魅碰到了巫师，纷纷
逃避。

你唱出了葬歌，而这密集的黑夜将成为它广大墓陵的一座圆顶，
里面正有你的万钧之力的凝结。

请把我枯死的思想向世界吹落，让它像枯叶一样促成新的
生命！

《双城记》

▌作者简介 ▶

查尔斯·狄更斯（1812—1870），英国批判现实主义作家，19世
纪英国现实主义文学的主要代表。他是英国文学史上古典作家中除莎
士比亚外最伟大的作家，也是世界文学史上最著名的作家之一，一生
共创作了14部长篇小说，许多中、短篇小说和杂文、游记、戏剧、
小品，代表作品有《双城记》《雾都孤儿》《匹克威克外传》等。狄更
斯生于一个海军小职员家庭，少年时因家庭生活窘迫，只上过几年
学，后被迫到工场做童工。15岁以后，当过律师事务所学徒、法庭
记录员和记者等。1836年，狄更斯陆续发表连载小说《匹克威克外
传》，数期后便引起轰动，此后，他开始专门从事长篇连载小说的创
作。狄更斯生活和创作的时间，正是19世纪中叶维多利亚女王时代
前期。受时代背景和自身生活经历的影响，狄更斯的作品多以写实笔

法揭露和批判社会上层和资产阶级的虚伪、贪婪、卑琐、凶残，以满怀激愤和深切的同情展示社会底层人物，特别是妇女、儿童和老人的悲惨处境，并以严肃、慎重的态度描写开始觉醒的劳苦大众的抗争，深刻地反映了当时英国复杂的社会现实，为英国批判现实主义文学的开拓和发展做出了卓越的贡献。与此同时，他还以理想主义和浪漫主义的豪情讴歌人性中的真、善、美，憧憬更合理的社会和更美好的人生。在表现形式上，其作品以妙趣横生的幽默、细致入微的心理分析，以及现实主义描写与浪漫主义气氛的有机结合著称。马克思把他和萨克雷等称誉为英国的"一批杰出的小说家"。

▍内容提要 ▶

《双城记》是狄更斯重要的代表作之一，小说以法国大革命为背景，将巴黎、伦敦两个大城市联结起来，围绕着曼奈特医生一家和以德法奇夫妇为首的圣安东尼区，把冤狱、爱情与复仇三个互相独立而又互相关联的故事交织在一起，描写了贵族如何败坏、如何残害百姓，人民心中积压对贵族的刻骨仇恨，导致了不可避免的法国大革命。小说深刻地揭露了法国大革命前深深激化了的社会矛盾，强烈地抨击贵族阶级的荒淫残暴，并深切地同情下层人民的苦难。作品尖锐地指出，人民群众的忍耐是有限度的，在贵族阶级的残暴统治下，人民群众迫于生计，必然奋起反抗。这种反抗是正义的。小说还描绘了起义人民攻击巴士底狱等壮观场景，表现了人民群众的伟大力量。作者站在人道主义的立场上，既反对残酷压迫人民的暴政，也反对革命人民过于极端的暴力。

159

▍经典语录 ▶

这是一个最好的时代，这是一个最坏的时代；这是一个智慧的年代，这是一个愚蠢的年代；这是一个光明的季节，这是一个黑暗的季节；这是希望之春，这是失望之冬；人们面前应有尽有，人们面前一无所有；人们正踏上天堂之路，人们正走向地狱之门。

每个人对别的人都是天生的奥秘和奇迹——此事细想起来确实有些玄妙。晚上在大城市里我总是郑重其事地沉思，那些挤成一片一片的黑洞洞的房屋，每一栋都包含着它自己的秘密……

一生所作所为，此刻最壮最美；生平所知所晓，成仁最善最义。

许多好心肠的人，往往会一厢情愿地过分夸大自己所做的好事，从而产生了过分乐观的幻想。

任何一个人，对别的人来说，都是深不可测的奥秘和难解之谜。

亲密无间的爱，也像疏远的隔阂一样，会让人猜不透，而且前者更是神秘莫测，难以捉摸。

你不懂得金钱的价值，你的日子过得很苦，总有一天你会弄得筋疲力尽、贫病交迫的。

再一次播下一样是掠夺和压迫的种子，结出来的必然是相同品种的果实。

由于人的恶习和疏忽引起的生理上的疾病，会不分贫富贵贱地使所有人感染；而由难以名状的苦难、无法忍受的压迫和毫无心肝的冷漠产生的心理上的紊乱，同样也会不加区分地侵袭每一个人。

对权贵的憎恨，就是下等人对上等人不由自主的敬畏。压迫是唯一不朽的哲学，只要这座邸宅的屋顶仍能遮住蓝天，这种恐惧和奴从就能使那班畜生屈从于我们的鞭子。

《雾都孤儿》

▌内容提要 ▶

《雾都孤儿》是一部长篇写实小说，出版于1838年。作品以雾都伦敦为背景，讲述了一个孤儿悲惨的身世及遭遇。主人公奥利弗在孤儿院长大，是一个敏感温柔，但又不失勇敢坚强的男孩，虽饱受欺凌，但却始终保持了一颗纯真善良的心。他的真实身份其实是富商的私生子，在经历学徒生涯，艰苦逃难，误入贼窝，又被迫与狠毒的凶徒为伍，历尽无数辛酸后，最终在善良人的帮助下，查明身世并获得了幸福。作品成功塑造了一批恶人形象，包括作威作福的教区干事班布尔，嫉妒蛮横的棺材铺伙计诺亚，彪悍凶狠的塞克斯，恶贯满盈的贼首费金，自甘堕落的小偷，以及劣性不改的蒙克斯等。与此同时，小说也塑造了一批善良人物：温情的老绅士布朗娄、热心的梅丽太太、美丽善良的露丝小姐、乐于助人的斯本医生、年轻热情的哈里先生、良心未泯的女孩南西等。通过描写善与恶、美与丑、正义与邪恶的斗争，赞扬了人们天性中的正直和善良，也揭露了许多当时的社会问题，如救济院、童工以及帮派吸收青少年参与犯罪等，抨击了当时英国慈善机构的虚伪和治安警察的专横。同时，作品又带有浓厚的浪漫主义情调，充满着人道主义情怀。

经典语录 ▶

人的本性是多么的美妙，同样美好的品质从不厚此薄彼，既可以在最出色的君子身上发扬，又可以在最卑污的慈善学校学生的身上滋长。

有的时候，一支亲切的乐曲，一处幽静地方的潺潺水声，一朵花的芳香，甚而只是说出一个熟悉的字眼，会突然唤起一些模糊的记忆，令人想起一些今生不曾出现过的场景，它们会像微风一样飘散，仿佛刹那间唤醒了对某种久已别离的、比较快乐的往事，而这种回忆单靠冥思苦想是怎么也想不起来的。

没有强烈的爱，没有仁爱的心，没有以慈悲为怀为准则、以对世间众生的爱心为伟大的特征的上帝感激之忱，是永远得不到幸福的。

眼睛本来是有光的，却给不了别人任何光明。

正直的人混得不好，往往并不是因为他们真正做错了什么。

有些事情，当爱无能为力时，恨往往有办法做到。

一些意志坚定的人在经受生离死别考验时表现出令人羡慕的顺从

161

与刚毅。

这是一个希望动辄破灭的世界，对于我们极为珍视的希望，可以给我们的天性带来最高荣誉的希望，经常都是这样。

《简·爱》

▌作者简介 ▶

夏洛蒂·勃朗特（1816—1855），19 世纪英国现实主义文学作家。她出生在英格兰北部约克郡一个名叫索顿的小镇里，有两个姐姐、一个弟弟和两个妹妹。4 岁时，夏洛蒂随家人迁居到约克郡西部另一小镇哈沃斯。不久，母亲和两个姐姐先后去世，父亲请来姨母照料家务和他们兄妹四人。严酷的生活环境，没有母爱的生活及丰富多彩的社会与大自然都给了她们无穷的灵感和创作源泉，也培养了她们坚强自立的性格。夏洛蒂承担起了家庭长女的责任，和她的弟妹们度过了短促的一生。后来弟弟布兰威尔早逝，她和两个妹妹，艾米丽和安妮则成为享誉世界的 19 世纪女作家，人称"勃朗特三姊妹"。作为一个穷牧师的长女，夏洛蒂深知只有学得知识，才能谋得职业。她想开办学校，为此她曾两次出外求学，并担任地位异于仆人的家庭教师，然而她的努力都没有成功。于是她把自己的感情注入艰苦的文学创作之中。1847 年，《简·爱》出版，立即引起轰动。12 月，艾米丽的《呼啸山庄》和安妮的《艾格尼丝·格雷》也得以出版。不幸的是第二年，她的弟弟病故。此后艾米丽和安妮也相继因肺病去世。在孤独和悲痛中，夏洛蒂继续写作。她于 1855 年婚后数月因怀孕期间染病去世，年仅 39 岁。除《简·爱》外，她还著有《谢利》《维莱特》《教师》等作品。

▌内容提要 ▶

《简·爱》是夏洛蒂·勃朗特的成名作及代表作，是一部带有自传性质的小说。小说主要通过家庭教师简·爱与男主人罗切斯特之间一波三折的爱情故事，塑造了一个出身低微、相貌普通、生活道路曲折，却始终坚持维护独立人格、追求个性自由、主张人人平等、不向命运低头的坚强女性形象。真实地再现了小人物简·爱30年的坎坷遭遇和勇敢追求，细腻地叙述了女主人公艰难的生存状态和复杂的心理活动，反对对人性的压抑和摧残，赞扬了妇女独立自主、自尊自强的精神。作品还充分表现了作者的主观理想，抒发了个人热烈的感情，在情节的构建、人物的刻画、心理的揭示和景物的描绘方面，都有着极为丰富的想象力。作品创作的时代，英国已是世界上的头号工业大国，但英国妇女的地位并没有改变，依然处于从属、依附的地位，女子的生存目标就是要嫁入豪门，即便不能生在富贵人家，也要努力通过婚姻获得财富和地位，女性职业的唯一选择是当个好妻子、好母亲。在这种历史背景下，作者能够把一个来自社会下层的觉醒中的新女性摆到小说的主人公地位，并对主人公为反抗压迫和社会偏见、为争取独立的人格和尊严、为追求幸福生活所做的顽强斗争加以热情歌颂，这在当时的文学作品中是难能可贵的。

▌经典语录 ▶

假如你避免不了，就得去忍受。不能忍受生命中注定要忍受的事情，就是软弱和愚蠢的表现。

你以为我会无足轻重地留在这里吗？你以为我是 架没有感情的机器人吗？你以为我贫穷、低微、不美、渺小，我就没有灵魂，没有心吗？你想错了，当我们的灵魂穿过坟墓来到上帝面前时，我们都是平等的。如果上帝多赐予我一些美貌和金钱，我就要你难以离开我，就像我现在难以离开你一样。我现在不是以社会生活和习俗的准则和你说话，而是以我的心灵同你的心灵说话。

我越是孤独，越是没有朋友，越是没有支持，我就得越尊重我

163

自己。

谁说现在是冬天呢？当你在我身旁时，我感到百花齐放，鸟唱蝉鸣。

生命太短暂了，不应该用来记恨。人生在世，谁都会有错误，但我们很快会死去。我们的罪过将会随我们的身体一起消失，只留下精神的火花。这就是我从来不想报复，从来不认为生活不公平的原因。我平静地生活，等待末日的降临。

暴力不是消除仇恨的最好办法——同样，报复也绝对医治不了伤害。

要自爱，不要把你全身心的爱、灵魂和力量，作为礼物慷慨给予，浪费在不需要和受轻视的地方。

怜悯，不过是内心自私无情的人，听到灾祸之后所产生的以自我为中心的痛苦，混杂着对受害者的盲目鄙视。

没有判断力的感情的确淡而无味，但未经感情处理的判断力又太苦涩、太粗糙，让人无法下咽。

真正的世界无限广阔，一个充满希望与忧烦，刺激与兴奋的天地等待着那些有胆识的人，去冒各种风险，追求人生的真谛。

《圣女贞德》

▌作者简介 ▶

乔治·萧伯纳（1856—1950），英国现代杰出的现实主义戏剧作家。1925年因作品具有理想主义和人道主义而获诺贝尔文学奖。萧伯纳是西欧批判现实主义文学最杰出的代表之一，是现代英国最伟大的戏剧家和批评家，是18世纪以来英国最重要的散文作家，现代最优秀的戏剧评论家，音乐评论家，政治、经济、社会学等方面的卓越的演说家和论文作家。在他60多年的创作生涯中，除了5部长篇小说和大量评论文章外，一共创作了52个剧本。他的戏剧在世界范围内广泛传播，极具影响力。代表作品有《圣女贞德》《伤心之家》《巴巴拉少校》《皮革多利翁》等。同时，他还是积极的社会活动家和费边社会主义的宣传者。他支持妇女的权利，呼吁选举制度的根本变革，倡导收入平等，主张废除私有财产。萧伯纳的一生与社会主义运动联系密切。他认真研读过《资本论》，公开声言他"是一个普通的无产者"，"一个社会主义者"。他主张艺术应当反映迫切的社会问题，反对"为艺术而艺术"。其思想深受德国哲学家叔本华及尼采的影响，而他又读过马克思的著作，不过他却主张用渐进的方法改变资本主义制度，反对暴力革命。萧伯纳对中国的民族独立和抗日救亡运动一直给予密切的关注。1925年上海"五卅惨案"发生后，他曾联合各国著名人士发表宣言，严厉谴责英帝国主义的残暴行径，支持中国人民的反帝爱国运动。"九一八"事变以后，"国际反帝同盟"曾委托一批世界文化名人到中国访问，其中便有萧伯纳。同一年，瑞典文学院把诺贝尔文学奖授予了萧伯纳，获奖理由是："由于他那些充满理想主义及人情味的作品——它们那种激动型讽刺涵蕴着一种高度的诗意美。"1931年萧伯纳访问苏联，在莫斯科度过75岁寿辰。高尔基写信向他祝贺，称颂他是"勇敢的战士"。回国后，萧伯纳发表演说撰写文章，赞扬苏联人民的卓越成就，并多次公开声称未来的世界属于社会主义。

▎内容提要 ▶

　　《圣女贞德》写于1923年，是萧伯纳描写法国青年女爱国者贞德在英法百年战争中领导农民反抗英军被俘牺牲的一部悲剧，共分为六场历史剧，并附有尾声。前三幕写贞德获得统治者授权，抵抗英军的经历，第四幕写英法勾结，欲陷害贞德，第四幕写贞德为查理七世加冕后，欲一鼓作气，将英国侵略者赶出法国，而国王和大臣们则安于一时的和平，反对贞德的想法。第六幕写贞德被捕，受审，牺牲。最后的尾声写贞德被平反、封圣，所有罪人都受到审判。贞德是15世纪法国著名的民族英雄，在萧伯纳之前，也有不少作家如莎士比亚、

165

伏尔泰、席勒、马克·吐温写过以贞德为题材的作品。但他们在叙述贞德的事迹时，总是着重描绘浪漫的感情，强调超自然和神秘的一面。而在《圣女贞德》中，萧伯纳站在现实主义的文学视角上进行创作，以理性思维来塑造贞德的英雄形象并叙述她的英雄事迹，还原了历史上一个真实的贞德，贞德的形象并没有被过多地神化，她既有谋略、聪明、勇敢，又天真、鲁莽、固执，是一个有血有肉的人。《圣女贞德》被公认为是萧伯纳的最佳剧作之一，诺贝尔文学奖颁奖词认为这是"诗人创作的艺术最高峰"。

▌经典语录 ▶

你越是像个魔鬼，你就越能打仗。

只要能巩固信仰、制造信仰，那就是真正的奇迹。

草包穿得再漂亮，也还是草包。

如果我们再要假定下去，完全依赖上帝，来做我们自己应做的工作，我们一定失败，而且是应该的。

羔羊已经回到羊群，牧羊人对它感到欣喜，胜过对九十九位义人。

外面装饰很好的人，肚里都是空的。

上帝孤独正是他的力量所在，如果他听从你们这些谨小慎微的主意，他还算什么上帝？

4. 美 国 篇

《瓦尔登湖》

▌作者简介 ▶

亨利·戴维·梭罗（1817—1862），美国作家、哲学家，超验主义代表人物，也是一位废奴主义及自然主义者，有无政府主义倾向。他出生于马萨诸塞州康科德镇。1837 年哈佛大学毕业后他回到家乡以教书为业。1841 年转而从事写作，并在知名作家爱默生的支持下，开始了超验主义实践，撰写了大量随笔。1847 年，梭罗结束了离群索居的生活，回到原来的村落，仍然保持着自己简朴的生活风格，并将主要精力投入写作、讲课和观察当地的植物、动物。1862 年 5 月 6 日，梭罗因病去世，年仅 45 岁。梭罗才华横溢，勤奋著书，一生共创作了 20 多部一流的散文集。其代表作品有《瓦尔登湖》《康科德及梅里马克河畔一周》《缅因森林》《论公民的不服从义务》等。梭罗被称为自然随笔的创始者，其文简练有力，朴实自然，富有思想性，在美国 19 世纪散文中独树一帜。

内容提要 ▶

《瓦尔登湖》，又译为《湖滨散记》，出版于 1854 年，是梭罗以自身经历为题材写成的一部散文集，共由 18 篇散文组成，描绘了他在瓦尔登湖畔两年多的隐逸生活中的所见、所闻和所思。1845 年 7 月，28 岁的梭罗独自一人来到距离康科德两英里的瓦尔登湖畔，建造了一个小木屋住了下来。他在小木屋旁开荒种地，春种秋收，自给自足；同时享受着与大自然相互交融的生活，与湖水、森林和飞鸟对话，在林中观察动物和植物，在船上吹笛，在湖边钓鱼，晚上，在小木屋中记下自己的观察和思考。梭罗一直强调亲近自然、学习自然、热爱自然，追求"简单些，再简单些"的质朴生活，提倡短暂人生因思想丰盈而臻于完美。这些价值观在《瓦尔登湖》一书中得到了充分的体现。作品语言生动，内容丰厚，意义深远。他通过自己的生活实验，告诉世人不要因纷繁复杂的生活而失去了生活的方向和意义。他认为人们只有淳朴地生活，才能摒弃内心的焦虑，才能感受到内心的平静、轻松和愉悦。

167

　　我愿意深深地扎入生活，吮尽生活的骨髓，过得扎实、简单，把一切不属于生活的内容剔除得干净利落，把生活逼到绝处，用最基本的形式，简单，简单，再简单。

　　吹毛求疵的人即便在天堂也能挑出瑕疵。一个安心的人在哪都可以过自得其乐的生活，抱着振奋乐观的思想，如同居住在皇宫一般。

　　时间决定你会在生命中遇见谁，你的心决定你想要谁出现在你的生命里，而你的行为决定最后谁能留下。

　　知道自己知道什么，也知道自己不知道什么，这就是真正的知识。

　　所谓的听天由命，是一种得到证实的绝望。

　　一个人越是有许多事情能够放得下，他越是富有。

　　为什么一桶水放时间长了会变臭，而水冻成冰以后就能永远保持甘美呢？哲人说，这就如同情感和理智的区别。

　　爱情无药可医，唯有爱得更深。

　　一个人若能自信地向他梦想的方向行进，努力经营他所向往的生活，他是可以获得通常还意想不到的成功的。

　　智慧和纯洁来自努力，无知和纵欲来自懒惰。

《草叶集》

　　沃尔特·惠特曼（1819—1892），美国著名诗人、人文主义者、被誉为"美国现代诗歌之父"，其代表作品是诗集《草叶集》。惠特曼出生于长岛，曾在公立学校求学，任过乡村教师；童年时还当过信差，学过排字。后来在报馆工作，成为编辑。他喜欢游荡、冥想，喜欢大自然的美景；和船夫、领航员、马车夫、机械工、渔夫、杂工等结交朋友。但是他更喜欢城市和大街小巷，喜欢歌剧、舞蹈、演讲术，喜欢阅读荷马、希腊悲剧以及但丁、莎士比亚的作品。由于早年受到民主主义者托马斯·潘恩和爱默生的深远影响，他具有非常强烈的民主倾向以及空想社会主义思想。1839年起，他开始进行文学创作。1850年，开始在报纸上发表自由诗，表达自己对大自然的热爱和自由民主生活的赞颂。惠特曼的经历，令他一反当时美国文坛脱离生活的陈腐贵族倾向，不为附炎宗教与现行制度而创作，也不附庸于上流社会品茗赏画的琐碎风雅。他的诗作对大自然的神奇、伟大进行了极力的赞美，对处于社会下层的体力劳动者进行了歌颂，其中大部分都被收入了《草叶集》。

▎内容提要 ▶

《草叶集》是一部浪漫主义诗集，共收有诗歌300余首，诗集得名于集中的一句诗："哪里有土，哪里有水，哪里就长着草。"《草叶集》是惠特曼一生创作的总汇，也是美国诗歌史上一座灿烂的里程碑。在《草叶集》中，诗人站在激进资产阶级民主主义的立场上，通过"自我"感受和"自我"形象，热情歌颂了资本主义上升时期的美国这块"民主的大地"。这本书中的诗作包含了丰富而又深刻的思想内容，充分反映了19世纪中期美国的时代精神。作者在诗歌形式上有大胆的创新，创造了"自由体"的诗歌形式，打破了传统的诗歌格律，以断句作为韵律的基础，开创了美国民族诗歌的新时代。这种独树一帜的新诗体也极大地影响了欧美乃至世界诗坛。

169

▎经典语录 ▶

哪里有土，哪里有水，哪里就长着草。

我活着就是生活的主人而非奴隶，作为强大的征服者面对生活，不发怒，不厌倦，不抱怨，不冷嘲热讽。向天空、海洋和大地的壮丽法律证明我内心的灵魂岿然坚定，任何外来的事物休想支配我。

因寒冷而打战的人，最能体会到阳光的温暖。经历了人生烦恼的人，最懂得生命的可贵。

我无论生活在哪里，遇到任何意外都要保持自我平衡，面对黑夜，风暴，饥饿，嘲弄，事故，挫败，都要像树木和动物那样坚韧。

没有哪座为自由而牺牲者的坟墓不长出自由的种子，而种子又必然生出种子，春风带它们到远方播种，雨雪将滋养它们。

过去，未来，尊严，爱情——如果它们那里有没你，你也就没有它们。

我发现一边是一种平衡，相对的另一边也是一种平衡，宽容的教义和严格的教义同样提供可靠的帮助，现在的思想和行为促进我们觉醒并及早动身。

一旦无条件服从了，就完全受奴役了，一旦完全受奴役了，今后这个地球上就没有哪个民族、国家、城市能恢复它的自由。

我自己的骄傲的刺，刺痛着我和它刺痛别人一样狠。

所有时代都错选了他们奉承和奖赏的对象，还必须为了同样的大买卖付出同样无情的代价。

《百万英镑》

▌作者简介 ▶

马克·吐温（1835—1910），美国作家、演说家，真实姓名是萨缪尔·兰亨·克莱门。"马克·吐温"是他的笔名，原是密西西比河水手使用的表示在航道上所测水的深度的术语。马克·吐温一生写了大量作品，体裁涉及小说、剧本、散文、诗歌等各方面，最著名的是他的短篇小说，代表作品有小说《百万英镑》《竞选州长》等。马克·吐温的作品以幽默和讽刺的风格著称，既富于独特的个人机智与妙语，又不乏深刻的社会洞察与剖析，真实地描绘了 19 世纪末、20 世纪初美国的社会生活，深刻地揭露了资本主义社会的种种弊端，批判了不合理现象或人性的丑恶之处，表达了强烈的正义感和对普通人民的关心。他一生创作了几十部幽默作品，在美国文学史上占有很高的地位，为美国文学作出了卓越的贡献，对世界文学也有很大的影响，被尊称为"美国文学中的林肯"。

▌内容提要 ▶

《百万英镑》是马克·吐温最具代表性的短篇小说之一。故事讲述了一个穷困潦倒的美国小伙子亨利·亚当斯在伦敦的一次奇遇。亨利驾驶小帆船，因走得太远而漂入大海。后来，他被开往伦敦的双桅船救了上来，靠在船上以工作酬而勉强为生。到达伦敦后，亨利举目无亲，在用掉仅剩的一美元后，就陷入无衣无食的窘境中。伦敦的两位富翁兄弟打赌，把一张无法兑现的百万大钞借给亨利，看他在一个月内如何收场。一个月的期限到了，亨利不仅没有饿死或被捕，反倒成了富翁，并且赢得了一位漂亮小姐的芳心。作品用漫画笔法勾勒了不同人物在"百万英镑"面前的种种丑态，幽默滑稽，就如同一幅世态讽刺画，生动地表现了小市民的见闻，令人忍俊不禁。文章以其略带夸张的艺术手法再现大师小说中讽刺与幽默，揭露了20世纪初英国社会的拜金主义思想。

▌经典语录 ▶

不要放弃你的幻想。当幻想没有了以后，你还可以生存，但是你虽生犹死。

永远说实话，这样的话你就不用去记你曾经说过些什么。

在所有的动物当中，人

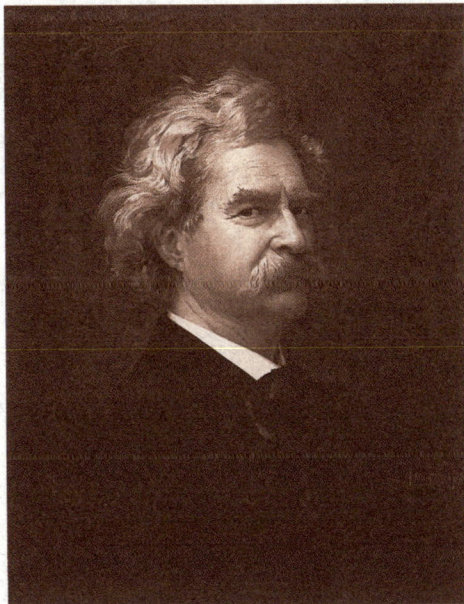

171

人文学科篇

类是最残酷的，是唯一将快乐制造在痛苦上的动物。

面对生死绝境，人性就彻底暴露在每个人的眼前。那种人吃人的血腥场景，赤裸裸地展示了人类动物性的一面，令人反思。

就算给人以蠢笨的印象也不要紧。这样的特质可使友谊维系终身——只要不向对方借钱。

《野性的呼唤》

作者简介 ▶

杰克·伦敦（1876—1916），原名约翰·格利菲斯·伦敦，美国现实主义作家。他一共写过19部长篇小说，150多篇短篇小说和故事，3部剧本等。主要作品有小说集《狼的儿子》，中篇小说《野性的呼唤》《热爱生命》《白牙》，长篇小说《海狼》《铁蹄》《马丁·伊登》等。杰克·伦敦出生于旧金山一个破产农民的家庭。因家境贫困，自幼从事体力劳动，当过童工、装卸工和水手等，后又在美国各地流浪。但他一直没有放弃通过各种途径看书以获取知识。1893年由于美国发生严重经济危机，杰克·伦敦以无业游民罪被捕。1897年他到阿拉斯加淘金，结果一粒金子也没淘到却得了坏血病。从此，他开始了文学创作生涯。早年坎坷的生活经历为他后来从事创作提供了丰富的源泉，从1900年起，他连续发表和出版了许多小说，讲述美国下层人民的生活故事，揭露资本主义社会的罪恶。他的作品大都带有浓厚的社会主义和个人主义色彩。杰克·伦敦的创作思想较为复杂，对许多影响当时社会历史的思想，他几乎是不加选择、照单全收，又由于受到当时社会历史大环境的影响，再加上他没有受到什么正规的系统教育，这就造成了他的思想信仰复杂并相互矛盾冲突。由此也导致了他的一些作品饱受争议，例如，他在《黄祸》《中国佬》《空前绝后的入侵》以及其他涉及中国海外移民题材的多篇作品中，不吝惜笔墨，污蔑中国人为"劣等民族"，是对欧美白人世界构成威胁的"黄祸"，必须对之实施"种族灭绝"；扬言"白人是一个伟大的种族，地球的一半和海洋的全部都是他们的世袭财产"等。

《野性的呼唤》（*The Call of the Wild*），又译作《荒野的呼唤》，是杰克·伦敦创作的中篇小说。作品讲述的一只名为巴克的狗的故事。巴克原本是米勒法官家的一只爱犬，经过了文明的教化，一直生活在美国南部加州一个温暖的山谷里。后被偷着拐卖到美国北部寒冷偏远、盛产黄金的阿拉斯加，成了一只拉雪橇的狗。残酷的现实触动了巴克向大自然回归的本能和意识。恶劣的生存环境锻炼了巴克，它在历练中不断成长，最终通过战胜狗王斯匹茨而赢得了拉雪橇狗群中的头把交椅。当残暴的淘金者哈尔将巴克打得遍体鳞伤、奄奄一息时，约翰·桑顿的解救让巴克感受到温暖并决定誓死效忠恩主，但恩主的遇害彻底打碎了巴克对于人类社会的留恋，从而促使巴克坚定决心，毅然走向荒野，回归自然。在小说中，巴克只是一只狗，但是作者运用拟人手法，拟人化了它以及它周围的环境，把巴克眼中的世界及人类的本质刻画得淋漓尽致，反映了资本主义社会冷酷的现实和"优胜劣汰，适者生存"的客观现实，也体现了作者渴望公正和平等的生活理想。

173

生活就是这样，没有公平的游戏法则，一旦倒下去，就是生命的终结。

生活的矛盾之处在于有一种境界标志着生命的顶峰甚至超越了生命。当一个人极度活跃彻底地忘掉自我的时候，这种境界便悄无声息地出现。

原始生活中不存在同情，否则，会被视为软弱，这会让你丧命。

杀人或者被杀，吃人或者被吃，这就是法则，永恒的法则。

插手傻瓜的事是很傻的，世界多两三个或少两三个傻瓜也不会有任何改变。

你不能光等着灵感，得拿着棍棒去追。

在机会还没有到之前，它知道它必须先使自己更强大，在这之前决不能轻举妄动或鲁莽行事。

《老人与海》

作者简介 ▶

厄尼斯特·海明威（1899—1961），美国小说家、诺贝尔文学奖获得者，美国"迷途一代"标杆人物。他开创的"冰山理论"和极简文风，深深影响了马尔克斯、塞林格等文学家的创作理念。他单脚站立写作，迫使自己保持紧张状态，用简短的文字表达思想。海明威在作品中塑造了一系列"硬汉"形象。他们多是拳击家、斗牛士、渔夫、猎人、战士等下层人物，生活贫困，屡受挫折，但他们始终保持旺盛的生命力和坚强的意志力，始终保持人的尊严和勇气。在他们身上，具有一种不屈不挠、坚定顽强，面对暴力和死亡而无所畏惧，身处逆境而不气馁的坚强性格。他是文坛硬汉，更是反法西斯斗士。西班牙内战期间，他3次以记者身份亲临前线，在炮火中写了剧本《第五纵队》，并创作了以美国人参加西班牙人民反法西斯战争为题材的长篇小说《丧钟为谁而鸣》（1940）。二战中，他在加勒比海上搜索德国潜艇，并与妻子来到中国报道日本侵华战争。战后客居古巴，潜心写作。1952年，《老人与海》问世，深受好评，翌年获普利策奖。1954年获诺贝尔文学奖。卡斯特罗掌权后，他离开古巴返美定居。因身上多处旧伤，百病缠身，精神忧郁，1961年7月2日用猎枪自杀，结束了自己传奇的一生。

《老人与海》是海明威于 1951 年在古巴写的一篇中篇小说，于 1952 年出版。作品围绕一位老年古巴渔夫，与一条巨大的马林鱼在离岸很远的湾流中搏斗而展开故事的讲述。风烛残年的老渔夫一连 84 天都没有钓到一条鱼，但他仍不肯认输，而是充满着奋斗的精神，终于在第 85 天钓到一条身长 18 尺，体重 1500 磅的大马林鱼。老人跟它缠斗了两天两夜，用鱼枪把它刺死；但在返回的途中遇到鲨鱼的袭击，缺乏帮手和工具的老人虽然杀了几条鲨鱼，但这条大马林鱼却被其他鲨鱼吃光了，等他进港时，大马林鱼只剩下一副骨头。这个看似悲剧的故事，实际上透露着勇敢、乐观的精神，鼓舞了人类的斗志。《老人与海》出版后引发巨大轰动，并奠定了海明威在世界文学史上的突出地位，这篇小说相继获得了 1953 年美国普利策奖和 1954 年诺贝尔文学奖。海明威获得诺贝尔文学奖时的评语为："由于他精湛的小说艺术——这在其《老人与海》中有充分表现——同时还由于他对当代文体的影响。"

经典语录 ▶

一个人并不是生来要被打败的，你尽可以把他消灭掉，可就是打不败他。

他的希望和信心从没消失过。现在可又像微风初起时那么清新了。

每天都是一个新的日子。走运当然是好的，不过我情愿做到分毫不差。这样，运气来的时候，你就有所准备了。

人不抱希望是很傻的。

现在不是去想缺少什么的时候，该想一想凭现有的东西你能做什么。

天地万物都在互相残杀，只不过方式不同罢了。

借钱是乞讨的开始。

一个人能够作出多大努力，能够坚持到什么程度。

运气这样东西，来起来的时候有许多不同的方式，谁能够认得出它呢?

太顺利太好的事总是长久不了。

5.德国篇

《少年维特之烦恼》

▌作者简介 ▶

约翰·沃尔夫冈·冯·歌德（1749—1832），德国著名思想家、作家、科学家，魏玛的古典主义最著名的代表，世界文学巨匠之一。歌德出生于美因河畔法兰克福的一个富裕的市民家庭，早年曾进入莱比锡大学和斯特拉斯堡大学学习法律，获得法学博士学位并从事律师工作。1773 年，他的戏剧《葛兹·冯·伯利欣根》问世后，蜚声德国文坛；1774 年他又发表了《少年维特之烦恼》，更使他名声大噪。1776 年开始为魏玛公国服务，1831 年完成《浮士德》，翌年在魏玛去世。歌德是最伟大的德国作家之一，也是世界文学领域的一个出类拔萃的光辉人物。其作品充满了狂飙突进运动的反叛精神，代表作品有剧本《葛兹·冯·伯里欣根》、中篇小说《少年维特之烦恼》、诗剧《浮士德》等。

除了文学方面的造诣之外，歌德在自然科学、博物学乃至绘画等方面都有较高的成就：他从事研究的有动植物形态学、解剖学、颜色学、光学、矿物学、地质学等，并在个别领域里取得了令人称道的成就；歌德还是一个政务活动家，做过魏玛公国的大臣，推行过一些进步政策；他还是一位有相当造诣的风景画家，从童年直到老年始终对绘画艺术怀着浓烈的兴趣，画作有 2700 多幅，这其中绝大多数是风景画，还包括他进行科学研究时所绘下的画图以及他对人体进行的临摹等。

▌内容提要 ▶

《少年维特之烦恼》是歌德早年最重要的作品。歌德创作这部小说时年仅 25 岁，它采用的书信体形式开创了德国小说史的先河。小说描写进步青年对当时鄙陋的德国社会的体验和感受，表现了作者对封建道德等级观念的反应及对个性解放的强烈要求：少年维特爱上了一个名叫绿蒂的姑娘，而姑娘已同他人订婚。爱情上的挫折使维特悲痛欲绝；之后他又因同封建社会格格不入，感到前途无望而悲愤自杀。维特是 18 世纪德国进步青年的典型象征。他才华出众，思维敏捷，热情奔放，渴望自由。他崇拜大自然，向往人的自然天性能够得到解放。但他的生活环境却是一个腐朽、顽固、庸俗、鄙陋的社会。维特与周围的环境格格不入，孤独而愁闷。当他看到贤淑、善良、漂亮的绿蒂时，立刻为之倾心，他把绿蒂看作是纯真质朴的人的自然本性的体现，便寄予全部的热情和无限的崇拜。然而绿蒂服从礼俗牺牲爱情，这使维特陷入了绝望的境地。维特的性格特别软弱，他憎恨周围暮气沉沉的现实，但只是停留在孤独的感伤和愤慨，最后以自杀了此一生。小说 1775 年出版时被认为是德国文学史上一件划时代的大事；它问世后很快译成英、法、意、西等 20 多种文字在世界各地发行，并在青年中间掀起了一股"维特热"，他们穿上维特式的蓝色燕尾服，黄色背心，讲着维特式的话，模仿维特的一举一动，极少数人甚至仿照维特的自杀方式，一枪结束自己的生命。这股热浪不但在德国流行一时，还波及英国、法国、荷兰和北欧诸国，在各个阶层都产生了巨大影响。

177

▌经典语录 ▶

世界上误解和懈怠也许比奸诈和恶意还要误事。

人都是一个模子里造出来的，多数人为了谋生，大部分的时光都用来干活，剩余的一点空闲时光却令他们犯愁，非要挖空心思，想办法把它打发掉，唉，人就是这样的命。

他欣赏我的智力与才干，却不懂我的心，殊不知我的心是我唯一的骄傲，唯独它是一切的源泉，一切力量，一切福祉，一切不幸的源泉。唉，我能有的知识，人人都能有；而我的心则唯我独有。

我只不过是个漂泊者，尘世间的匆匆过客。难道你们就不是吗？

那些认为必须疏远所谓贱民以保持高贵的人，恰恰可以被斥为懦夫，因为他害怕被击倒而躲避敌人。

去勾引这个灵魂脱离本源，带他一同走你的路线，将来你总要承认感到羞耻，善人虽受模糊的冲动驱使，总会意识到正确的道路。

我们是自己的魔鬼，我们将自己逐出我们的天堂。

哪个少年不多情，哪个少女不怀春？

人总归是人，当一个人激情澎湃，而又受到人性局限的逼迫时，他即使有那么点理性也很少能起作用或者根本不起作用。

人若丧失了自我，便丧失了一切。

《浮士德》

内容提要 ▶

《浮士德》是一部诗体悲剧，为歌德代表作。它根据 16 世纪一个民间传说创作而成，主人公浮士德为了寻求新生活，和魔鬼靡非斯特签约，把自己的灵魂抵押给魔鬼，而魔鬼要满足浮士德的一切要求。在经历了爱欲、欢乐、痛苦、神游等各个阶段和变化后，在生命的最后时刻，在与大自然的斗争中，浮士德终于领悟到了人生的真谛，那就是自强不息。作品通过描写主人公一生探求真理的痛苦经历，反映从文艺复兴到 19 世纪初整个欧洲的历史，揭示了光明与黑暗，进步与落后，科学与迷信两种势力的不断斗争；同时也表达了作者本人对人类未来的远大而美好的理想。整部作品由一系列叙事诗、抒情诗、戏剧、歌剧以及舞剧组成，涉及神学、神话学、哲学、科学、美学、文学、音乐以及政治经济学，在文学史上被称为人类精神进化的百科全书，与荷马的史诗、但丁的《神曲》、莎士比亚的《哈姆雷特》并列，同为欧洲的四大名著。

▍经典语录 ▶

就算要出卖灵魂，也要找个付得起价钱的人。

黑暗孕育了光明，而光明却背离黑暗，诅咒黑暗。

今天做不成的，明天也不会做好。一天也不能虚度，要下决心把可能的事情，一把抓住而紧紧抱住，有决心就不会任其逃去，而且必然要贯彻实行。

自由与命运只垂青每天努力的人。

外貌只能徒耀一时，真美方能百世不殒。

浅者会识其浅，深者会识其深。

要放浪游戏，年纪未免太老，要心如死灰，年纪未免太轻。

有的时候，有一些话告诉一个与自己完全两个世界的人，会感觉格外安全。只有把那些苦痛告诉比自己还悲惨的人，我们才会心安理得。说到底，我们都还是自私懦弱的动物。

理论都是灰色的，唯有生命之树常青。

人有两只手，一只用来夺走，一只用来给予。

179

《阴谋与爱情》

▍作者简介 ▶

弗里德里希·席勒（1759—1805），德国 18 世纪著名诗人、哲学家、历史学家和剧作家，德国启蒙文学的代表人物之一，也是德国文学史上著名的"狂飙突进运动"的代表人物，被公认为德国文学史上地位仅次于歌德的伟大作家。他出生于德国符腾堡的小城马尔巴赫的贫穷市民家庭，童年时代就对诗歌、戏剧有浓厚的兴趣。1768年入拉丁语学校学习，但1773年被公爵强制选入他所创办的军事学校，接受严格的军事教育。诗人舒巴特曾称这座军事学校是"奴隶养成所"。在军事学校上学期间，席勒结识了心理学教师阿尔贝，并在他的影响下接触到了莎士比亚、卢梭、歌德等人的作品，由此坚定地走上文学创作的道路，并从1776年陆续开始发表文学作品，22岁时就因为自己的第一部剧作品《海盗》而名声大噪，被誉为"德国的莎士比亚"。席勒的一生之中写出了大量的作品，其中多数是文学作品，主要代表作品有剧作《强盗》《阴谋与爱情》《唐·卡洛斯》《华伦斯坦》三部曲等，诗作《欢乐颂》《诗歌的力量》《理想》《理想和生活》等。其中，席勒1785年所作的《欢乐颂》歌颂了人类伟大的友谊与团结友爱，由于贝多芬选用本诗的一部分诗节作为他的第九交响曲的歌词，此首名诗名扬世界。席勒还是一位出色的哲学家，在法国大革命时期，席勒发表了哲学方面的美学专著《论人的审美教育》，论述了他的美学思想。

内容提要 ▶

《阴谋与爱情》是席勒青年时代创作的高峰，它与歌德的《少年维特之烦恼》同是狂飙突进运动最杰出的成果。作品主要讲述的是平民琴师的女儿露伊丝和宰相的儿子斐迪南的悲剧爱情故事。露伊丝和斐迪南深深相爱，然而，这段爱情在等级森严的社会和钩心斗角的宫廷阴谋下，最终以二人死去的悲剧告终。这部戏剧结构紧凑，情节生动，冲突激烈，揭露了社会的不平等以及宫廷内部争权夺利的种种阴谋与恶行，反映了18世纪德国社会宫廷贵族阶级和小市民阶级的尖锐冲突。《阴谋与爱情》的发表和上演在席勒的文学事业之中，有着鼎盛时期的标志意义。在这部作品中，席勒明显地将目光投向了市民社会，即平常人的生活情境，剧本关注的是市民生活与政治运作的结合点。正如席勒自己所定义的，此剧乃"市民悲剧"，其要反映的，正是作者自己身处的德国社会。

经典语录 ▶

我们的心灵一旦受到过度惊吓，眼睛便会在任何一个墙旮旯儿看见魔鬼。

高傲、威严的太阳是不会惩罚蚊虫的，如果它仅仅是在太阳光中获取温暖。

强迫经常使热恋的人更加铁心，而从来不能叫他们回心转意。

只有占有过的东西才可能失掉。

使别人不幸已经够可怕，而更可怕的是还得去向他们宣布——对他们唱猫头鹰的不祥之歌，站在一旁看着他们的心在命运的矛尖上战栗不止，鲜血淋漓。

当朝霞和朝霞聚在了一起，有什么好奇怪的呢？

昆虫在一滴水里会感到像在天国一般地快乐幸福；但一旦人们告诉它存在大海，大海里有船队在航行，有鲸群在嬉戏，它的那点快乐幸福便完了！

只有良心的蛀虫才迷恋猫头鹰，罪孽和鬼魅都害怕光明。

爱情比心肠狠毒更狡猾和大胆。

被激怒的爱情不像你手中的玩偶，不会乖乖听任摆布！

《新诗集》

181

作者简介 ▶

海因里希·海涅（1797—1856），德国著名抒情诗人、散文家，被称为"德国古典文学的最后一位代表"。海涅生于德国莱茵河畔杜塞尔多夫一个犹太人家庭。童年和少年时期经历了拿破仑战争。拿破仑对德国封建制度进行的一些民主改革使备受歧视的犹太人的社会地

人文学科篇

位得到了较全面改善，因此海涅从童年起就接受了法国资产阶级革命思想的影响。1819—1824 年海涅先后在波恩大学、哥廷根大学、柏林大学学法律和哲学并从事创作。1821 年开始发表诗作，以 4 卷《游记》和《诗歌集》而闻名文坛。1825 年为取得德国公民权而皈依基督教，但因此疏远了自己的犹太民族。而他的革命思想又使他在德国无法找到工作。1830 年革命后自愿流亡巴黎，从诗歌写作转向政治活动，成为国家民主运动的领导人，同时对法国和德国文化有许多评述。海涅主要的代表作品有《诗歌集》《新诗集》《罗曼采曲》，长诗《德国——一个冬天的童话》，诗歌《西里西亚织工》，文艺评论《论浪漫派》等。在德国文学史上，海涅以创作诗歌、散文和游记著称。他创作的诗歌，包括了叙事诗、政治时事诗、抒情诗以及长诗等多方面；他的诗歌，无论从立意、遣词，还是从表现技巧方面讲，都有独特的风格；他的散文创作题材广泛，语调诙谐，其中亦不乏生动细腻的个性及景物描写，也是独树一帜。

▎内容提要 ▶

　　《新诗集》出版于 1844 年，最初跟长诗《德国——一个冬天的童话》合成一册，至 1852 年出第三版时，才改成单独的诗集。其中收录的约为海涅 1823 年以后 20 年间的作品，共分《新春曲》《群芳杂咏》《罗曼采曲》《时事诗》这四部分。第一部分《新春曲》约于 1830 年秋作于德国，原为应作曲家梅特费塞尔的索稿要求而写成以供作曲之用的。在内容和风格上，虽跟《诗歌集》接近，但以前那种失恋的痛苦和嘲笑、挖苦的反语，都用比较温和的调子代替了，而且也没有统一的某种感情和事件的发展，又没有固定的女性对象，所以内容也就较为复杂。第二部分《群芳杂咏》原文意为各个不同的女性。诗中歌咏的对象多为巴黎风月场中的女人。内容不再是爱情的痛苦，而是寻求爱情的欢乐、灵与肉的一致，显示了圣西门主义的影响。第三部分《罗曼采曲》的诗作虽冠以《罗曼采曲》

的总题，但其中有些诗并不属于罗曼采诗体，而是道地的抒情诗和讽刺诗。第四部分《时事诗》是本集中最重要的作品，几乎均为充满战斗精神的政治诗，通过优美的诗歌形式，显示出政治和文学的高度的一致，同时也显示出海涅的杰出的讽刺才能。在诗中，海涅把他的矛头指向形形色色的反动分子、封建势力，特别是普鲁士的统治者。因此《新诗集》一出版，普鲁士政府就慌忙下令禁止，而且下令：如果海涅一旦进入普鲁士国境，就将他立即逮捕，可见其作品影响之巨大。

▌经典语录 ▶

我从不曾祈求你的爱，我只渴望安安静静地生活，在轻拂着你的呼吸的所在。

这真是颠倒的人世，我们走路头踏地！猎人们一打一打地被山鹬鸟儿射死。小牛现在烹着庖丁，驽马骑着人背而行；天主教的枭鸟为了教育自由和光明的正义而斗争。

大自然是否也在堕落，染上了人类的污点？我觉得，动物和植物，也像人一样会说谎言。

我也怀疑，夜莺的歌唱，是否出于真正的感情；我想，它不过是例行公事，发出过分的啜泣和颤音。

君王有长的臂膊，教士有长的舌头，而民众有长的耳朵！

你非常热情，你有勇气——这也是好事！可是决不能拿宝贵的热情代替沉着冷静。

你若要金钱荣名，你必须俯首听命。

太阳天生的权利，它照着主人，也照着奴隶。

每个民族都有不同的嗜好，每个民族都有它的伟大之处。

言辞是一种拙劣的东西：只要它一吐出口，美丽的蝴蝶就翩翩飞逝。

183

6.其 他

《荷马史诗》

作者简介

　　荷马，古希腊盲诗人。生平和生卒年月不可考。相传古希腊长篇叙事史诗《伊利亚特》和《奥德赛》即是他根据民间流传的短歌综合编写而成。据此，他生活的年代，当在公元前10—前8世纪之间。关于"荷马"这个名字，西方学者们也有过不少考证：有人说这个词是"人质"的意思，就是说荷马大概本是俘虏出身；也有人说这个名字含有"组合在一起"的意思，就是说荷马这个名字是附会出来的，因为史诗原来是许多散篇传说组合而成。实际上这些都是猜测。古代传说又说荷马是个盲乐师。目前没有确切证据证明荷马的存在或不存在，所以也有人认为他是传说中被构造出来的人物。而关于《荷马史诗》，大多数学者认为是当时经过几个世纪口头流传的诗作的结晶。

内容提要

　　《荷马史诗》是两部长篇史诗《伊利亚特》和《奥德赛》的统称。两部史诗都分成24卷。《伊利亚特》和《奥德赛》处理的主题分别是在特洛伊战争中，阿喀琉斯与阿伽门农间的争端，以及特洛伊沦陷后，奥德修斯返回伊萨卡岛上的王国，与妻子珀涅罗珀团聚的故事。《荷马史诗》以扬抑格六音部写成，集古希腊口述文学之大成，是早期英雄时代的大幅全景，也是艺术上的绝妙之作。它以整个希腊及其四周的汪洋大海为主要情节的背景，充分展现了自由主义的情景，并为日后希腊人的道德观念，进而为整个西方社会的道德观念，立下了典范。

> ## 经典语录 ▶

决定问题，需要智慧，贯彻执行时则需要耐心。

漫长的休息，痛苦有如痼疾。

人体是最神圣的东西。

以身作则对好人来说是固然是绝伦的大好事；但对坏人来说，它的害处是无以复加的

劳动是人类的命运。

追逐影子的人，自己就是影子。

智慧的标志是审时度势之后再择机行事。

温和的谈吐源于仁慈的人心。

《神　曲》

作者简介 ▶

但丁·阿利基耶里（1265—1321），13世纪末意大利诗人，现代意大利语的奠基者，欧洲文艺复兴时代的开拓人物之一，代表作有《神曲》《新生》《论俗语》《飨宴》《诗集》等。但丁出生在意大利佛罗伦萨一个没落的贵族家庭，早年曾师从著名学者布鲁内托·拉蒂尼，系统学习拉丁文、修辞学、诗学和古典文学，对罗马大诗人维吉尔推崇备至。在绘画、音乐领域，但丁也造诣不凡。此外，但丁精心研究神学和哲学，古代教父圣·奥古斯丁的思想对他影响尤深。37岁时，但丁在党派斗争中被流放，从此再也没有回到佛罗伦萨，后来客死异乡，在意大利东北部拉文那去世。他一生著作颇丰，被认为是中古时期意大利文艺复兴中最伟大的诗人，也是西方最杰出的诗人之一，最伟大的作家之一。恩格斯评价说："封建的中世纪的终结和现代资本主义纪元的开端，是以一位大人物为标志的，这位人物就是意

185

大利人但丁，他是中世纪的最后一位诗人，同时又是新时代的最初一位诗人"。

《神曲》是但丁于流放期间历时 14 年完成的长篇诗作，原名《喜剧》，薄伽丘在《但丁传》中为了表示对诗人的崇敬，给这部作品冠以"神圣的"称谓。后来的版本便以《神圣的喜剧》为书名。中译本通称《神曲》。神曲分为三部分：地狱篇、炼狱篇和天国篇三部曲的每部各有 33 章，加上作为全书序曲的第一章，共 100 章。但丁以第一人称记述自己 35 岁时（人生的中途）误入一座黑暗的森林（象征罪恶），在一座小山脚下，有三只猛兽拦住去路。他在呼救时出现了古罗马诗人维吉尔的灵魂，对他说："你不能战胜这三只野兽，我指示你另一条路径。"于是带领他穿过地狱、炼狱，然后把他交给当年但丁单相思暗恋的情人贝阿特丽切的灵魂，带他游历天堂，一直到见到上帝。作品通过作者与地狱、炼狱及天堂中各种著名人物的对话，反映出中古文化领域的成就和一些重大的问题，带有"百科全书"性质，从中也可隐约窥见文艺复兴时期人文主义思想的曙光。在这部长达 14000 余行的史诗中，但丁坚决反对中世纪的蒙昧主义，抨击了旧世纪人物的种种恶行，歌颂了灵魂的美好与光明的引导，表达了执着地追求真理的思想；歌颂现世生活的意义，认为现世生活自有本身的价值；赞颂理性和自由意志，召唤对现世和斗争的兴趣，这种以人为本，重视现实生活价值的观念，同中世纪一切归于神的思想，同宗教神学宣扬的来世主义，都是针锋相对的。这些思想无一不反映出意大利从中世纪向近代过渡的转折时期的现实生活和各个领域发生的社会、政治变革，透露了新时代的新思想——人文主义的曙光。

走自己的路，让别人说去吧。

嫉妒、贪婪、骄横，正是燃烧人们心灵的三个火星。

恐惧，它使人们在正大的事情前面望而却步，好比胆怯的野兽，听见风声就吓得逃走一样。

地狱中最黑暗的地方是为那些在道德危机时刻皂白不辨的人准备的。

一个人若让一个思想接着另一个思想不断产生，就总会使目标远离自身，因为一个思想总要冲淡另一个思想的激情。

愤怒的人永远得不到救赎，他们只能诅咒，喊叫，在无尽的深渊里咆哮、咆哮……

仓促的意见会使人走向错误。

切莫因为看见一个人在偷窃，另一个人在献祭，便以为看到他们已命定于神的旨意；因为前者可能会升天，后者则可能会落地。

一个人只要因为耽溺于不能持久的东西，而把那种正直率真的爱永远舍弃，就要受痛苦煎熬，那也是天经地义。

《十日谈》

作者简介

乔万尼·薄伽丘（1313—1375），意大利文艺复兴运动的杰出代表，人文主义杰出作家。与诗人但丁、彼特拉克并称为佛罗伦萨文学"三杰"。其代表作《十日谈》是欧洲文学史上第一部现实主义作品。它批判宗教守旧思想，主张"幸福在人间"，被视为文艺复兴的宣言。薄伽丘青年时代曾学习法律，后与那不勒斯王罗伯特宫廷的王公贵族和人文主义者多有接触，并潜心研读古代文化典籍。他翻译了荷马的作品，在搜集、翻译和注释古代典籍上作出了重要贡献。晚年，他致力于《神曲》的诠释和讲解，曾主持佛罗伦萨大学《神曲》讨论。主要作品除《十日谈》外，还有传奇、史诗、叙事诗、十四行诗、短篇故事集和论文等。薄伽丘在他的理论著述中，批判教会

187

对诗歌的诋毁，提出"诗歌即神学"的观点；要求诗人从古希腊古罗马文化中汲取营养，并讲求虚构、想象，对欧洲的文学发展有着深远的影响。

内容提要 ▶

《十日谈》是薄伽丘最重要的作品，写于1349—1353年间，历时5年之久。作品讲的是1348年佛罗伦萨瘟疫流行时，10名原本就相识的青年男女在一所别墅避难，他们带了几个仆人、使女和必需物品来到佛罗伦萨城外穆尼昂河畔的一座别墅，游玩宴乐，消磨时光，每人每天讲一个故事，10人讲完故事后，由一人唱歌作为结束。10天里他们一共讲了100个故事，唱了10首诗歌。其中许多故事取材于历史事件和中世纪传说。除了第一天和第九天没有统一命题外，8天的故事分别在一个主题下展开，形成浑然一体的框架结构。故事来源广泛，取材于历史事件、中世纪传说、东方民间故事、传奇轶闻和街谈巷议，兼收并蓄，熔古典文学和民间文学的特点于一炉。100个故事塑造了大量人物，有王公贵族、骑士僧侣，也有贩夫走卒、市井平民，三教九流，五行八作，不同阶层、不同职业的角色都具有鲜明的性格特征，用现实主义手法描绘出了一幅广阔的生活画卷。《十日谈》里的人物林林总总，情节多姿多彩，但贯穿全书的是作为文艺复兴时期文学核心的人文主义思想。薄伽丘在《十日谈》中抨击教会的腐朽，谴责禁欲主义，歌颂现实生活，张扬人的个性，肯定人的价值和尊严，赞美爱情是才智和美好情操的源泉，对封建贵族的堕落和天主教会的荒淫无耻做了有力的讽刺。也正因为如此，《十日谈》和但丁的《神曲》并列，被称为"人曲"。

经典语录 ▶

我们明理懂事就是快乐的泉源。

一个人嘲弄别人，往往自取其辱，尤其是理应尊敬的事物，你也拿来跟人开玩笑，那难免还要自讨苦吃。

悲惨和痛苦的遭遇，是那循环不已的命运所显示给人生的一个面貌，但是我们往往会受了好运的谄媚而遗忘了那黑暗的一面，所以当我们听到一个悲惨的故事，就有一种从迷梦中惊醒过来似的感觉。

我们所追求的欲望，没有一种能够确实使我们得到快乐，而不受命运的拨弄。

驴子撞墙越重，自己也就越痛，人们进行报复时没有必要穷凶极恶，只需点到为止，出口气就可以了。

世间万物，原都是匆促短暂、生死无常，而且还要忍受身心方面的种种困厄、苦恼，遭受无穷的灾祸；我们人类寄迹在天地万物中间，而且就是这万物中间的一分子，实在柔弱无能，既无抵御外界的侵凌，也忍受不了重重折磨。

命运往往让品德高尚的人从事卑贱的行业，而造化也常常在丑陋的相貌下面隐藏非凡的才能。

世上只有"穷苦"才不会招人妒忌。

世上有些聪明人，仗着自己精明懂事，就以为别人一无所知，因此存心要愚弄别人，结果往往反而落得自己上了当。

在许多羽毛洁白的鸽子中间，一只漆黑的乌鸦比一头雪白天鹅更能衬托出鸽子的美丽。

《歌 集》

189

▌作者简介 ▶

弗兰齐斯科·彼特拉克（1304—1374），意大利学者、诗人，文艺复兴第一个人文主义者，被誉为"文艺复兴之父"。他以其十四行诗著称于世，为欧洲抒情诗的发展开辟了道路，后世人尊他为"诗圣"，与但丁、薄伽丘齐名，文学史上称他们为"三颗巨星"。代表作品有抒情诗集《歌集》、拉丁语散文作品《秘密》、叙事史诗《阿非利加》、历史著作《名人列传》等。彼特拉克出身于佛罗伦萨的名门望族，父亲是著名的法律公证人。彼特拉克少年时期遵从父亲的意愿到法国的蒙特波利大学和意大利的波伦那大学学习法律。但刻板的法律条文始终未能引起他的兴趣，因此在1326年父亲去世后，便放弃法律，专心从事文学创作活动。同年，返回阿维农，进入宗教界，成为一名教士。在教廷供职期间，彼特拉克的生活比较清闲、安逸，有较充裕的时间读书和写诗，为其后来扬名诗坛奠定了坚实的基础。彼特拉克是文艺复兴时期用人文主义观点研究古典文化的最早代表。他广泛搜集希腊、罗马的古籍抄本，并且敢于突破中世纪的神学观念，用新时代的眼光，把人和现实生活放在中心位置，诠释古典著作。他对古典文化的研究，对欧洲文艺复兴运动和本人的创作，都发生了影响。彼特拉克用拉丁语写了许多诗歌、散文。这些作品歌颂人的高贵和智慧，宣传人可以追求尘世幸福，享受荣誉的权利，并向中世纪宣扬的神权说和禁欲主义提出挑战。他还认为，人的高贵并不决定于出身，而是决定于人的行为。彼特拉克是处于新旧时代交替时期的人物，因此表现出很大的时代和阶级的局限性。他鞭挞教廷的虚伪，但又长期在教廷担任要职；大胆追求爱情和幸福，但有时又认为这是邪恶；热爱祖国和人民，但又轻视和脱离群众；主张人类之爱，但又有浓厚的个人主义色彩。这些都体现出早期资产阶级人文主义者的特征。

内容提要 ▶

《歌集》是彼特拉克用意大利文写成的366首抒情诗，多是即兴而作的诗体日记，其中十四行诗317首，抒情诗29首，六行诗9首，叙事诗7首，短诗4首。全部诗集分上下两部分：《圣母劳拉之生》和《圣母劳拉之死》。《歌集》主要歌咏他对女友劳拉的爱情，也包括少量政治抒情诗，诗中赞颂祖国，号召和平与统一，揭露教会的腐化。《歌集》中的爱情诗冲破了禁欲主义的藩篱，一扫中世纪诗歌中隐晦寓意、神秘象征的兵法，直接描写现实生活中的人。作者以丰富多彩的色调，细致入微的笔触，描绘劳拉的形体之美，刻画自己复杂的思想感情和内心活动。这些诗篇大胆歌颂爱情，表达对幸福的渴望，反映出人文主义者蔑视中世纪道德，热爱生活的世界观。同时，作品也反映出诗人内心的矛盾：热爱生活和自然，渴望人间的幸福，追求爱情和荣誉，但不能和宗教传统及禁欲主义思想决裂；有爱国热情和民族意识，而又脱离人民，轻视群众。这些矛盾正是从中古过渡到新时代的人文主义者的矛盾。在《歌集》里，彼特拉克继承了传统的十四行诗形式，使它达到了更完美的境地，对以后的欧洲诗歌产生了巨大而持久的影响。

经典语录

爱神悄悄拉开弓箭，好像猎人瞄准目标，等待着恰如其分的时间和地点。

世人要达到万事如意、功德圆满，道路上却布满了荆棘、坎坷和险阻。

一堆火焰不会被另一堆火焰熄灭火魂，河流也不会被滂沱大雨吸干水分，相同的物质相加不会减少数量，对立的双方往往使对方抖擞了精神。

欲望如同一把双刃剑，快速地奔跑将会接近目标，而付出的激情和冲动也会减去它的活力与亢奋。

爱神和变化不定的命运，从来不会赏赐奢望过多的人们以过多的福气与幸运。

如同在暴风骤雨的天涯海角，疲惫的水手在夜间抬头看见了星辰闪烁，那是在北方的天穹上永远不落的大熊星和小熊星的星座，在爱情的暴风骤雨里，那双闪光的美目，就是我的北斗星，我唯一的安慰和寄托。

可怜的灵魂，你经历了众多的磨难，应当知道时间不能倒退和逆转，也不能止步不前，永远停留在一个地方。

一切生命都在走向死亡，每一个灵魂都应该在生与死的人生渡口上卓尔不群。

如果你想在离开人世之前，心灵之中有一方纯洁之土，那就效仿崇高，远离奸佞。

美德一旦拿起武器向野蛮宣战，胜利的日子就不再遥远。

《堂吉诃德》

作者简介 ▶

塞万提斯（1547—1616），文艺复兴时期西班牙现实主义作家、小说家、剧作家、诗人，被誉为是西班牙文学世界里最伟大的作家、"西班牙的莎士比亚"。代表作有长篇小说《加拉黛亚》《堂吉诃德》《贝雪莱斯和西吉斯蒙达历险记》和短篇小说集《警世典范小说集》。他出身贫困，仅接受过中学教育，从童年开始一直过着颠沛流离的生活。在他所生活的时代，西班牙的社会、政治、思想和宗教等各方面都极其动荡。塞万提斯年轻时热衷冒险，曾因参加著名的勒班多大海战多处负伤而被截去了左手，因此他有了"勒班多的独臂人"之称。他也曾被土耳其海盗掳为奴隶，在数年的奴隶生活中组织了多次以失败而告终的逃跑，直到 34 岁才被亲友赎回。回国后的塞万提斯一面写一些养活妻儿的没有任何反响的作品，一面在政府里当低级小职员。其间他还因为不能缴上该收的税款或受人冤枉不止一次被捕下狱。塞万提斯 50 余岁开始了《堂吉诃德》的写作，传说其中的一部分就在监狱中写成。1605 年《堂吉诃德》第一部出版，立即风行全国，此后虽然《堂吉诃德》被一版再版，但塞万提斯的经济状况却并无太多改善。1616 年他在贫病交加中去世。参加他葬礼的除了他妻子，什么人也没有，其坟茔墓碑也一直不为人所知。直到他逝世 200 多年以后，即 1835 年，马德里才为其建立了一座纪念碑。2015 年 3 月 17

日，西班牙专家宣布在马德里市中心的圣三一修道院找到了塞万提斯的遗骸，随后西班牙政府宣布要将其重新厚葬。

内容提要

　　《堂吉诃德》是塞万提斯最著名的代表作。作品讲述了主人公堂吉诃德因沉迷于骑士小说，决定外出历险，做一名行侠仗义的骑士。他找来同村的农民桑丘·潘沙做他的侍从，把邻村的一位农家女儿杜尔希尼亚作为他的意中人。他三次外出历险，做了许多可笑之事。最后他被化装成白月骑士的朋友打败，放弃行侠游历，回家不久后病倒。临死前，他醒悟到自己迷信骑士小说之过。小说以喜剧的手法深刻地揭示了人们自身存在的理想与现实的矛盾，通过堂吉诃德这一滑稽可笑，可爱可悲的人物形象，反映了西班牙当时的社会矛盾和人民追求变革的愿望。此外，小说描绘了16世纪末、17世纪初，西班牙社会广阔的生活画面，揭露了封建统治的黑暗和腐朽，具有鲜明的人文主义倾向，表现了强烈的人道主义精神。《堂吉诃德》是文学史上的第一部现代小说，同时也是世界文学的瑰宝之一，具有极高的国际声望和影响力。小说几乎被译成各种文字，广泛流传于世，甚至被称为"人类历史上最伟大的作品"。堂吉诃德的名字也已经变成一个具有特定意义的名词，成了脱离实际、热忱幻想、主观主义、迂腐顽固、落后于历史进程的同义语。

经典语录

193

　　命运像水车的轮子一样旋转着，昨天还高高在上的人，今天却屈居人下。

　　恋爱是戴着眼镜看东西的，会把黄铜看成金子，贫穷看成富有，眼睛里的斑点看成珍珠。

　　名誉和美德是灵魂的装饰，要没有它，那肉体虽然真美，也不应该认为美。

勤勉乃好运之母。

历史孕育了真理，它能和时间抗衡，把遗闻旧事保藏下来。它是往昔的迹象，当代的鉴戒，后世的教训。

安逸、享受和休养是为怯懦的人们准备的。

没有时间磨不掉的记忆，没有死亡治不愈的伤痛。

自由是天赐的无价之宝，地下和海地所埋葬的一切财富都比不上。

我还年轻，只要活着，一切都会有希望。

一切罪恶都带着些莫名其妙的快乐，可是嫉妒只包含厌恨和怨毒。

《吉檀迦利》

▌作者简介 ▶

拉宾德拉纳特·泰戈尔（1861—1941），印度诗人、文学家、社会活动家、哲学家和印度民族主义者，代表作有《吉檀迦利》《飞鸟集》《眼中沙》《四个人》《家庭与世界》《园丁集》《新月集》《最后的诗篇》《戈拉》《文明的危机》等。泰戈尔出生于印度加尔各答一个富有的贵族家庭，从小就接受了良好的教育，13 岁即能创作长诗和颂歌体诗集。1878 年赴英国留学，1880 年回国专门从事文学活动。1884—1911 年担任梵社秘书，20 世纪 20 年代创办国际大学。1913 年，他以《吉檀迦利》成为第一位获得诺贝尔文学奖的亚洲人。

泰戈尔的创作多取材于印度现实生活，反映出印度人民在殖民主义、封建制度、愚昧落后思想的重重压迫下的悲惨命运，描绘出在新思想的冲击下印度社会的变化及新一代的觉醒以及要求改变自己命运的强烈愿望，描写了他们不屈不挠的反抗斗争，同时也记载着他个人的精神探索历程，并表达了强烈的爱国主义思想。他的诗中含有深刻的宗教和哲学的见解，泰戈尔的诗在印度享有史诗的地位，印度人民尊崇他、热爱他，称他为诗圣、印度的良心和印度的灵魂。泰戈尔在国际上也享有盛誉，他与黎巴嫩诗人纪·哈·纪伯伦齐名，并称为"站在东西方文化桥梁的两位巨人"。1924 年泰戈尔曾来过中国，回国后，撰写了许多文章，表达了对中国人民的友好情谊。1937 年，日本帝国主义发动侵华战争以后，他屡次发表公开

泰戈尔像（徐悲鸿作）

信、谈话和诗篇，斥责日本帝国主义，同情和支持中国人民的正义斗争。中国作家郭沫若、郑振铎、冰心、徐志摩等人早期的创作，大多受过他的影响。

　　泰戈尔不仅是一位造诣很深的作家、诗人，还是一位颇有成就的作曲家和画家。他一生共创作了 2000 余首激动人心、优美动听的歌曲。其中，他在印度民族解放运动高涨时期创作的不少热情洋溢的爱国歌曲，成了鼓舞印度人民同殖民主义统治进行斗争的有力武器。《人民的意志》这首歌，于 1950 年被定为印度国歌。泰戈尔在 70 岁高龄时学习作画，绘制的 1500 帧画，曾作为艺术珍品在世界许多有名的地方展出。

195

▎内容提要 ▶

　　《吉檀迦利》是一部宗教抒情诗集，是由泰戈尔本人用英文从孟加拉语诗作《吉檀迦利》《渡船》《奉献集》里选择部分诗作而成，共103 首，单看均可独立成篇。"吉檀迦利"是孟加拉语"献歌"的译音。

诗集的大部分诗歌，以向大神献歌的形式，表达了炽热的爱国情怀和对祖国自由独立精神的憧憬，阐述了诗人的喜怒哀乐，描绘了诗人向往的理想王国。诗人采用多种艺术手法，以丰富的想象力，营构了众多神气的意境，给人以无穷的美的享受。第1—7首为序曲，说明作歌缘由，表现神与人的亲密关系。表现诗人对人神结合境界的向往和追求，第8—35首为第一乐章，主题是对神的思念与渴慕。第36—56首为第二乐章，主题是与神的会见。第57—85首为第三乐章，主题是欢乐颂，歌颂神给世界带来的欢乐和光明。第86—100首是第四乐章，主题是死亡颂。诗人渴望通过死亡获得永生，真正达到人与神合一的境界。最后3首是尾声，概括诗集的内容和意义。《吉檀迦利》英文版于1912年首次在伦敦出版后，轰动了西方世界。1913年因为这部作品，泰戈尔荣获了诺贝尔文学奖。

经典语录 ▶

眼睛为她下着雨，心却为她打着伞，这就是爱情。

离你越近的地方，路途越远；最简单的音调，需要最艰苦的练习。

尘世上那些爱我的人，用尽方法拉住我；你的爱就不是那样，你的爱比他们伟大得多，你让我自由。

旅客要在每个生人门口敲叩，才能敲到自己的家门，人要在外面到处漂流，最后才能走到最深的内殿。

时光像海浪般地翻涌，激荡着欢乐与悲哀。

见不到你的面，我的心就不知安宁也不知小憩，我的工作就变成劳动的无涯苦海中无穷的苦役。

我一切的秋日和夏夜的丰美的收获，我匆促的生命中的一切获得和收藏，在我临终，死神来叩我的门的时候，我都要摆在他的面前。

当生命失去恩宠的时候，请赐我以欢歌。

如果今生我无法与你相逢，那么，我将感到这是永远的遗憾——

让我时刻不忘，让我带着这悲哀的痛苦，不管在醒时或梦中。

摘下这朵花来，拿了去吧，不要延迟！我怕它会萎谢了，掉在尘土里。

《飞鸟集》

内容提要 ▶

《飞鸟集》是泰戈尔的代表作之一，也是世界上最杰出的诗集之一。这部富于哲理的格言诗集共收录了325首清丽的无标题小诗。《飞鸟集》基本题材多为极其常见植物，如小草、流萤、落叶、飞鸟、山水、河流等，泰戈尔将白昼和黑夜、溪流和海洋、自由和背叛融入诗中，同时还包括了感情、亲情、友情，短小的语句道出了深刻的人生哲理，引领世人探寻真理和智慧的源泉，无一不展示诗人对生活的热爱。《飞鸟集》创作于1913年，初版于1916年完成。《飞鸟集》其中的一部分由诗人译自自己的孟加拉文格言诗集《碎玉集》(1899)，另外一部分则是诗人1916年造访日本时的即兴英文诗作。诗人在日本居留三月有余，不断有淑女求其题写扇面或纪念册。诗人曾经盛赞日本俳句的简洁，他的《飞鸟集》也受到了这种诗体的影响。

经典语录 ▶

世界以痛吻我，要我报之以歌。

当你为错过太阳而哭泣的时候，你也要再错过群星了。

我们把世界看错，反说它欺骗了我们。

纵然伤心，也不要愁眉不展，因为你不知是谁会爱上你的笑容。

愿生如夏花之绚烂，死如秋叶之静美。

根是地下的枝，枝是空中的根。

生命如横越的大海，我们相聚在这条小船上。死时，我们便到了

197

人文学科篇

岸,各去各的世界。

一杯水是清澈的,而海水却是黑色的。就像小的道理可以说明,真正的大道理却是沉默的。

我们热爱这个世界时,才真正活在这个世界上。

当我们是大为谦卑的时候,便是我们最近于伟大的时候。

《园丁集》

▌ 内容提要 ▶

《园丁集》是泰戈尔重要的代表作诗集,共收诗85首。诗中融入了诗人青春时代的体验,细腻地描叙了爱情的幸福、烦恼与忧伤,可以视为一部青春恋歌。诗人在回首往事时吟唱出这些恋歌,在回味青春心灵的悸动时,又对青春和爱情进行理性的审视与思考,使作品同时成为一部富于哲理的诗集。诗人通过寓意深刻的寓言诗和言简意赅的哲理诗,明确地表达了自己对社会人生的态度,艺术地回答了人应该为什么生活、怎样生活等重大的人生问题,可谓构造了一个真理的殿堂。

▌ 经典语录 ▶

我寻求那得不到的东西,我得到我所没有寻求的东西。

你我之间的爱像歌曲一样的单纯。

有人一直行进,有人到外流连,有的人是自由的,有的人是锁住的——我的脚被我沉重的心压得疲倦了。

即使爱只给你带来了哀愁,也信任它。不要把你的心关起。

我想对你说出我要说的最深的话语,我不敢,我怕你哂笑。因此我嘲笑自己,把我的秘密在玩笑中打碎。

没有表现出来的爱是神圣的。它像宝石般在隐藏的心的朦胧里放光。

知识对我们是宝贵的，因为我们永不会有时间去完成它。

在世界的谒见堂里，一根朴素的草叶，和阳光与夜半的星辰坐在同一条毡褥上。

社会科学篇

习近平总书记在哲学社会科学工作座谈会上的讲话中指出："哲学社会科学是人们认识世界、改造世界的重要工具，是推动历史发展和社会进步的重要力量，其发展水平反映了一个民族的思维能力、精神品格、文明素质，体现了一个国家的综合国力和国际竞争力。"

在哲学社会科学中，马列经典作家的书籍占有十分重要的地位。如《共产党宣言》《资本论》《1844 年经济学哲学手稿》《反杜林论》《政治经济学批判》《哥达纲领批判》《唯物主义和经验批判主义》《谈谈辩证法问题》《毛泽东选集》等，都是需要党员以及领导干部们反复研读并能够活学活用的书籍。要认真学习马克思主义理论，这是我们做好一切工作的看家本领，也是领导干部必须普遍掌握的工作制胜的看家本领。

除了马列经典作品外，柏拉图的《理想国》、亚里士多德的《政治学》、托马斯·莫尔的《乌托邦》、康帕内拉的《太阳城》、洛克的《政府论》、孟德斯鸠的《论法的精神》、卢梭的《社会契约论》、汉密尔顿等人著的《联邦党人文集》、黑格尔的《法哲学原理》、克劳塞维茨的《战争论》、亚当·斯密的《国民财富的性质和原因的研究》、马尔萨斯的《人口原理》、凯恩斯的《就业、利息和货币通论》、约瑟夫·熊彼特的《经济发展理论》、萨缪尔森的《经济学》、弗里德曼的《资本主义与自由》、西蒙·库兹涅茨的《各国的经济增长》等著作，也都很值得翻阅。这些著作都是时代的产物，都是思考和研究当时当地社会突出矛盾和问题的结果。学习这些著作，可以培养我们的理论思维。理论思维的起点决定着理论创新的结果。理论创新只能从问题开始。从某种意义上说，理论创新的过程就是发现问题、筛选问题、研究问题、解决问题的过程。

一、马列经典

《共产党宣言》

作者简介

卡尔·马克思，全名卡尔·海因里希·马克思（Karl Heinrich Marx，1818—1883），犹太裔德国人，哲学家、政治家、经济学家、社会学家、革命理论家。马克思主义的创始人之一，第一国际的组织者和领导者，马克思主义政党的缔造者，全世界无产阶级和劳动人民的革命导师，无产阶级的精神领袖，国际共产主义运动的开创者。

马克思的主要著作有《资本论》《共产党宣言》等。马克思创立的广为人知的哲学思想为历史唯物主义，其最大的愿望是对于个人的全面而自由的发展。马克思创立了伟大的

经济理论，他的极其伟大的著作是《资本论》，马克思确立他的阐述原则是"政治经济学批判"。马克思认为，这是"政治经济学原理"的东西，这是"精髓"，后来人可以在这个基础上继续去研究。马克思认为资产阶级的灭亡和无产阶级的胜利是同样不可避免的。他和恩格斯共同创立的马克思主义学说，被认为是指引全世界劳动人民为实现社会主义和共产主义理想而进行斗争的理论武器和行动指南。

弗里德里希·恩格斯（Friedrich Engels，1820—1895），德国思想家、哲学家、革命家、教育家，军事理论家，全世界无产阶级和劳动人民的伟大导师，马克思主义创始人之一。恩格斯是卡尔·马克思的挚友，被誉为"第二提琴手"，他为马克思从事学术研究提供大量经济支持。和马克思共同撰写了《共产党宣言》，共同创立了科学共产主义理论；参加了第一国际的领导工作。马克思逝世后，他承担整理和出版《资本论》遗稿的工作，还肩负领导国际工人运动的重担。除同马克思合撰著作外，他还著有《自然辩证法》《家庭、私有制和国家的起源》。

▌内容提要 ▶

《共产党宣言》（以下简称《宣言》）是马克思和恩格斯为共产主义者同盟起草的纲领，全书贯穿马克思主义的历史观，马克思主义诞生的重要标志。由马克思执笔写成。《宣言》第一次全面系统地阐述了科学社会主义理论，指出共产主义运动将成为不可抗拒的历史潮流。构成《宣言》核心的基本原理是：每一历史时代主要的生产方式与交换方式以及必然由此产生的社会结构，是该时代政治的和精神的历史所赖以确立的基础，并且只有从这一基础出发，历史才能得到说明。《宣言》运用了辩证唯物主义和历史唯物主义分析生产力与生产关系、经济基础与上层建筑的矛盾，分析阶级和阶级斗争，特别是资本主义社会阶级斗争的产生、发展过程，论证资本主义必然灭亡和社会主义必然胜利的客观规律，作为资本主义掘墓人的无产阶级肩负的世界历史使命。

一个幽灵，共产主义的幽灵，在欧洲游荡。

不断扩大产品销路的需要，驱使资产阶级奔走于全球各地。它必须到处落户，到处开发，到处建立联系。

至今一切社会的历史都是阶级斗争的历史。

资产阶级在它的不到一百年的阶级统治中所创造的生产力，比过去一切世代创造的全部生产力还要多，还要大。

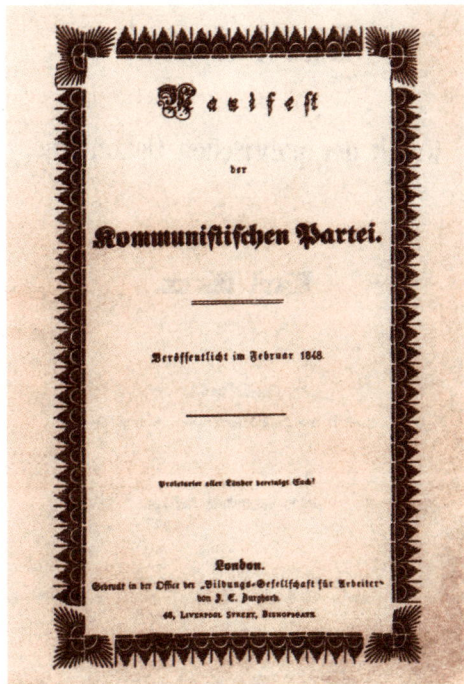

《共产党宣言》德文版第一版封面

资产阶级不仅锻造了置自身于死地的武器；它还产生了将要运用这种武器的人——现代的工人，即无产者。

无产者在这个革命中失去的只是锁链。他们获得的将是整个世界。

《资本论》

内容提要 ▶

《资本论》（全称《资本论：政治经济学批判》）是马克思创作的政治经济学著作。全书共三卷，以剩余价值为中心，对资本主义进行了彻底的批判。第一卷研究了资本的生产过程，分析了剩余价值的生

205

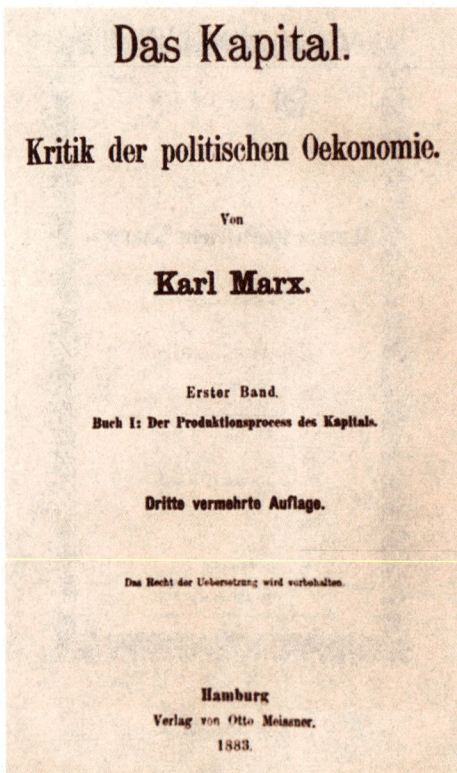

Das Kapital.

Kritik der politischen Oekonomie.

Von

Karl Marx.

Erster Band.
Buch I: Der Produktionsprocess des Kapitals.

Dritte vermehrte Auflage.

Das Recht der Uebersetzung wird vorbehalten.

Hamburg
Verlag von Otto Meissner.
1883.

《资本论》第一卷

产问题。第二卷在资本生产过程的基础上研究了资本的流通过程，分析了剩余价值的实现问题。第三卷讲述了资本主义生产的总过程，分别研究了资本和剩余价值的具体形式。这一卷讲述的内容达到了资本的生产过程、流通过程和分配过程的高度统一，分析了剩余价值的分配问题。

马克思在《资本论》中以唯物史观的基本思想作为指导，通过深刻分析资本主义生产方式，揭示了资本主义社会发展的规律，并使唯物史观得到科学验证和进一步的丰富发展。《资本论》跨越了经济、政治、哲学等多个领域，是全世界无产阶级运动的思想指导。

◼ 经典语录 ▶

问题本身并不在于资本主义生产的自然规律所引起的社会对抗的发展程度的高低。问题在于这些规律本身，在于这些以铁的必然性发生作用并且正在实现的趋势。工业较发达的国家向工业较不发达的国家所显示的，只是后者未来的景象。

在政治经济学领域内，自由的科学研究遇到的敌人，不只是它在一切其他领域内遇到的敌人。政治经济学所研究的材料的特殊性质，把人们心中最激烈、最卑鄙、最恶劣的感情，把代表私人利益的复仇女神召唤到战场上来反对自由的科学研究。

辩证法，在其合理形态上，引起资产阶级及其空论主义的代言人的恼怒和恐怖，因为辩证法在对现存事物的肯定的理解中同时包含对现存事物的否定的理解，即对现存事物的必然灭亡的理解；辩证法对每一种既成的形式都是从不断的运动中，因而也是从它的暂时性方面去理解；辩证法不崇拜任何东西，按其本质来说，它是批判的和革命的。

使实际的资产者最深切地感到资本主义社会充满矛盾的运动的，是现代工业所经历的周期循环的各个变动，而这种变动的顶点就是普遍危机。

《1844年经济学哲学手稿》

内容提要

《1844年经济学哲学手稿》（以下简称《手稿》）是马克思第一次试图对资本主义经济制度和资产阶级政治经济学进行批判性考察，并初步阐述自己的新的经济学、哲学观点和共产主义思想的一部早期文稿。第一手稿讲述工资、资本的利润、资本对劳动的统治和资本家的动机、资本的累积和资本家之间的竞争、地租等；第二手稿讲述私有财产的关系；第三手稿讲述私有财产与劳动，与共产主义、需求间的关系。这是马克思在年轻时代总结自己的思想和弄清思考的问题而写的一个未完成的手稿，在"异化劳动"和"共产主义"两个部分里包含着丰富而深刻的经济学思想，因此，在马克思主义经济学史上占有极其重要的地位。尽管《手稿》在一些问题的表述中还留有费尔巴哈人本主义的痕迹，但是《手稿》第一次从生产劳动实践的观点来阐述经济和经济学的起源，为经济学的研究开辟了一条新的道路，在这个意义上说，《手稿》是马克思主义经济学的光辉起点。

207

当资本家赢利时工人不一定有利可得，而当资本家亏损时工人就一定跟着吃亏。

异化劳动，由于（1）使自然界，（2）使人本身，使他自己的活动机能，使他的生命活动同人相异化，也就使类同人相异化；对人来说，它把类生活变成维持个人生活的手段。第一，它使类生活和个人生活异化；第二，把抽象形式的个人生活变成同样是抽象形式和异化形式的类生活的目的。

通过实践创造对象世界，改造无机界，人证明自己是有意识的类存在物，就是说是这样一种存在物，它把类看作自己的本质，或者说把自身看作类存在物。诚然，动物也生产。它为自己营造巢穴或住所，如蜜蜂、海狸、蚂蚁等。但是，动物只生产它自己或它的幼仔所直接需要的东西；动物的生产是片面的，而人的生产是全面的；动物只是在直接的肉体需要的支配下生产，而人甚至不受肉体需要的影响也进行生产，并且只有不受这种需要的影响才进行真正的生产；动物只生产自身，而人再生产整个自然界；动物的产品直接属于它的肉体，而人则自由地面对自己的产品。动物只是按照它所属的那个种的尺度和需要来构造，而人懂得按照任何一个种的尺度来进行生产，并且懂得处处都把内在的尺度运用于对象；因此，人也按照美的规律来构造。

《政治经济学批判》

马克思公开发表的第一部政治经济学著作。写成于1857—1858年，1859年6月由柏林敦克尔出版社出版。全书由三部分组成，即《序言》《商品》《货币或简单流通》。马克思在《序言》中简单地介绍了他研究政治经济学的动因及经过，介绍了他从19世纪40年代

起研究政治经济学所得出
的主要结论。对历史唯物
主义的基本内容做了精辟
的概括，阐明了生产力和
生产关系、经济基础与上
层建筑之间的关系，从而
揭示了人类社会发展的最
基本的规律。马克思在《商
品》中从分析商品出发，
考察了资本主义经济制度。
马克思揭示了商品具有二
因素，即使用价值和交换
价值，商品是这二者的统
一。商品具有二因素是由
于生产商品的劳动具有二

《政治经济学批判》第一分册，1859年柏林版

重性引起的，劳动二重性学说是理解政治经济学的枢纽，也是使马
克思的劳动价值论同古典经济学家的劳动价值论区别开来的一个重
要标志。《货币或简单流通》中马克思考察交换过程时，揭示了由于
商品的内在矛盾而必然产生货币，阐明了货币作为一般等价物的本
质。马克思还详细地考察了货币的各个职能，并指出货币的职能是
历史发展的产物。该书的出版为马克思彻底完成政治经济学领域中
的革命变革奠定了理论基础。

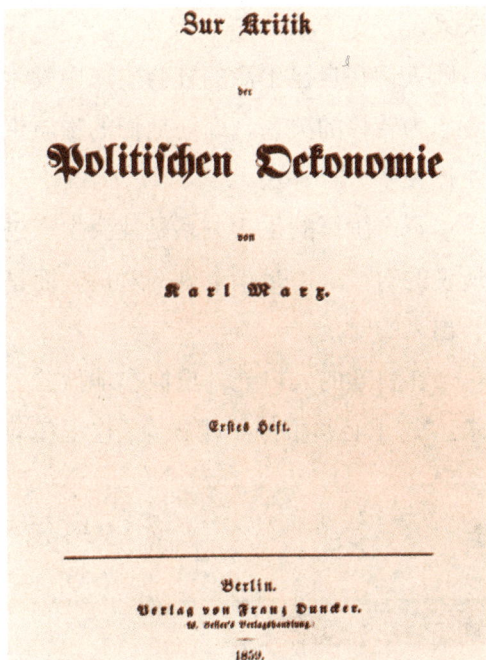

209

经典语录 ▶

　　不是人们的意识决定人们的存在，相反，是人们的社会存在决定
人们的意识。

　　法的关系正像国家的形式一样，既不能从它们本身来理解，也不
能从所谓人类精神的一般发展来理解，相反，它们根源于物质的生活

关系。

人们在自己生活的社会生产中发生一定的、必然的、不以他们的意志为转移的关系，即同他们的物质生产力的一定发展阶段相适合的生产关系。

资产阶级的生产关系是社会生产过程的最后一个对抗形式，这里所说的对抗，不是指个人的对抗，而是指从个人的社会生活条件中生长出来的对抗。

在科学的入口处，正像在地狱的入口处一样，必须提出这样的要求："这里必须根绝一切犹豫；这里任何怯懦都无济于事。"

《哥达纲领批判》

▌内容提要 ▶

为了消除德国工人运动内部的分裂状态，德国社会民主工党（爱森纳赫派）与全德工人联合会（拉萨尔派）在商谈合并的过程中推出了《哥达纲领》。《哥达纲领批判》是马克思在 1875 年 5 月为反对德国社会主义工人党内的机会主义派别而写的对德国社会主义工人党在哥达会议上提出的党的纲领草案的批评意见。马克思在文中严厉批判拉萨尔的"不折不扣的劳动所得"的谬论，指出在共产主义的低级阶段，劳动者的劳动产品必须先作出各项社会扣除，然后才能在劳动者之间依照按劳分配的原则分配消费资料。《哥达纲领批判》中的思想内涵包括：坚持无产阶级的实际运动和科学纲领的统一；劳动不是一切财富的源泉；正确处理生产资料和消费资料的关系；正确处理消费资料分配和生产条件分配的关系；坚持教育和生产劳动的结合；无产阶级革命必须结成广泛的同盟；坚持无产阶级的国际主义原则；坚持无产阶级的革命专政；坚持用现实态度建设社会主义社会；只有在共产主义社会高级阶段才能实现各尽所能、按需分配的原则。

一步实际运动比一打纲领更重要。……但是，制定一个原则性纲领（应该把这件事推迟到由较长时间的共同工作准备好了的时候），这就是在全世界面前树立起可供人们用来衡量党的运动水平的里程碑。

只有一个人一开始就以所有者的身份来对待自然界这个一切劳动资料和劳动对象的第一源泉，把自然界当作属于他的东西来处置，他的劳动才成为使用价值的源泉，因而也成为财富的源泉。

在共产主义社会高级阶段，在迫使个人奴隶般地服从分工的情形已经消失，从而脑力劳动和体力劳动的对立也随之消失之后；在劳动已经不仅仅是谋生的手段，而且本身成了生活的第一需要之后；在随着个人的全面发展，他们的生产力也增长起来，而集体财富的一切源泉都充分涌流之后，——只有在那个时候，才能完全超出资产阶级权利的狭隘眼界，社会才能在自己的旗帜上写上：各尽所能，按需分配！

在资本主义社会和共产主义社会之间，有一个从前者变为后者的革命转变时期。同这个时期相适应的也有一个政治上的过渡时期，这个时期的国家只能是无产阶级的革命专政。

在按照不同的年龄阶段严格调节劳动时间并采取其他保护儿童的预防措施的条件下，生产劳动和教育的早期结合是改造现代社会的最强有力的手段之一。

211

《反杜林论》

《反杜林论》是恩格斯的著作，共分5个部分，即序言、引论、哲学、政治经济学、科学社会主义。序言主要有三版，是说明《反杜林论》一书出版的历史背景。引论部分设有两章，其中心思想是阐

述社会主义怎样从空想变成科学的。《哲学》设有 12 章，恩格斯严厉批判了杜林反动的唯心主义先验论，系统地论述了马克思主义的唯物主义反映论。《政治经济学》共有 10 章，其中第十章是马克思写的。前 4 章论述政治经济学的基本观点和方法，科学地说明了政治经济学的历史性和阶级性，批判了杜林在政治经济学上的先验主义和形而上学观点；第五章到第九章论述了政治经济学的主要范畴、价值和价值规律等，批判了杜林的庸俗政治经济学；第十章是政治经济学说史的论述，批判了杜林的历史虚无主义。《科学社会主义》共有 5 章，这是全书最重要的部分，是全书的核心。马克思主义哲学、政治经济学是科学社会主义的理论基础，科学社会主义是前两者的落脚点和归宿。

经典语录 ▶

这两个伟大的发现——唯物主义历史观和通过剩余价值揭开资本主义生产的秘密，都应当归功于马克思。由于这两个发现，社会主义变成了科学……

辩证法不过是关于自然界、人类社会和思维的运动和发展的普遍规律的科学。

自由不在于幻想中摆脱自然规律而独立，而在于认识这些规律，从而能够有计划地使自然规律为一定的目的服务。

只有在不仅消灭了阶级对立，而且在实际生活中也忘却了这种对立的社会发展阶段上，超越阶级对立和超越对这种对立的回忆的、真正人的道德才成为可能。

只是从这时（共产主义社会——引者注）起，人们才完全自觉地自己创造自己的历史；只是从这时起，由人们使之起作用的社会原因才在主要的方面和日益增长的程度上达到他们所预期的结果。这是人类从必然王国进入自由王国的飞跃。

《唯物主义和经验批判主义》

▎作者简介▶

列宁（1870—1924），原名弗拉基米尔·伊里奇·乌里扬诺夫，列宁是他参加共产主义运动后的化名。他是著名的马克思主义者，无产阶级革命家、政治家、理论家、思想家，是苏俄（世界上第一个社会主义国家）和苏联的主要缔造者、布尔什维克党的创始人、十月革命的主要领导人、苏联人民委员会主席（即苏联总理）。列宁主义是帝国主义和无产阶级革命时代的马克思主义，革命伟大导师列宁同志在领导俄国革命的实践中，坚持马克思主义和新的历史时代的无产阶级革命运动相结合，深入研究了资本主义发展到帝国主义阶段的规律，总结了无产阶级和资产阶级阶级斗争的新经验，概括了 20 世纪初期社会科学、自然科学发展的最新成果，创造性地运用和发展了马克思主义，从而使马克思主义理论达到了一个新阶段，即列宁主义阶段。他被全世界的共产主义者普遍认同为"国际无产阶级革命的伟大导师和精神领袖"。

213

▎内容提要▶

《唯物主义和经验批判主义》是阐述辩证唯物主义认识论的重要著作。1908 年 2 月至 10 月在日内瓦和伦敦写成，1909 年 5 月由莫斯科"环节"出版社出版。这部著作在国际上得到了广泛的传播，先后被译为20多种文字。它对中国思想界也有很大的影响，1930年，笛秋和朱铁笙第一次将它译成中文，由上海明日书店出版发行。这部著作从4个方面对经验批判主义做了分析批判，完成了用马克思主义批判并战胜马赫主义的任务。这部著作有力地批判了马赫主义这一现代西方哲学中影响最大的实证论思潮的典型代表，粉碎了第二国际修正主义者和俄国马赫主义者对马克思主义哲学的进攻，为布尔什维克党奠定了坚实的思想基础。它是代表列宁哲学思想的一部重要著作，也是学习和研究辩证唯物主义认识论的经典著作之一。尽管这是一部论战性的著作，它仍然在许多方面发展了马克思主义哲学。著作提出了辩证唯物主义认识论的3个重要结论。著作指出，物理学的数学化，认识的相对性原理是"物理学"唯心主义产生的认识论根源；摆脱唯心主义，并从形而上学的唯物主义提高到辩证唯物主义是自然科学健康发展的方向。著作还指出辩证唯物主义和历史唯物主义是不可分割的整体，用历史唯物主义的基本原理，驳斥了社会存在和社会意识"等同"论、社会"唯能论"等历史唯心主义理论。

经典语录 ▶

不了解一切科学理论的相对性，不懂得辩证法，夸大机械论的观点，——这也是恩格斯责备旧唯物主义者的地方。

我们要感觉，首先就得呼吸：没有空气、食物和饮料，我们就不能生存。

生活、实践的观点，应该是认识论的首先的和基本的观点。

费尔巴哈大声说：把主观感觉和客观世界同等看待，"就等于把遗精和生孩子同等看待"。

如果我们的实践所证实的是唯一的、最终的、客观的真理，那么，因此就得承认：坚持唯物主义观点的科学的道路是走向这种真理的唯一的道路。

从马克思的理论是客观真理这一为马克思主义者所同意的见解出发，所能得出的唯一结论就是：遵循着马克思的理论的道路前进，我们将愈来愈接近客观真理（但决不会穷尽它）；而遵循着任何其他的道路前进，除了混乱和谬误之外，我们什么也得不到。

《谈谈辩证法问题》

▌内容提要 ▶

该著作写于 1915 年，编入《哲学笔记》和《列宁全集》第 55 卷（人民出版社中文第 2 版）。它是列宁研究辩证法的总结。它深刻地阐明了对立统一规律是辩证法的实质和核心，论述了对立统一规律既是普遍的客观规律，也是认识规律，辩证法也就是马克思主义的认识论；指明了辩证法与形而上学、诡辩论的对立，剖析了唯心主义的认识论根源和阶级根源。该文主要论述了如下 4 个方面的问题：

第一，对立统一规律是辩证法的实质和核心。

第二，辩证法就是马克思主义认识论。

第三，认识过程是近似于一串圆圈或螺旋的曲线。

第四，唯心主义的认识论根源和阶级根源。

▌经典语录 ▶

主观主义（怀疑论和诡辩论等等）和辩证法的区别在于：在（客观）辩证法中，相对和绝对的差别也是相对的。对于客观辩证法说来，相对中有绝对。对于主观主义和诡辩论说来，相对只是相对，因而排斥绝对。

从粗陋的、简单的、形而上学的唯物主义的观点看来，哲学唯心主义不过是胡说。相反地，从辩证唯物主义的观点看来，哲学唯心主义是把认识的某一特征、某一方面、某一侧面，片面地、夸大地、überschwengliches（狄慈根）发展（膨胀、扩大）为脱离了物质、脱

215

离了自然的、神化了的绝对。

人的认识不是直线（也就是说，不是沿着直线进行的），而是无限地近似于一串圆圈、近似于螺旋的曲线。

直线性和片面性，死板和僵化，主观主义和主观盲目性就是唯心主义的认识论根源。

《帝国主义论》

▌内容提要 ▶

原文名称为《帝国主义是资本主义的最高阶段》，于 1916 年 4 月出版。19 世纪末 20 世纪初，资本主义在其发展过程中暴露出新的特征，即生产的集中和资本的集中。当时的资产阶级经济学家与第二国际的理论家们都不能从整体上把握这些新特征，不了解它们是整个制度的一部分，而是将它们割裂开来分析，这样势必对已经到来的资本主义新阶段——帝国主义阶段熟视无睹。为了对这种糊涂认识及时加以澄清纠正，以免对无产阶级革命运动产生有害影响，列宁连续写下了《第二国际的破产》《论欧洲联邦口号》等文章，对帝国主义的基本特征进行初步概括，批判了考茨基刚刚出笼的"超帝国主义论"。1916 年初，列宁又在苏黎世州立图书馆阅读了大量资料，记了 15 本有关帝国主义的笔记，随后写成了《帝国主义论》。在书中，列宁总结了《资本论》出版后资本主义近半个世纪的发展情况，全面地、透彻地分析了帝国主义的矛盾、特征与本质，揭示了帝国主义产生、发展和必然灭亡的规律。指出帝国主义具有 5 个特征。列宁对于帝国主义的经济分析是深刻而有力的，这得益于他在统计数字中建立的事实论据：垄断组织的形成，殖民地的瓜分等；也来源于他在理论上的判断：金融寡头的地位，资本输出的特别意义。

列宁在该书中十分重视对考茨基主义——机会主义和超帝国主

义——的批判，以期引领工人运动向正确的方向发展。

生产的集中；从集中生长起来的垄断；银行和工业日益融合或者说长合在一起——这就是金融资本产生的历史和这一概念的内容。

对自由竞争占完全统治地位的旧资本主义来说，典型的是商品输出。对垄断占统治地位的最新资本主义来说，典型的则是资本输出。

垄断，寡头统治，统治趋向代替了自由趋向，极少数最富强的国家剥削愈来愈多的弱小国家，——这一切产生了帝国主义的这样一些特点，这些特点使人必须说帝国主义是寄生的或腐朽的资本主义。帝国主义的趋势之一，即形成为"食利国"、高利贷国的趋势愈来愈显著，这种国家的资产阶级愈来愈依靠输出资本和"剪息票"为生。

许多工业部门中的某一部门、许多国家中的某一国家的资本家获得了垄断高额利润，在经济上就有可能把工人中的某些部分，一时甚至是工人中数量相当可观的少数收买过去，把他们拉到该部门或该国家的资产阶级方面去反对其他一切部门或国家。

《毛泽东选集》

毛泽东（1893—1976），字润之（原作咏芝，后改润芝），笔名子任。湖南湘潭人。中国人民的领袖，马克思主义者，伟大的无产阶级革命家、战略家和理论家，中国共产党、中国人民解放军和中华人民共和国的主要缔造者和领导人，诗人，书法家。

1949 年至 1976 年，毛泽东担任中华人民共和国最高领导人。他对马克思列宁主义的发展、军事理论的贡献以及对共产党的理论贡献被称为毛泽东思想。因毛泽东担任过的主要职务几乎全部称为主席，所以也被人们尊称为"毛主席"。

217

　　毛泽东被视为现代世界历史中最重要的人物之一，《时代》杂志也将他评为 20 世纪最具影响 100 人之一。毛泽东对新中国的成立与发展的历史贡献：一是引导中国走上社会主义发展道路，确立了社会主义基本制度。二是领导中国人民开辟了社会主义现代化建设道路，开始了沿着社会主义道路实现中华民族伟大复兴的新纪元。三是开创了人民当家作主的新时代，开始了实现社会主义民主的艰辛而曲折的探索。四是奠定了中国共产党的执政地位，对保持马克思主义政党的先进性和执政地位作了不懈的探索。五是奠定了新中国在国际上的大国地位，为开创独立自主的和平外交作了不懈的努力。主要作品：《毛泽东选集》：毛泽东的主要著作集。《毛泽东文集》：中共中央文献研究室编，人民出版社 1993 年起陆续出版，编入了《毛泽东选集》以外的毛泽东重要文稿。《毛泽东诗词》：毛泽东创作的旧体诗词作品。

内容提要 ▶

　　《毛泽东选集》是 1944 年人民出版社出版的图书，是毛泽东思想的重要载体，是毛泽东思想的集中展现，是对 20 世纪中国影响最大的书籍之一。自 1944 年于邯郸创建的晋察冀日报社出版首版《毛泽东选集》以来，新中国成立以前便有多个版本的《毛泽东选集》问世。新中国成立后两个版本的《毛泽东选集》，均由人民出版社出版。第一版《毛泽东选集》一至四卷，分别于 20 世纪 50 年代初和 60 年代初出版。1991 年 7 月 1 日，《毛泽东选集》一至四卷第二版正式出版发行。邓小平同志为新版《毛泽东选集》题写了书名。这部选集，包括了毛泽东同志在中国革命各个时期中的重要著作。现在的这部选集，是按照中国共产党成立后所经历的各个历史时期并且按照著作年月次序而编辑的。这部选集尽可能地搜集了一些为各地方过去印行的集子还没有包括在内的重要著作。选集中的各篇著作，都经著者校阅过，其中有些地方著者曾做了一些文字上的修正，也有个别的文章曾做了一些内容上的补充和修改。

▐ 经典语录 ▶

因为我们是为人民服务的，所以，我们如果有缺点，就不怕别人批评指出。

不要陷于狭隘的经验论。

按照实际情况决定工作方针，这是一切共产党员所必须牢牢记住的最基本的工作方法。我们所犯的错误，研究其发生的原因，都是由于我们离开了当时当地的实际情况，主观地决定自己的工作方针。这一点，应当引为全体同志的教训。

谅解、支援和友谊，比什么都重要。

什么叫工作，工作就是斗争。那些地方有困难、有问题，需要我们去解决。我们是为着解决困难去工作、去斗争的。越是困难的地方越是要去，这才是好同志。

这些干部和领袖懂得马克思列宁主义，有政治远见，有工作能力，富于牺牲精神，能独立解决问题，在困难中不动摇，忠心耿耿地

219

为民族、为阶级、为党而工作。

共产党是为民族，为人民谋利益的政党，它本身决无私利可图。

《实践论》

▌内容提要 ▶

《实践论》是毛泽东关于马克思主义认识论的代表著作。写成于1937 年 7 月。由于当时中国共产党内的教条主义和经验主义的错误思想，使中国革命在 1931—1934 年遭受极大的损失。《实践论》就是作者借用马克思主义的认识论观点揭露党内的教条主义和经验主义，特别是教条主义的主观主义错误而写的。这篇著作原是作者在延安抗日军事政治大学讲授哲学时的讲义中的一部分。1951 年收入《毛泽东选集》第一卷。

该著以实践观点为基础，以认识和实践的辩证统一为中心，系统地论述了能动的革命的反映论。具体地论述了在实践基础上认识发展的辩证过程，论述了感性认识和理性认识的辩证关系，批判了唯理论和经验论的错误。论述了绝对真理和相对真理的相互关系问题。还论述了改造主观世界和客观世界的问题，指出无产阶级和革命人民改造世界的斗争，包括实现下述的任务：改造客观世界，也改造自己的主观世界即改造自己的认识能力，改造主观世界同客观世界的关系，以达到主观和客观的统一。

▌经典语录 ▶

马克思主义者认为人类的生产活动是最基本的实践活动，是决定其他一切活动的东西。

人的认识，主要地依赖于物质的生产活动，逐渐地了解自然的现象、自然的性质、自然的规律性、人和自然的关系；而且经过生产活动，也在各种不同程度上逐渐地认识了人和人的一定的相互关系。

人的社会实践，不限于生产活动一种形式，还有多种其他的形式，阶级斗争，政治生活，科学和艺术的活动，总之社会实际生活的一切领域都是社会的人所参加的。

马克思主义者认为，只有人们的社会实践，才是人们对于外界认识的真理性的标准。

社会实践的继续，使人们在实践中引起感觉和印象的东西反复了多次，于是在人们的脑子里生起了一个认识过程中的突变（即飞跃），产生了概念。

一个人的知识，不外直接经验的和间接经验的两部分。而且在我为间接经验者，在人则仍为直接经验。因此，就知识的总体说来，无论何种知识都是不能离开直接经验的。

任何知识的来源，在于人的肉体感官对客观外界的感觉，否认了这个感觉，否认了直接经验，否认亲自参加变革现实的实践，他就不是唯物论者。

只有那些主观地、片面地和表面地看问题的人，跑到一个地方，不问环境的情况，不看事情的全体（事情的历史和全部现状），也不触到事情的本质（事情的性质及此一事情和其他事情的内部联系），就自以为是地发号施令起来，这样的人是没有不跌跤子的。

《矛 盾 论》

内容提要 ▶

221

《矛盾论》是毛泽东哲学代表著作，是继《实践论》之后，为了克服存在于中国共产党内的严重的教条主义思想而写的。该书运用唯物辩证法总结了中国共产党领导中国革命斗争的实践经验，从两种宇宙观、矛盾的普遍性、矛盾的特殊性、主要的矛盾和次要的矛盾方面、矛盾诸方面的同一性和斗争性、对抗在矛盾中的地位等方面，深刻地阐述了对立统一规律；是马克思主义哲学史上系统地阐述对立统一规律的哲学专著，其论述紧密结合中国革命的实践，因而具有鲜明的中国特色，为中国共产党的思想路线奠定了哲学基础，丰富和发展了马克思主义。而对立统一规律则是辩证法的实质和核心的思想。

全文约25000字，一个引言，六个部分。引言说明研究事物的矛盾法则的重要性以及不得不涉及的广泛问题。除了引言外，分六个部分全面系统地论述了唯物辩证法关于对立统一规律的基本原理，最后有一个结论。具体包括以下几个方面：一是从宇宙观的高度，发挥了列宁关于两种发展观的思想。二是全面论述了矛盾普遍性和矛盾特殊性的原理。三是论证了主要矛盾和次要矛盾方面的原理。四是具体地阐明了矛盾诸方面的同一性和斗争性及其相互关系。五是分析了矛盾斗争的两种基本形式即对抗性的矛盾和非对抗性的矛盾。

▌经典语录 ▶

事物的矛盾法则，即对立统一的法则，是唯物辩证法的最根本的法则。

在人类的认识史中，从来就有关于宇宙发展法则的两种见解，一种是形而上学的见解，一种是辩证法的见解，形成了互相对立的两种宇宙观。

所谓形而上学的或庸俗进化论的宇宙观，就是用孤立的、静止的和片面的观点去看世界。

和形而上学的宇宙观相反，唯物辩证法的宇宙观主张从事物的内部、从一事物对他事物的关系去研究事物的发展，即把事物的发展看做是事物内部的必然的自己的运动，而每一事物的运动都和它的周围其他事物互相联系着和互相影响着。

社会的变化，主要地是由于社会内部矛盾的发展，即生产力和生产关系的矛盾，阶级之间的矛盾，新旧之间的矛盾，由于这些矛盾的发展，推动了社会的前进，推动了新旧社会的代谢。

矛盾的普遍性或绝对性这个问题有两方面的意义。其一是说，矛盾存在于一切事物的发展过程中；其二是说，每一事物的发展过程中存在着自始至终的矛盾运动。

矛盾是简单的运动形式（例如机械性的运动）的基础，更是复杂的运动形式的基础。

每一物质的运动形式所具有的特殊的本质，为它自己的特殊的矛盾所规定。这种情形，不但在自然界中存在着，在社会现象和思想现象中也是同样地存在着。每一种社会形式和思想形式，都有它的特殊的矛盾和特殊的本质。

二、政治

《乌托邦》

▌作者简介 ▶

托马斯·莫尔（St. Thomas More， 又作 Sir Thomas More，1478—1535），欧洲早期空想社会主义学说的创始人，才华横溢的人文主义学者和阅历丰富的政治家，曾当过律师、国会议员、财政副大臣、国会下院议长、大法官；是一个外交家、人文主义者、伊拉斯谟的朋友，有大不列颠帝国首相的头衔。1535 年因反对亨利八世兼任教会首脑而被处死。以其名著《乌托邦》而名垂史册。1886 年，在莫尔去世 300 多年后，被罗马天主教会的教皇庇护十一世册封为圣徒，在 1980 年与主教费舍尔一起被 John Paul Ⅱ 尊为守护上帝的殉道者。尽管他不是一位正统的天主教信徒，他非常罕见地获得了左右翼的一致推崇：左翼发现了他的共产主义理想，右翼发现了他的对天主教的忠诚。

▌内容提要 ▶

《乌托邦》一书是托马斯·莫尔的不朽之作，它的全名是《关于最完美的国家制度和乌托邦新岛的既有益又有趣的金书》，写于 1515

年至 1516 年出使欧洲期间，用拉丁语写成。书中叙述一个虚构的航海家航行到一个奇乡异国乌托邦的旅行见闻。书里描述了一个他确切命名为"乌托邦"的神奇岛屿，那里发展着一个田园般的社会，不知道有税捐、苦难和偷盗，他认为乌托邦社会的优点就是"自由、民主、博爱"。他这样描写他的理想国：乌托邦不仅自由、民主、博爱，而且无比富有，那里的人都是长相俊美，具有超凡能力的神族。

"乌托邦"一词来自希腊文，意即"乌有之乡"。莫尔第一次用它来表示一个幸福的、理想的国家，莫尔说，"乌托邦"是南半球的一个岛国。在那里，社会的基础是财产公有制，人们在经济、政治权力方面都是平等的，实行按需分配的原则。乌托邦人也奉行一夫一妻制和宗教自由政策。莫尔的结论非常明确：私有制乃万恶之渊薮。私有制使"一切最好的东西都落到最坏的人手中，而其余的人都穷困不堪"。因此，"只有完全废除私有制度，财富才可以得到平均公正的分配，人类才能有福利"。莫尔在社会主义史上第一次提出了消灭私有制，建立公有制的问题。莫尔赞扬岛国的贤明制度，实际上是批判欧洲，特别是英国都铎王朝的君主专制制度。当然，处于那个时代的莫尔还不可能理解资本主义的历史地位，也无法指出实现理想制度的真正途径，他的乌托邦只是一个空想而已。

▌经典语录 ▶

既然你能够仰望星辰，为什么要去在乎钻石的微光。

强迫和威胁人人都接受你心目中的真理，那是既蛮横又愚笨的。

唯恐自己被看成不够聪明的人而对别人的有所发现就去吹毛求疵。

不因小快乐而妨碍大快乐，不因快乐而引起痛苦后果。乌托邦人认为，低级快乐一定带来痛苦后果。

任何人都不应该因为信仰而受到责备。

一意在相反的道路上轻率前进的人，不会欢迎向他招手指出前途有危险的人。

你们的羊，一向是那么驯服，那么容易喂饱，据说现在变得很贪婪，很凶蛮，以至于吃人，并把你们的田地、家园和城市蹂躏成废墟。

如果某一病症不但无从治好，而且痛苦缠绵，那么，教士和官长都来劝告病人，他现在既已不能履行人生的任何义务，拖累自己，烦扰别人，是早就应该死去而活过了期限的，所以他应决心不让这种瘟病拖下去，不要在死亡前犹豫，生命对他只是折磨，而应该怀着热切的希望，从苦难的今生求得解脱，如同逃出监禁和拷刑一般。或者他可以自愿地容许别人解脱他。在这样的道路上他有所行动将是明智的，因为他的死不是断送了享受，而是结束掉痛苦。

《太阳城》

作者简介 ▶

托马斯·康帕内拉（Tommas Campanella，1568—1639）原名为乔万尼·多米尼哥·康帕内拉，意大利文艺复兴时期的空想社会主义者，哲学家，作家。1568 年 9 月 5 日生于意大利南部，1582 年入多米尼克会。1591—1597 年，因发表反宗教著作 3 次被捕，先后坐牢 6 年。1597 年 12 月获释。被勒令返回故乡后，因参与领导南意大利人民反对西班牙哈布斯堡王朝的斗争，于 1599 年 9 月被西班牙当局逮捕，度过 27 年的监狱生活。1628 年 7 月获释后，继续参与组织家乡人民的反西班牙起义，不幸又因叛徒告密而失败。

1634 年 10 月逃亡法国，1639 年 5 月 21 日卒于法国巴黎。

他的著作还有《论最好的国家》《感官哲学》《论基督王国》《神学》《诗集》《形而上学》等。

内容提要 ▶

《太阳城》一书于 1622 年在狱中写成，是具有深远影响的空想社会主义著作。他在书中采用对话体裁，描绘了一个不为世人所知、根本不同于当时意大利和西欧各国社会制度的原则建立起来的新型理想社会。在这个社会里，没有私有财产，没有剥削，人人劳动，生产和消费由社会统一组织安排，产品按公民需要分配，儿童由国家抚养和教育，教育与生产相联系，存在脑力劳动与体力劳动的差别，太阳城里实行"哲人政治"，只有大智大慧的"贤哲"才能担任最高管理人（称为太阳）及其助手，等等。康帕内拉的空想共产主义理论，是人类思想史上的宝贵财富，它反映了意大利早期无产者和贫苦劳动人民对幸福生活的渴望，对后来的空想社会主义者产生过一定的影响。但是，由于时代条件的限制，康帕内拉不可能科学地揭示社会发展的客观进程，也没有找到改造现存社会制度和实现未来理想社会的力量和途径，因而他只能对这种社会作空想的描绘，同时在他的思想中，还明显地带有宗教色彩和神秘主义因素，带有中世纪小生产者思想特点的平均主义倾向。

▎经典语录 ▶

航海家：他们的最高统治者是一位祭司，用他们的语言来说，叫作"太阳"，而用我们的语言来说应该称他为"形而上学者"。他是世俗和宗教界一切人的首脑；一切问题和争端要由他作出最后的决定。在他的下面有三位领导人，他们的名字是"篷""信""摩尔"，照我们的意见或者译为"威力""智慧""爱"。

"威力"掌管有关和平与战争的一切事务，他懂军事艺术，是战时的最高统帅，然而他在这方面的权力不能高于"太阳"。他指挥军职人员和士兵，管理军队的供应，建设防御工事，防止意外的侵袭，制造军械，领导军事工场和军事家及其服务人员。

"智慧"管理自由艺术部门、手工业部门和各个科学部门，也像学校一样，领导相应的职员和科学家。属他所管的职员中属于科学方面的有：占星家、星源学家、几何学家、历史学家、诗人、逻辑学家、修辞学家、文法学家、医生、物理学家、政治家和道德学家。他们有一部名为《智慧》的书，非常扼要而通俗地叙述各种科学常识。并按毕达哥拉斯派的仪式，向人民宣讲这部书。

"爱"首先掌管有关生育的事务，监督两性的结合，以便使后代成为最优秀的人物。他们嘲笑我们对于犬种和马种的改良特别重视，而对于人种的改良却不重视。抚育儿童、医疗、制药、播种、收割庄稼和收获水果、农业、畜牧业、伙食。总之，关于衣、食以及性关系的各种工作，都由"爱"来掌管。许多男女教师在他的指挥下来监督这一切工作。

一切同岁的人彼此称为兄弟，比自己年长 22 岁的人称为父亲，比自己小 22 岁的人称为儿子。有负责人员严密地监视着，在这个集体中谁也不能欺负别人。

太阳城人民的名字并不是随便取的，而是由形而上学者根据每个人的特点来命名的，就像古罗马人的习惯那样。

他们认为骄傲是一种最可憎的毛病，所以极端鄙视各种骄傲的行为。因此，他们谁也不会认为在食堂和厨房工作或照顾病人等等是一些不体面的工作。

尽管他们不会发动战争，但大家都不放弃军事训练和狩猎，以便使自己不至于变得软弱，不至于被敌人突然攻其不备。

《政府论》

作者简介

约翰·洛克 (John Locke，1632—1704)，是 17 世纪英国资产阶级时期著名的政治思想家、哲学家、古典自然法学派的杰出代表、自由主义思想家之一。他也是英国 1688 年政变和资产阶级与贵族联盟的理论家和辩护人。出身于清教徒家庭，从小接受严格的教育。清教徒的父亲在内战期间为议会军队作战。1646 年，洛克在威斯敏斯特学校接受了传统的古典文学的基础训练。1652年克伦威尔主政期间，洛克到牛津大学学习，并在那儿居住了15年。1656年，洛克获得学士学位，1658年获硕士学位。洛克既憎恶经院哲学，又憎恶独立教会派的狂热，主张宗教宽容。他深受笛卡尔哲学的影响，穷其一生而不为独断论所困扰。他开创了经验主义，也是第一个全面阐述西方宪政民主思想以及提倡人的"自然权利"的哲学家，他的政治理念深远地影响了美国、法国、英国以及其他的西方国家。其主要代表作有：《论自然法》《论宗教宽容》《基督教的合理性》《人类理解论》《政府论》等。

内容提要 ▶

《政府论》是洛克于1689—1690年出版的政治著作，汇集了洛克的主要政治哲学思想。它不仅使洛克成为古典自由主义思想的集大成者，而且对于后世的现实政治产生了深远的影响。1689年，洛克向争论异常激烈的英国思想界推出了他的《政府论》，从理论上为资产阶级统治及其新制度进行辩护和总结。全著包括破坏与建设两个方面，因而在结构上也分上下两篇，上篇是"破"，下篇是"立"。上篇集中驳斥了当时占统治地位的君权神授说和王位世袭论，下篇系统地阐述了公民政府的真正起源、范围、目的。融批判性和建设性为一体，以与其哲学经验论相区别的理性主义精神奠定了近代西方自然法哲学的基调。

洛克在《政府论》一书中所倡导的天赋人权、自由、平等、私有财产神圣不可侵犯、法治、分权、人民主权等理念，在西方世界产生了巨大的影响。伏尔泰、孟德斯鸠、卢梭、杰弗逊等许多西方政治思想家和革命家莫不从《政府论》中汲取思想营养。启蒙运动、美国革命、法国大革命等西方资产阶级革命莫不留下《政府论》直接影响的烙印。美国《独立宣言》、法国《人权宣言》等资产阶级的重要历史文献莫不充分体现《政府论》的基本思想。因而，《政府论》被誉为"近

229

代资产阶级革命的《圣经》"。至今仍被学者们视为可同亚里士多德的《政治学》相媲美的政治学经典著作。

▌经典语录 ▶

法律的目的是对受法律支配的一切人公正地运用法律，借以保护和救济无辜者。

权力不能私有，财产不能公有，否则人类就进入灾难之门。

想想看，人类愚蠢到会去小心地避免那些可能使他们造成伤害的臭鼬或是狐狸，却不担心狮子对他们安全造成的威胁。

在参加社会时，每个人都交给了社会一些权力，只要社会不消失，这些权力就不能重归于个人手中，而是继续留在社会中；如果不是这样，就不会有社会，也不会有国家，而这是与原来的协议相悖的。同样地，如果社会已经把立法权交给了议会，由他们和他们的后继者来继续行使这些权力，并给议会规定产生后继者的范围和职权，那么，只要政府不消失，立法权就不能重新回到人民手中；因为他们已经赋予了立法机关以权力，并且让立法机关永远存在，那么人民放弃的政治权力就不能再收回了，而只能给予立法机关。但是如果规定了立法存在的期限，让这种权力只是暂时被任何个人或议会所拥有，或如果掌权的人由于滥用职权而丧失权力，那么在丧失权力所规定的期限到了的时候，社会可以重新拥有这些权力。

谁都不能把多于自己所有的权力给予他人。

进行战争或媾和的行为仅能证明拥有使那些为他进行战争与媾和的人们进行或停止敌对行动的权力，并不能证明其他任何权力。在很多情况下，任何人都能够拥有此种权力，而不必处于政治上的最高地位。所以，作战或媾和不能证明这样做的人便是政治上的统治者。

《论法的精神》

孟德斯鸠（1689—1755），法国启蒙思想家、法学家。他是法国启蒙时期一位百科全书式的学者，也是西方国家学说和法学理论的奠基人，与伏尔泰、卢梭合称"法兰西启蒙运动三剑侠"。孟德斯鸠出生于法国波尔多附近的一个贵族世家，幼年学习过古希腊语和拉丁语，后来专攻法律。1716 年孟德斯鸠继承伯父的子爵爵位和法院院长职务。在工作中，他认识到封建法律是为王权服务的，开始怀疑法律能否做到真正公允。1728 年他辞去法院院长职务，从此他潜心读书，涉猎各类学科，获得了广博的学识，在学术上取得了巨大成就，得到了很高的荣誉，主要著作有《论法的精神》《波斯人的信札》《罗马盛衰原因论》。孟德斯鸠是资产阶级法的理论的奠基人之一，他认为法的基础是人的理性；立法、行政、司法三权分立是理想的政治制度。他的理论后来成为资产阶级政治制度的基本原则。

内容提要 ▶

《论法的精神》于 1748 年出版，是孟德斯鸠关于法律和政治思

231

想的里程碑式的著作，也是其最重要的、影响最大的著作。全书分为三卷：第一卷主要是关于法的概述以及法与政体之间的关系；第二卷讨论的是法与政治权力的关系；第三卷论述了法律与地理环境的关系。作者指出法律同政体、自然地理环境、宗教、风俗习惯等各种因素有关系，法律之间也有关系，这些关系构成"法的精神"。具体而言，作品阐述了自然法理论、法和法律定义、法律与政体关系，以及政体分类、各种政体的性质和原则等问题；阐述政治自由和三权分立学说，并以英国为例提出了君主立宪制的政治主张；论述了自然条件同政治法律的关系，认为自然地理环境对社会政治法律制度具有重大的制约性；论述了法律和工业、商业、货币、贸易、人口及宗教等关系，主张兴办工商业，发展贸易，反对横征暴敛，促进国际交往和世界和平；并论述罗马继承法和法国民法的起源和变革；强调严格区分各种法律规定的范围和制定法律应遵循的原则及其应注意的问题。这部著作影响深远，奠定了近代西方政治与法律理论发展的基础，该书中提出的追求自由、主张法治、实行分权的理论，对世界范围的资产阶级革命产生了很大影响。

▌经典语录 ▶

一切有权力的人都容易滥用权力，这是亘古不变的经验。防止滥用权力的方法，就是以权力约束权力。

显要人物的特权的光荣恰恰就是平民的耻辱。

如果司法权同行政权合而为一，法官便将握有压迫者的力量。

要想使国家稳固，就应该使两极尽可能地接近；既不许有豪富，也不许有赤贫。这两个天然分不开的等级，对于公共幸福同样是致命的；一个会产生暴政的拥护者，而另一个则会产生暴君。他们之间永远是在进行着一场公共自由的交易：一个是购买自由，另一个是出卖自由。

一个公民的政治自由是一种心境的平安状态。这种心境的平安状态是从人人都认为他本身是安全的这个看法产生的。要享有这种自由，就必须建立一种政府。在它的统治下一个公民不惧怕另一个公民。

在必然有身份差别的国家里，就必然有特权的存在。

自由并不意味着人们想干什么就干什么，自由仅仅意味着在法律许可范围内做一切事情的权利。

在我看来，所谓的平等可以分为以下几种：第一，结果平等（不可能的）；第二，起点平等（也不可能）；第三，机会平等（不完全可能）；第四，规则平等（比较可取）。

一个优良的民主国家与一个糟糕的民主国家的区别是：前者只给予公民以法律上的平等，即法律面前人人平等；后者则力图拉平不同的等级和不同的地位，使人们之间获得绝对意义的平等。

《联邦党人文集》

▎作者简介▶

亚历山大·汉密尔顿（1757—1804），原为律师，以后曾任华盛顿总司令的军事秘书和革命军团长；曾参加过被称为制宪议会先驱的安那波利斯会议，是制宪会议的成员；新政府成立后，任首任财政部长。

约翰·杰伊（1745—1826），律师兼外交家。主要从事外交活动，是1783年美国独立条约的签订人，也是1793年中立宣言的起草人；1794年，曾同英国签订解决合约签订后争端的"杰伊条约"。新政府成立，曾任临时国务卿，后任第一任最高法院首席大法官（美国首席大法官）、第二任纽约州长等。

詹姆斯·麦迪逊（1751—1836），独立运动的主要人物之一。曾参加第一届大陆会议；在费城制宪会议中作用卓著，并保存了最完整的会议记录，有"宪法之父"之称。新政府成立时任众议员；在第一届国会期间，在拟定人权法案时起了重要作用；后任国务卿和第四任总统。

内容提要

《联邦党人文集》是由亚历山大·汉密尔顿、约翰·杰伊和詹姆斯·麦迪逊三人为争取批准新宪法在纽约报刊上共以"普布利乌斯"为笔名而发表的一系列的论文文集。1787年美国制宪会议通过新宪法后，各州对新宪法产生了两种截然相反的意见：一种拥护，一种反对。因此发生了美国历史上最激烈的一场论战。《联邦党人文集》就是这场论战的产物。这部文集的中心论点是阐明需要建立中央相对集权的强大的联邦政府，以保证政治上的统一，实现国内安定，促进经济繁荣，但也不过多地侵犯各州和个人的权利。这同联邦政府的权力不能集中的软弱情况相比，更能符合获得独立后的资产阶级当时的政治愿望。所以，本书对各州批准新宪法起了促进作用。一般认为，它是对一直沿用到今天的美利坚合众国宪法和联邦政府所依据的原则的精解说明。美国最高法院曾把它作为宪法的来源加以引证。美国一般律师也有这种看法。曾任美国最高法院首席大法官的马歇尔说："其实质上的优点使它具有这种崇高的地位。"在资产阶级的政治学史上，尤其在代议制政体的理论方面，本书都被认为是一部重要著作。它对后来不少资本主义国家宪法的制定，也有相当影响。

经典语录

滥用自由和滥用权力一样会危及自由。

当损害人民权力的手段由人民最不怀疑的人掌握时，人民往往处于最大的危险之中。

中立的权利只有在有足够的力量进行保卫时才会受到尊重。一个衰弱而卑下的国家，连中立的权利都会丧失殆尽。

防止把某些权力逐渐集中于同一部门的最可靠方法，就是给予各部门的主管人抵制其他部门侵犯的必要法定手段和个人的主动。

仅只在书面上划分各部门的法定范围，不足以防止导致政府所有权力残暴地集中在同一些人手中的那种侵犯。

《常 识》

作者简介

托马斯·潘恩（1737—1809），英裔美国思想家、作家、政治活动家、理论家、革命家，激进民主主义者，被广泛视为美国开国元勋之一。代表作品有《常识》《北美危机》《人权论》《理性时代》等。潘恩医生经历丰富多彩，颇为传奇。他生于英国诺福克郡，曾继承父业做过裁缝，还先后做过鞋匠、英语教师、税务官员。1765 年受到富兰克林的赏识。1774 年来到北美大陆，投身于争取北美独立事业。1776 年以"一个英国人"的署名发表《常识》。后来又投身欧美革命运动，写下轰动英法两国的巨著《人权论》。1789 年，他参与法国大革命，成为领袖之一，但因为政见相左（潘恩反对处死路易十六），被罗伯斯庇尔投入监狱。1792 年他被选入法国国民公会。1802 年在杰弗逊总统的邀请下，潘恩返回美国，却因《理性的时代》强硬的反宗教立场，不幸受尽奚落、侮辱和攻击，还被人开了一枪，于 1809年死去，由好心的法国房东太太将其埋葬，葬礼仅数人参加。潘恩是激进的民主主义者和自然神论者，他的"世界公民"理念宣传建立"世界共和国"，他也是公共教育、最低工资限额的提出者之一。在潘恩思想体系中，国王与贵族不存在了，人与人之间是平等的。此外，他对教会持极为严厉的批评态度，曾表示："宗教里的基督教体系是对常识的一个侮辱。"也正是在宗教问题上的冒天下之大不韪，终至于众叛亲离、潦倒而终。

235

内容提要 ▶

《常识》是北美独立战争期间，潘恩发表的一本小册子。在这个小册子里，潘恩针对当时亟待解决的几个问题作了回答：首先，他认为应当反对的不是内阁，而是国王和君权制。君权制才是一切罪恶的来源。议会是英国政体中的共和部分，那是应当尊重的。其次，他认为美国应当革命、独立，而不是展示武力，使英国忌惮妥协，因为妥协意味着毁灭。美军必然胜利。美国要将北美事件这一场内战变成独立革命。最后，他认为赶走英国总督、民族独立后，不应当沿袭英国式的君主立宪政体，而应当建立一个共和国。君主制是违反天意的，北美的王应当是宪章和法律。《常识》深刻揭露了英国的黑暗与压迫本质，公开提出了美国独立问题，并痛斥世袭君主制的罪恶，极力主张脱离英国而独立，成了战争期间人民大众的教科书，使得很多北美人最终下定决心与英国决裂，极大地鼓舞了美国独立士气，成为北美人民明确的战斗纲领和建立独立的美利坚合众国的指路灯，也给后人留下了一笔宝贵的政治思想遗产。《常识》问世后在北美大陆广为流传，不到三个月，发行了 12 万册，总销售量达 50 万册以上。其中的思想随后被吸收为《独立宣言》的精华。

经典语录 ▶

长期滥用权力通常会导致对权力本身合法性的质疑。

所有争取和平的温和的方法都没有奏效。我们的历次恳求都被鄙夷地一口回绝；这使我们相信，没有什么比反复请愿更能取悦国王们的虚荣心并证实他们的顽固了———而且只有那种做法最能助长欧洲国王们的专制。

由于这个国家中善良的人民遭受着联合压迫的痛苦，他们毫无疑问有权来质疑国王和他的议会的合法性，同样也有权拒绝任何一方的侵犯。

在很大程度上，北美的目标就是全人类的目标。

正如在专制政府中，国王便是法律一样，在自由国家中法律便应该成为国王，而且不应该有其他的作用。

如果不摆脱某种执念爱好的影响，我们就无法公正地看待他人；同理，当我们被顽固的偏见束缚时，也无法公正地对待自己。

三、经 济

《国 富 论》

作者简介 ▶

亚当·斯密（1723—1790），英国经济学家，英国古典政治经济学的主要代表人物之一，经济学的主要创立者。

1723 年他出生于苏格兰一个海关官员的家庭，14 岁考入格拉斯哥大学，学习数学和哲学，并对经济学产生兴趣。17 岁时转入牛津大学。毕业后，1748 年到爱丁堡大学讲授修辞学与文学。1751—1764 年回格拉斯哥大学执教，其间他的伦理学讲义经修订在 1759 年以《道德情操论》为名出版，为他赢得了声誉。1764 年他辞了教授，担任私人教师，并到欧洲旅行，结识了伏尔泰等名流，对他有很大影响。1767年他辞职，回家乡写作《国富论》，9年后《国富论》出版。1787年他出任格拉斯哥大学校长。1790年逝世。

《国富论》全称为《国民财富的性质和原因的研究》，是英国古典经济学家亚当·斯密用了近10年时间创作的经济学著作，首次出版于1776年。

《国富论》认为人的本性是利己的，追求个人利益是人民从事经济活动的唯一动力。同时人又是理性的，作为理性的经济人，人们能在个人的经济活动中获得最大的个人利益。如果这种经济活动不会受到干预，那么，经由价格机制这只"看不见的手"引导，人们不仅会实现个人利益的最大化，还会推进公共利益。

《国富论》这部著作奠定了资本主义自由经济的理论基础，该书的出版标志着古典政治经济学理论体系的建立，堪称西方经济学界的"圣经"。

经典语录 ▶

人天生，并且永远，是自私的动物。

从来不向他人乞求怜悯，而是诉诸他们的自利之心；从来不向他人谈自己的需要，而是只谈对他们的好处。

交换倾向出于自利的动机，并且引发了分工。

劳动分工是提高劳动生产率的主要原因。

一个人是贫是富，就看他能在什么程度上享受人生的必需品、便利品和娱乐品。

239

《就业、利息和货币通论》

作者简介 ▶

约翰·梅纳德·凯恩斯（John Maynard Keynes，1883—1946），

英国经济学家，现代经济学最有影响的经济学家之一，也是 20 世纪西方世界应付内外危机、实现国家和社会治理的政策和思想传统的根本转换的枢纽型人物。

1936 年，其代表作《就业、利息和货币通论》（*The General Theory of Employment, Interest and Money*）出版，凯恩斯另外两部重要的经济理论著作是《货币改革论》（*A Tract on Monetary Reform*，1923）和《货币论》（*A Treatise on Money*，1930）。

他因开创了一场导致经济学研究范式和研究领域根本转变的"凯恩斯革命"而著称于世，被后人称为"宏观经济学之父"。

内容提要 ▶

《就业、利息和货币通论》是英国经济学家约翰·梅纳德·凯恩斯创作的经济学著作，首版时间是 1936 年。书中反映了 20 世纪 30 年代经济大危机时期充分暴露出来的某些实际情况，如失业严重、资本产品大量过剩等，并提出了缓解这些矛盾的对策，为当时束手无策的资本主义世界指出了一条摆脱困境的出路。《就业、利息和货币通论》作为凯恩斯的代表作，标志着凯恩斯主义这一独立的理论体系的形成。它修正了传统西方就业理论的核心——萨伊定律，试图变革由劳动市场论、利息论和货币论组成的传统就业理论，并且提出治理当时经济危机的对策。该书是现代西方经济崛起的原动力，标志着现代西方宏观经济学的产生。

经典语录 ▶

如果一个人单独进行思考的时间太长，那么，他会暂时相信愚蠢的东西，甚至达到令人惊奇的程度。改善组织结构或者增强预见能力以减少"摩擦性"失业。

经济学家和政治哲学家们的思想，不论它们在对的时候还是在错的时候，都比一般所设想的要更有力量。的确，世界就是由它们统治着。讲求实际的人自认为他们不受任何学理的影响，可是他们经常是某个已故经济学家的俘虏。在空中听取灵感的当权的狂人，他们的狂乱想法不过是从若干年前学术界拙劣作家的作品中提炼出来的。

人类的积极行动的很大一部分系来源于自发的乐观情绪，而不取决于对前景的数学期望值，不论乐观情绪是否出自伦理、苦乐还是经济上的考虑。关于结果要在许多天后才能见出分晓的积极行动，我们大多数决策很可能起源于动物的本能———种自发的从事行动、而不是无所事事的冲动；它不是用利益的数量乘以概率后而得到的加权平均数所导致的后果。不论各个企业以何种坦率而真诚的程度来宣称：它们从事经营的主要动机已由企业的组织章程所说明；它们在实际上不过是把它们的动机假装成为如此而已。事实上，根据对将来的收益加以精确计算后而作出的经营活动只不过比南极探险的根据稍多一些。

如果投机者像在企业的洪流中漂浮着的泡沫一样，他未必会造成祸害。但是，当企业成为投机的旋涡中的泡沫时，形势就是严重的。当一国资本的积累变成赌博场中的副产品时，积累工作多半是干不好的。

不论早晚，不论好坏，危险的东西不是既得利益，而是思想！

《经济发展理论》

作者简介 ▶

约瑟夫·阿洛伊斯·熊彼特（1883—1950），是20世纪最受推崇的经济学家之一。在经济学史上，他的地位超卓，与亚当·斯密、凯恩斯、马歇尔等人并称为"世界上最伟大的经济学巨匠"。熊彼特的理论是西方经济学的重要遗产，是他首创了"创新"学说。而他不但是知识经济的先驱者，其思想更是21世纪的主流思潮，到今天依然在全世界拥有无数拥趸和信徒。作为一名富于开创性思想的经济学家，熊彼特一生著述等身，在经济学领域做出了卓越的贡献。其主要著作有：《国民经济理论的本质与主要内容》《经济发展理论》《经济周期》《资本主义、社会主义与民主》《从马克思到凯恩斯的十大经济学家》等。作为一名有着出色眼光和睿智通达的思想大家，他曾对被誉为"现代管理之父"的彼得·德鲁克说过："仅仅凭借自己的书和理论而流芳百世是不够的。除非能改变人们的生活，否则就没有任何重大的意义。"一句话道出了经济学的最本质内涵。

内容提要 ▶

《经济发展理论》一书是熊彼特早期成名之作，熊彼特在这本著作里首先提出的"创新理论"（Innovation Theory）曾轰动西方经济学界并且一直享有盛名。《经济发展理论》问世于1911年，被誉为西方经济学界第一本用"创新"理论来解释和阐述资本主义的产生和发展的专著，在经济学中的地位可以和凯恩斯的《就业、利息和货币通论》相提并论，是对古典经济学的重大突破。

熊彼特首先依据古典经济学的静态范式构建了虚构的"循环之流"。然后，熊彼特指出，发展是打破静态体系的动力所在，而构成发展的两个核心要素是企业家和货币（或者说信用）。发展就是企业家在信用的帮助下，成功地实施新组合，也就是俗称的"创新"。企业家是经济体系中最独具个性的人物，而为实施新组合而创造出来的信用则是企业家不可或缺的工具。以此为基础，熊彼特深刻而令人信服地论证了企业家利润、利息、经济周期等重大经济现象背后的机理。将经济学理论从静态引向动态是该书的重大创见。

而今天，当我们阅读《经济发展理论》时，会发现熊彼特所具有的惊人的时代洞察力：从经济增长到结构性改革、从经济转型到宏观调控、从企业创新到企业家精神，他为世界性经济衰退开出了治标治本的"药方"。

经典语录 ▶

假如让经济偏离发展平滑线路的这些情况只是罕见的现象，那么它们是不会让理论家关注有加，也不会构成一个有待研究的问题的。

事实上，引发危机的真实原因，很可能是来自纯经济部门以外，即危机是外部干扰作用于经济的结果。危机发生的频率及规律性，都不是危机由经济内生的确凿证据，因为不难想象，具有这两个特点的干扰因素，在生活中也很常见。因此，危机应该只是一个经济自我调节的过程，为的是适应新的条件。

尽管我们认同尤格拉的说法，即萧条的唯一原因是繁荣——这句话其实指的是，萧条只不过是经济对繁荣的反作用，或者说是适应繁荣带来的新形势，因此，他对萧条的解释，归根结底还是对繁荣的解释——但是，繁荣引起衰退的方式，毕竟和繁荣本身是两回事，眼尖的读者立刻会发现，这正是我和斯皮托夫的分歧所在。

事实表明，每一次正常的繁荣都起自某个或若干产业（比如铁路建设、电气产业、化工产业），繁荣的特点取决于诞生新组合的那个产业。虽说先行者为追随者直接清除了前者所在产业的障碍，但由于这些障碍的共性特点，事实上也一并清除了其他产业的障碍。对追随者来说，许多事情照搬照抄就好了；但反过来说，先行者定下的范例也成为追随者行事的标准；先行者取得的许多成就，比如打开国外市场，都可以直接为其他产业所用，更别说那些很快就出现的次要因素，比如不断上涨的价格。因此，先行者的影响力并不局限于他的一亩三分地，这样，更多的企业家集中出现，经济被带入技术及商业改组过程，要比在没有他们的情况下来得更快、更彻底。

243

利润之于生产资料，充其量相当于诗人创作的明篇之于草稿。

《经济学》

作者简介 ▶

保罗·萨缪尔森（Paul A. Samuelson，1915—2009)，是当代凯

恩斯主义的集大成者，发展了数理和动态经济理论，将经济科学提高到新的水平。他是当今世界经济学界的巨匠之一，他所研究的内容十分广泛，涉及经济学的各个领域，是世界上罕见的多能学者。萨缪尔森首次将数学分析方法引入经济学，帮助经济困境中上台的肯尼迪政府制定了著名的"肯尼迪减税方案"，并且写出了一部被数百万大学生奉为经典的教科书。他于1947年成为约翰·贝茨·克拉克奖的首位获得者，并于1970年获得诺贝尔经济学奖。

▌内容提要 ▶

《经济学》是美国经济学家保罗·安东尼·萨缪尔森创作的一部教科书性质的经济学著作，首次出版于1948年。1985年后的《经济学》版本由萨缪尔森与耶鲁教授威廉·诺德豪斯合撰修订。萨缪尔森的《经济学》在吸收各学派理论的基础上全面地介绍了经济学的基础知识，对现代经济学原理和美国乃至世界的经济制度体系进行了介绍和剖析。萨缪尔森在《经济学》中的最大贡献，是把从马歇尔为代表的新古典学派中的微观经济学部分与凯恩斯主义宏观经济学的理论相结合的经济学原理发展为主流经济学，取代了传统经济学理论在经济学上的霸主地位。《经济学》的出版标志着新古典综合体系的诞生。

▌经典语录 ▶

选择一种东西意味着需要放弃其他一些东西。一项选择的机会成本是相应的所放弃的物品或劳务的价值。

通过牺牲现在消费并生产资本，社会可以提高其未来的消费量。

经济学研究的是一个社会如何利用稀缺的资源生产有价值的商品，并将它们在不同的个体之间进行分配。

政府的核心经济目标是帮助社会按其意愿配置资源。

在其他条件相同的情况下，相对于不确定的消费水平来说，人们更喜欢做有把握的事情。也就是说，在同样的平均值条件下，人们宁愿要不确定性小的结果。由于这个原因，降低消费不确定性的活动能够导致经济福利的改善。

《资本主义与自由》

作者简介 ▶

　　米尔顿·弗里德曼（Milton Friedman），美国当代经济学家、芝加哥大学教授、芝加哥经济学派代表人物之一，货币学派的代表人物。以研究宏观经济学、微观经济学、经济史、统计学以及主张自由放任资本主义而闻名。1976年获诺贝尔经济学奖，以表扬他在消费分析、货币供应理论及历史、稳定政策复杂性等范畴的贡献。他的政治哲学强调自由市场经济的优点，并反对政府的干预。他的理论成了自由意志主义的主要经济根据之一，并且对20世纪80年代开始的美国的里根以及许多其他国家的经济政策都有极大影响。

内容提要 ▶

　　《资本主义与自由》一书着重介绍了弗里德曼的经济自由主义思想。他同时介绍了政治自由，以进一步来讨论它与经济自由两者之间的密切联系。并且，弗里德曼从人类历史发展的历程阐述了经济自由的必然性。该书主要阐明了两个思想：第一，资本主义社会一切活动的最终目的是达到经济自由，经济自由是政治自由得以实现的基础；第二，国家集权对经济生活的干预是弊多利少的，政府的职能范围应受到限制，应尽可能地通过市场和价格制度来加以执行。

　　全书的自由主义思想体系十分完整，涉及的问题很广，既表明了哲学观点，又反映了经济、社会主张。

245

▎经典语录 ▶

自由人既不会问他的国家能为他做些什么，也不会问他能为他的国家做些什么。他会问的是："我和我的同胞们能通过政府做些什么"，以便尽到我们个人的责任，以便达到我们各自的目标和理想，其中最重要的是：保护我们的自由。

对自由最大的威胁是权力的集中。

自由主义哲学的核心是：相信个人的尊严，相信根据他自己的意志来尽量发挥他的能力和机会，只要他不妨碍别人进行同样的活动的话。在一种意义上，这意味着对人与人之间平等的信念；在另一种意义上，意味着人与人之间不平等的信念。每个人都有得到自由的平等权利。

作为自由主义者，我们把个人自由，也许或许是家庭自由作为我们鉴定社会安排的最终目标。在这个意义上，作为一种生活目标的自由牵涉到和人们之间的相互关系。

经济安排在促进自由社会方面起着双重作用。一方面，经济安排中的自由本身在广泛的意义上可以被理解是自由的一个组成部分，所以经济自由本身是一个目的。另一方面，经济自由也是达到政治自由的一个不可缺少的手段。

《各国的经济增长》

▎作者简介 ▶

西蒙·史密斯·库兹涅茨（1901—1985），是1971年诺贝尔经济学奖的获得者。他在研究中所提出的为期20年的经济周期被西方经济学界称为"库兹涅茨周期"。他在国民收入核算研究中提出了国民收入及其组成部分的定义和计算方法，被经济学家们誉为"美国的GNP之父"。他对经济增长的分析，被西方经济学界认为揭示了各发达国家一个多世纪的经济增长过程，并提出了许多深刻的见解。

内容提要

　　《各国的经济增长》是当代西方经济学名著，全书内容涉及 10
多篇专论，其总标题是《各国经济增长的数量》。内容囊括了作者于
1956 年 10 月和 1967 年 1 月之间，作为《经济发展与文化动态》季
刊的文章，以及 1969 年 5 月作者在剑桥大学的马歇尔讲座发表的两
次讲演的内容。全书资料翔实，数据分析到位，深入浅出地对经济理
论进行了剖析。

经典语录

　　实质上，"经济"这个概念本身，且不管经济增长，它是一种抽
象；它是观察得到的生活潮流的变形，因为它夸大了某些因素，这些
因素是意义含糊并且被无数的变动和偏差所包围着的。

　　虽然人们普遍认为，需要一些超越制度上的更易或时间上和空间
上的差别有关的共同基础，但对一定的国家和时期在特定的度量上，
这条界线要确切地画在哪里，可能还会有不同的意见。

　　收入或支出对不同产品的需求弹性值显示出人均的收入或支出
（个人的和家庭的）与收入或支出中花费在各类消费品的比例或用于
储蓄的比例之间的关系。

　　在发达国家的历史中，由于结构的变革在经济社会内部各种利益
集团间充满着持续斗争的例子——不管特定的争端是谷物法，还是工
厂立法，或公司法规，或公共领域的管理，或奴隶和自由劳动，或是
集中化的与分散的银行经营，等等，比比皆是。因此，从整个社会的
长远利益考虑，首先要把紧张关系降到最低限度以便解决这些冲突，
并使作为有机体的经济保持活力，同时有能力做出必要的决策以适应
伴随着现代经济增长而出现的经济结构的不断变化，就成为主权国家
重要的职能之一。

247

　　支持的基础是大家都有一种社会的感觉，即对国家的利益应比隶属集团和个人利益更为主要这一观点的承认——可称之为所谓"现代民族主义"。

四、其他

《一个日内瓦居民给当代人的信》

作者简介 ▶

克劳德·昂利·圣西门（1760—1825），法国伯爵，是19世纪初叶杰出的思想家，马克思、恩格斯把他同傅立叶、欧文并列为三大空想社会主义者，主要代表作有《一个日内瓦居民给当代人的信》《论实业体系》《论文学、哲学和实业》《论实业制度》《新基督教》等。圣西门生于巴黎一个贵族家庭，年幼时受过良好的教育，是著名百科全书派学者让·勒朗·达朗贝尔的学生。他爱好研究唯物主义哲学，向往资产阶级的民主自由，对神学和封建制度采取批判态度。13岁时，他曾拒绝参加宗教仪式。17岁时，圣西门与家庭决裂，到军中服役。19岁时，他随法国军队参加了北美独立战争。北美独立战争后，圣西门回到法国。1789年，法国爆发了轰轰烈烈的大革命，这场革命运动对于圣西门思想的形成起了决定性的影响。他亲眼看到革命后建立的资本主义制度只给少数富有者和大资产阶级带来了利益，认为三权分立的实行并没有真正解决社会问题。他批评资本主义社会是一个"黑白颠倒的世界"，它弊病百出，极不合理，需要以一个"旨在改善占人口大多数的穷苦阶级命运"的新社会取而代之。因此，他

决心编写一部新的百科全书，并把"发明"和论证这种新社会的社会制度作为毕生的使命。从此，圣西门开始著书立说。在他的著作中，他一方面对资本主义制度进行了尖锐的批判；另一方面设计了一个理想的未来社会制度"实业制度"。在实业制度下，社会唯一的目的是运用科学、艺术来满足人们的需要，一切人都劳动，按科学计划组织生产，按才能和贡献实施分配，国家将变成生产管理机关。但圣西门没有提出消灭私有制，还幻想通过利用资本家的金钱资助来实现他的理想社会。在哲学思想上，圣西门既有唯心主义，也有唯物主义。关于社会发展的动力，他认为科学知识、道德和宗教的进步决定着社会的发展，同时他又承认所有制和阶级在社会发展中的作用。圣西门的思想为后来的马克思的科学社会主义理论做了准备。他的社会实践也为后来的人们提供了历史经验。

内容提要

《一个日内瓦居民给当代人的信》是圣西门的第一篇重要著作，1802年写于日内瓦，1803年在巴黎匿名发表。该书第一次提出阶级斗争的思想，初步阐述了圣西门的社会主义思想，表述了他的空想实业制度的一些初步设想。作者把人类分成三个阶级：学者、艺术家和一切有自由思想的人是第一个阶级；有财产而不愿改革的人是第二个阶级；无产者，即人类的其余一切成员是第三个阶级。圣西门认为，富人对穷人的优势只是知识上的优势，因此认为可以用科学和知识去改造统治阶级与被统治阶级，即让第二阶级通过科学和艺术上升为第一阶级，第三阶级则通过掌握知识和文化的方式上升为第二阶级甚至第一阶级。书中还号召人们致力于人类幸福这一壮丽事业，并提出普遍生产劳动的思想，认为一切人都应当劳动，都要把自己看成属于某一个工场的工人。

▌经典语录 ▶

一切有天才的人，一旦在政府中担任职务，就要在现实方面和荣誉方面蒙受损失，因为他们为了履行自己的职务，就得忽视对于全人类比较重要的工作；或者相反，如果他们抑制不住自己才华的迸发，就得轻视自己的公职。

物极必反，坏事达到了极点，也就有了补救的办法。

一系列的观察，证实了这样一个事实：每个人都或多或少地希望自己凌驾于其他一切人之上。但是经过推理，也证明了这样一个问题：凡是不同他人断绝往来的人，在同他人的关系方面都兼有优势和劣势。

自古以来的宗教没有一个是根据上帝的意志建立起来的。

必须让有天才的人独立，而人类应当深刻地掌握一条真理，即人类要使有天才的人成为火炬，而不要让他们忙于私人利益，因为这种利益会降低他们的人格，使他们放弃真正的使命。

《人口原理》

▌作者简介 ▶

托马斯·罗伯特·马尔萨斯（Thomas Robert Malthus，1766—1834）。英国教士、人口学家、经济学家。马尔萨斯出生于一个富有的家庭，1784 年他被剑桥大学耶稣学院录取，主修数学。1791 年他获得硕士学位，并且在两年后当选为耶稣学院院士。他以其人口理论闻名于世，被凯恩斯尊称为"第一位剑桥经济学家"。

从两个不变法则出发：一是食物为人类生存所必需；二是两性间的情欲是必然的。论证人口以几何级数增加，生活资料以算术级数增加，人口增长必然超过生活资料增长。人口自然法则要求二者保持平衡，因此，必然发生强大的妨碍，阻止人口的增加，这种妨碍就是贫穷与罪恶。

马尔萨斯在《人口原理》初版中把自己的观点概括为三个命题，即"人口增加，必然为生活资料所限制；生活资料增加，人口也必然增加；占优势的人口增加力，为贫困和罪恶所抑制，使人口和生活资料保持均衡"。

■ 经典语录 ▶

设世界人口为任意数目，比如说 10 亿，那么人口将按 1、2、4、8、16、32、64、128、256、512 的比率增加，而生活资料将按 1、2、3、4、5、6、7、8、9、10 类推，两者的差距将几乎无法估算，尽管那时产量已增至极高的水平。

这种残酷的斗争，肯定会使许多部落灭绝。还有一些部落很可能由于饥困交加而自行灭亡。另一些部落则在其头领较为正确的领导下，日益强大起来，继而又派遣新的冒险者寻求更为富饶的地盘。这种为争夺生存之地而进行的不间断斗争，消耗了大量生命，但强大的人口增殖力却对此做了超量的补充，经常不断地迁徙，使人口增殖力在某种程度上得以毫无阻碍地发挥作用。

即便是俗语所说的明白事理的人也经常犯罪，这就足以证明，某些真理虽可使人信服，却不会对人的行为产生适当的影响。

衡量任何国家人口真实而持续不断增加的唯一正确的尺度，是生活资料的增加。在其他一切条件相同的情况下，可以断言，一国人口的多少随其所生产的人类食物的数量而定，而该国人民的幸福则取决于食物分配的宽裕与否，或者说，一天的劳动所能换得的食物数量。

一切生物都有超越为它准备的养料和范围而不断增殖的经常趋势。

《战争论》

劳塞维茨卡尔·菲利普·戈特弗里德·冯·克劳塞维茨（1780—1831），普鲁士军事理论家和军事历史学家，普鲁士将军，19世纪军事理论家，西方近代军事理论的鼻祖。他著有《战争论》一书，为后人留下了大量的军事资料。

内容提要

《战争论》是普鲁士军事理论家卡尔·冯·克劳塞维茨创作的一部军事理论著作，在《战争论》中，克劳塞维茨揭示了战争从属于政治的根本性质，认为战争是政治通过另一种手段的继续；指明了人的因素尤其是精神力量对于战争胜负的作用，认为统帅的才能、军队的武德等是作战的关键；阐述了战争的性质有向民众战争转变的历史趋势，对民众战争的地位和作用作了充分的肯定；探讨了战略和战术、进攻和防御、战争的目的和手段之间的辩证关系，提出了集中优势兵力歼灭敌人等理论。《战争论》被誉为西方近代军事理论的经典之作，是军事思想史上自觉运用辩证法总结战争经验的战争理论经典，为近代西方军事思想体系的形成和发展奠定了理论基础，被誉为"战略学的《圣经》"。

经典语录

统帅必须用自己内心之火和精神之光重新点燃全体部下的信念之火和希望之光。只有做到这一点，他才能控制他们，继续统率他们。

如果拒绝不同的见解不是出于有更好的信念，不是出于对较高原

253

则的信赖，而是出于一种抵触情绪，那么坚定就变成顽固了。

战争无非是政治通过另一种手段的继续。

对统帅来说，正确而准确的眼力比诡诈更为必要，更为有用。

战争就其本义来说就是斗争，因为在广义上称为战争的复杂活动中，唯有斗争是产生效果的要素。斗争是双方精神力量和物质力量通过物质力量进行的一种较量。

自然科学篇

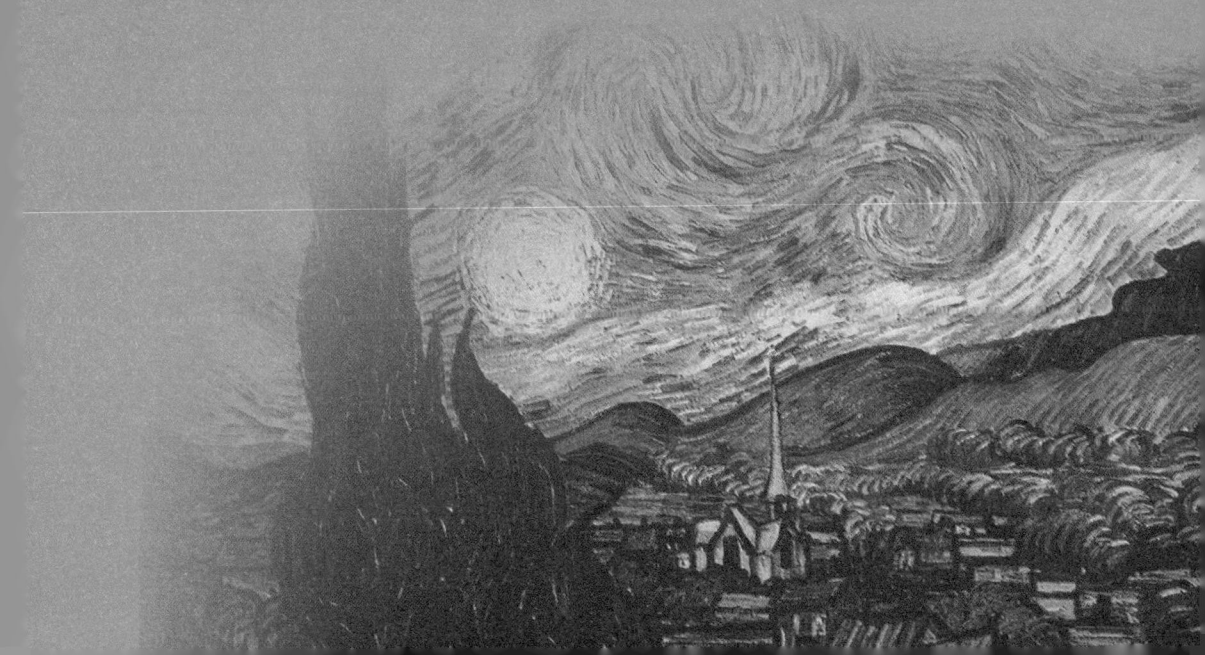

一个国家的发展水平，离不开自然科学的发展水平，一个没有发达的自然科学的国家不可能走在世界前列。习近平总书记在中国科学院第十七次院士大会、中国工程院第十二次院士大会上的讲话中指出："广大青年科技人才要树立科学精神、培养创新思维、挖掘创新潜能、提高创新能力，在继承前人的基础上不断超越。"所以，除了文史哲和社会科学类的书籍，自然科学类的作品也需要了解。

　　自然科学类的书籍涵盖面极广，其中就包括《笛卡尔几何》《李比希文选》《海陆的起源》《薛定谔讲演录》等经典。下面，我们就来学习一些自然科学领域的经典著作。

《笛卡尔几何》

　　勒内·笛卡尔（1596—1650），法国著名哲学家、物理学家、数学家、神学家，出生于法国安德尔—卢瓦尔省的图赖讷拉海（现改名为笛卡尔以纪念这位伟人），逝世于瑞典斯德哥尔摩。笛卡尔被广泛认为是西方现代哲学的奠基人，他第一个创立了一套完整的哲学体系，被黑格尔称为"现代哲学之父"。哲学上，笛卡尔是一个二元论者以及理性主义者。笛卡尔认为，人类应该可以使用数学的方法——也就是理性——来进行哲学思考。他相信，理性比感官的感受更可靠，留下名言"我思故我在"的名句，提出了"普遍怀疑"的主张。他的哲学思想深深影响了之后的几代欧洲人，开拓了所谓"欧陆理性主义"哲学。同时，他又是一位勇于探索的科学家，他对现代数学的发展做出了重要的贡献，因将几何坐标体系公式化而被认为是"解析几何之父"，并且创立了著名的平面直角坐标系。笛卡尔堪称 17 世纪的欧洲哲学界和科学界最有影响的巨匠之一，被誉为"近代科学的始祖"。

257

　　后世的数学家和数学史学家都把《笛卡尔几何》作为解析几何的起点。《笛卡尔几何》共分三卷，第一卷讨论尺规作图；第二卷是曲

线的性质；第三卷是立体和"超立体"的作图，但它实际是代数问题，探讨方程的根的性质。从《笛卡尔几何》中可以看出，笛卡尔的中心思想是建立起一种"普遍"的数学，把算术、代数、几何统一起来。他设想，把任何数学问题化为一个代数问题，再把任何代数问题归结到去解一个方程式。笛卡尔创立的"解析几何学"改变了自古希腊以来代数和几何分离的趋向，把相互对立着的"数"与"形"统一了起来，使几何曲线与代数方程相结合。笛卡尔的这些成就，为后来牛顿、莱布尼茨发现微积分，为一大批数学家的新发现开辟了道路。

经典语录 ▶

我们要解决某一问题时，我们首先假定已经得到，并给为了作出此解而似乎要用到的所有的量，不论它们是已知的还是未知的。

若我们视几何为科学，它提供关于所有物体的一般的度量知识，那么我们没有权利只保留简单曲线而排除复杂曲线。

固然，我们注意到，我们内心中只有悟性才有真知能力，但是，有其他三种功能可以帮助或阻碍悟性，它们是：想象、感觉和记忆。所以，应该依次看一看其中的每一个可能怎样有害于我们，使我们得以避开；其中的每一个可能怎样有利于我们，使我们得以充分发挥其功效。

在察看了若干单纯命题之后，要想从中得出其他推论的话，不妨以连续的毫不间断的思维运动把那些命题通观一遍，考虑它们相互之间的关系，也不妨择出若干来尽可能清楚地全面加以构想：只有这样，我们的认识才可以更加确定得多，心灵的认识能力才能大为提高。

由此可见，同一主体可以有无穷无尽的各种不同的维，它们对被度量物并不增添什么；然而，各种不同的维，即使在主体本身中有真实依据，我们对它们的领悟，仍然相同于我们经心灵选择、通过思维把它们构造而成。

《百科全书》

　　《百科全书》主编是狄德罗。参加撰稿的有160余人，他们哲学观点不同，宗教信仰不一。其中有达朗贝尔、爱尔维修、霍尔巴赫，以及孟德斯鸠、魁奈、杜尔哥、伏尔泰、卢梭、比丰等声誉卓著的改革者。

　　德尼·狄德罗（1713—1784），法国启蒙思想家、唯物主义哲学家、无神论者和作家，百科全书派的代表。他的最大成就是主编《百科全书，或科学、艺术和手工艺分类字典》（通常称为《百科全书》），此书概括了18世纪启蒙运动的精神，恩格斯称赞他是"为了对真理和正义的热诚而献出了整个生命"的人，他也被视为是现代百科全书的奠基人。他除了主编《百科全书》，其他主要著作有《对自然的解释》《关于物质和运动的哲学原理》《达朗贝尔和狄德罗的谈话》《生理学基础》等。

内容提要 ▶

　　《百科全书》全称为《百科全书，或科学、艺术和手工艺分类字典》，是一部以字母顺序排列的多卷本图书。全书共32卷，包括正文17卷，附录4卷，图片11卷，包含了6万条论题，几乎囊括了当时科学、神学、哲学等各个主要学科的知识领域，最及时地总结了18世纪的研究成果。1749年，狄德罗因抨击专制制度和宗教神学而被捕入狱。出狱后，他组织许多思想家编纂《百科全书》，坚持20余年之久，于1772年完成这一巨著。在编纂《百科全书》的过程中，以狄德罗为首的唯物论者形成了百科全书派，反对封建特权制度和天主教会，向往合理的社会，认为迷信、成见、愚昧无知是人类的大敌。他们主张一切制度和观念要在理性的审判庭上受到批判和衡量，推崇机械工艺，孕育了资产阶级务实谋利的精神。

259

■ 经典语录 ▶

　　全部知识可以分为直接的和经过思考的两类。这样说吧，当我们的意识的大门洞开的时候，我们当即可以获得直接知识，没有障碍，无须费劲，也不必动脑筋；而经过思考的知识，则要求我们的头脑将它所储存的直接知识加以组合并重新整理。

　　完全没有理论而要想大大推进实践，或者相反，完全没有实践而要想成为理论大师，这如果不是全无可能的话，至少也是非常困难的。

　　如果把取得知识和交流思想的方式归结为一种艺术，那将是很有用的。他们终于找到了这种艺术，并把它称之为逻辑。

　　尽管我们承认这位伟人是我们的导师，但我们也不认为自己有义务点滴不差地追随他。

　　完全没有理论而要想大大推进实践，或者相反，完全没有实践而要想成为理论大师，这如果不是全无可能的话，至少也是非常困难的。

《人类在自然界的位置》

■ 作者简介 ▶

　　托马斯·赫胥黎（1825—1895），英国著名生物学家、博物学家、教育家。因捍卫查尔斯·达尔文的进化论而有"达尔文的坚定追随者"之称。赫胥黎是一个兴趣广泛而又才华横溢的人，他在比较解剖学、海洋生物学、人类形态学和古生物学等方面做出了杰出的贡献，一生发表过150多篇科学论文，代表作品有《人类在自然界的位置》《脊椎动物解剖学手册》《进化论与伦理学》等。赫胥黎是达尔文进化论最杰出的代表，在达尔文发表《物种起源》一书后，他竭力传播进化学说，是第一个提出人类起源问题的学者。在长达数十年为进化论而进行的斗争中，赫胥黎一直站在最前线，充当捍卫真理的"斗犬"。

人们高度评价赫胥黎坚持真理、捍卫和传播科学真正的崇高品格，有人赞扬他说："如果说进化论是达尔文的蛋，那么，孵化它的就是赫胥黎。"作为教育家，赫胥黎对于19世纪后半期的英国教育改革具有决定性影响。他积极提倡科学教育，尖锐批判传统的古典教育，他一生追求促进自然科学知识的发展，推动科学研究方法在生活诸多方面的应用，以及普及科学知识，发展和组织科学教育。

▌内容提要 ▶

《人类在自然中的位置》是赫胥黎的代表作，也是生物学史上的经典科普著作之一。这部著作是在《物种起源》广受争议的背景下写成的。达尔文的《物种起源》面世后，引起了科学界一片哗然，人们纷纷指责达尔文将野蛮的动物与人类相提并论是愚蠢无知的行为。然而，时任英国皇家科学院成员的赫胥黎却在仔细阅读《物种起源》之后，坚定地认为这是一部举世传奇的著作，它的理论必将影响全人类的进程。因此，他立刻着手对达尔文进化学说进行宣传和普及，也因此完成了《人类在自然界中的位置》这一伟大著作。赫胥黎在《人类在自然界中的位置》中梳理了类人猿的发现史，并将人类、类人猿和大猩猩在解剖结构和行为习性等方面进行了比较，给出了胚胎学方面的证据，详细讨论了人类和次于人的动物的关系。他对达尔文的进化学说持肯定观点，认为人类与猿类拥有同一个祖先，但这并不能表明人类与猿类完全一样。在书中，赫胥黎不仅全面、形象地论述了进化论的科学性，还充分发挥了他的说辩技巧，使整个论述过程极富生气，以睿智的头脑和充足的证据阐释了达尔文进化学说的合理性。

经典语录 ▶

对动物之间的相似性和差异性的研究，使博物学家将动物划分为若干群组或集团，每一群组的成员都表现出特定数量的相似特征。群组越大，相似性就越小；反之，群组越小，相似性就越大。

我们应不放大，也不缩小，尽力查清我们人类与猿类之间的不同之处。

所以，人类和次于人类的动物最初的身体进化过程是相同的——早期的形成过程相同，出生前后获取营养的方式也相同。

人和猿之间的相似等同于猿和猿之间的相似，人和猿之间的差异等同于猿和猿之间的差异。尽管这些差异和相似不能被衡量，但它们的分类价值最终可以被估计出来。

人类现在好像是站在大山顶上一样，远远高出于他卑贱伙伴的水平，从他的粗野本性中改变过来，从真理的无限源泉里处处放射出光芒。

《海陆的起源》

作者简介 ▶

阿尔弗雷德·魏格纳（1880—1930），德国著名的地球物理学家、气象学家。于1880年出生在德国的柏林，一生都致力于对自然科学的研究，在1930年格陵兰的考察时不幸遇难，享年50岁，被后人称为"大陆漂移学说之父"。魏格纳主要从事大气热力学和古气象学研究。在1912年提出了地壳运动以及大洋大洲分布的假说也就是著名的"大陆漂移"学说。随后在1915年的《海陆的起源》上论证了此观点，魏格纳以主张大陆漂移学说而闻名。但由于当时科学发展水平的限制，大陆漂移由于缺乏合理的动力学机制遭到正统学者的非议。魏格纳的学说成了超越时代的理念。

▍ 内容提要 ▶

《海陆的起源》是魏格纳阐述其"大陆漂移"理论的经典著作，1915 年首次出版。魏格纳在这本书里系统地阐述、论证了他在 1912 年提出的大陆漂移说。全书分 3 篇共 13 章。第一篇论述大陆漂移的基本内容，并把它同地球冷缩说、陆桥说和大洋永存说进行对比。指出了这些学说的缺点和问题，认为只有大陆漂移说才能解释全部事实。第二篇从地球物理学、地质学、古生物学、古气候学、大地测量学等方面论证大陆漂移说的合理性。第三篇为解释和结论。从地球的黏性、大洋底、硅铝圈、褶皱与断裂、大陆边缘的构造形态等方面，讨论了大陆漂移的可能性以及漂移的动力。此书一出版，即被译成多种文字出版，引起全世界地质学界、地球物理学界的重视。

▍ 经典语录 ▶

同样，我们认为：直到侏罗纪初期，南极大陆、澳洲、印度与南非洲还是相连接的。它们并和南美洲一起接合为一个单一的巨大陆块（虽然有时候部分地区为浅海所淹没）。在侏罗纪、白垩纪与第三纪时它分裂为破碎的小块，然后各自向四方漂散。

但是有一点可以认为是肯定的：使大陆移动的动力和产生巨大褶皱山系的动力是相同的。大陆移动、断裂和推挤、地震、火山作用、海侵交替和地极漂移，无疑处于一个范围甚广的因果关系之中。它们在地球历史某些时期一起高涨，就已表明了这一点。至于说到什么是起因，什么产生作用，则须待将来才能揭示。

因为有一点是很清楚的：如果这些地块一直是像今天那样相距四五千公里的话，则将两侧拼合时它们的构造必然会不吻合。恰恰相

263

反，如果一侧的构造在整条线上正好都是另一侧构造的延续，那么这就精确地证明了海岸是断裂边缘。

较大块的陆地沉没，在物理学上是不可能的。但是所有这些古生物的和生物的关系本身，其实用沉没了的连接陆地和用大陆的移动来作解释同样都是可行的。

我的最初启示毋宁说是来自对地图的观察，以及从其中感受到的大西洋两岸平行这个直接的印象。过了一些年月，我偶然地接触到了一些古地理方面的研究成果，证实了我开始时认为不大可能的想法，这时我才决定从有关的学科中系统地仔细验证这种大规模移动的可能性……

264

《狭义与广义相对论浅说》

作者简介 ▶

阿尔伯特·爱因斯坦（1879—1955），举世闻名的犹太裔物理学家，现代物理学的开创者和奠基人。爱因斯坦1879年出生于德国乌尔姆市的一个犹太人家庭（父母均为犹太人），1900年毕业于苏黎世联邦理工学院，1905年，获苏黎世大学哲学博士学位，1909年开始在大学任教，1914年任威廉皇家物理研究所所长兼柏林大学教授。后因二战爆发移居美国，1940年入美国国籍。爱因斯坦提出光子假设，成功解释了光电效应，因此获得1921年诺贝尔物理学奖。这一发现为量子理论的建立踏出了关键性的一步，开创了现代科学技术新纪元，他被公认为是继伽利略、牛顿以来最伟大的物理学家。他还创立了现代物理学的两大支柱之一的相对论，也是质能等价公式的发现者。他在科学哲学领域也颇具影响力。1999年12月26日，爱因斯坦被美国《时代周刊》评选为"世纪伟人"。

内容提要 ▶

为了让相对论这种深奥的科学理论让更多的人了解，爱因斯坦

写作了《狭义与广义相对论
浅说》。这本书分为两部分：
《狭义相对论》(1905 年发表)，
《广义相对论》(1915 年发表)。
《狭义与广义相对论浅说》是
物理学科中的重要经典著作
之一，也是爱因斯坦亲自对
他的相对论所做的大众化解
释。它是人类科学史上一部
划时代的著作，它提出了一
套崭新的科学理论，引起了
科学史上的伟大变革，对整
个人类思想的发展都产生了
巨大的深远的影响。爱因斯坦在这本书中深刻地揭示了时间和空间的
本质属性，论证了时间和空间的内在联系和统一性；同时也发展和改
造了牛顿力学，使之适用于更广阔范围的力学现象，揭示了质量和能
量之间的内在联系，以及力学和电磁学的统一性，对引力提出了全新
的解释，回答并解决了时间和空间的对称性问题，使人们对世界的研
究发展了一个新的阶段。它是 20 世纪最伟大的科学理论，改变了人
们对宇宙的认识。

| 经典语录 ▶

空间和时间未必能看作是可以脱离物质世界的真实客体而独立存
在的东西。并不是物体存在于空间中，而是这些物体具有空间广延性。
我们不能问"过两点只有一直线"是否真实。我们只能说，欧几
里得几何学研究的是称之为"直线"的东西，它说明每一直线具有由
该直线上的两点来唯一地确定的性质。"真实"这一概念有由该直线
上的两点来唯一地确定的性质。"真实"这一概念与纯几何学的论点

265

是不相符的，因为"真实"一词我们在习惯上总是指与一个"实在的"客体相当的意思；然而几何学并不涉及其中所包含的观念与经验客体之间的关系，而只是涉及这些观念本身之间的逻辑联系。

只要人们确信一切自然现象都能够借助于经典力学来得到完善的表述，就没有必要怀疑这个相对性原理的正确性。但是由于晚近在电动力学和光学方面的发展，人们越来越清楚地看到，经典力学为一切自然现象的物理描述所提供的基础还是不够充分的。到这个时候，讨论相对性原理的正确性问题的时机就成熟了，而且当时看来对这个问题做否定的答复并不是不可能的。

我们前面的论述清楚地表明，（狭义）相对论是从电动力学和光学发展出来的。在电动力学和光学的领域中，狭义相对论对理论的预断并未作多少修改；但狭义相对论大大简化了理论的结构，亦即大大简化了定律的推导，而且更加重要得多的是狭义相对论大大减少了构成理论基础的独立假设的数目。

经典力学需要经过修改才能与狭义相对论的要求取得一致。但是此种修改大体上只对物质的速度比光速小得不多的高速运动定律有影响。我们只有在电子和离子的问题上才能遇到这种高速运动；对于其他运动则狭义相对论所得结果与经典力学定律相差极微，以致在实践中此种差异未能明确地表现出来。

《李比希文选》

作者简介

尤斯图斯·冯·李比希（Justus von Liebig，1803—1873）是一位德国化学家，他最重要的贡献在于农业和生物化学，他创立了有机化学。因此被称为"有机化学之父"。作为大学教授，他发明了现代面向实验室的教学方法，因为这一创新，他被誉为历史上最伟大的化学教育家之一。他发现了氮对于植物营养的重要性，因此也被称为"肥料工业之父"。

19 世纪初德国开始走上工业化之路，成为欧洲的科学中心。李比希对化学工业与德国经济密切联系的影响主要体现在两个方面：一方面，积极参与化学工业的应用研究。另一方面，李比希创造性地将自己的研究成果申请专利，为后世科学家将科学研究成果商品化做出了榜样。本书收录了李比希的重要演讲稿，并附有几篇划时代的论文，图文并茂，展示了一个科学英雄的时代和一个大国的崛起之路。书中收录了李比希1840年写作的《化学在农业和生理学上的应用》这部颇受学术界欢迎的专著。在书中，李比希提出了有关使用肥料促进农作物提高产量的思想。

◀ 经典语录 ▶

整个动物、植物、矿物界的各种现象之间，存在一种具有规律性的相互关系。这种相互关系是地球表面上生命赖以生存的基础。

科学的目的以及仅当科学对生活有用时才有价值这一事实，几乎消失在人们的视野之外。

首先被发现的作用，往往被认为就是唯一的作用，在这种条件下，也就认为它是原因。

想象思维的能力仅当通过恒久的思维修炼，才能培养起来。

没有哪种现象是独立存在的，每种现象总是与其他现象相联系，反之亦然。

267

《薛定谔讲演录》

◀ 作者简介 ▶

埃尔温·薛定谔（Erwin Schrödinger，1887—1961），著名的奥

地利理论物理学家，量子力学的重要奠基人之一，同时在固体比热、统计热力学、原子光谱等方面享有成就。1933 年因薛定谔方程获诺贝尔物理学奖。薛定谔方程是量子力学中描述微观粒子（如电子等）在运动速率远小于光速时的运动状态的基本定律，在量子力学中占有极其重要的地位，它与经典力学中的牛顿运动定律的价值相似。另外，薛定谔对分子生物学的发展也做过工作。由于他的影响，不少物理学家参与了生物学的研究工作，使物理学和生物学相结合，形成了现代分子生物学的最显著的特点之一。

▎内容提要 ▶

《薛定谔讲演录》是量子力学的奠基之作，主要包括薛定谔 1928 年在英国皇家研究院作的关于波动力学的 4 次演讲和 1926 年发表在德国《物理学年鉴》上的 4 篇物理学史上的重要文章。这些标志着波动力学的建立，是物理学发展过程的重大里程碑。书中附有薛定谔传记，内容丰富、有趣，首次为国内读者提供全面了解薛定谔其人其事，及其物理、哲学思想与文学修养的机会。

▎经典语录 ▶

通常的力学只是一种假设，它对于非常微小的系统不再适用。

在放弃概率解释的同时，我们必须不再害怕丧失久负声誉的原子论。

显见的反驳会是这样的：先生，你能做得更好吗？让我坦率地承认吧，我不能。然而我仍要求答辩，目前我几乎是单枪匹马地在探索着我的道路，并且和一大群在公认的思想路线上全力以赴的聪明人相对垒。

鼓舞这种希望的不是个人对连续描述的偏爱，而只是对这些变化进行任何一种描述的愿望而已。这是一种可悲的需要。